本书获国家自然科学基金重点项目"中国企业管理会计理论与方法研究"（71032006）资助

中国管理会计理论研究丛书
主编 胡玉明 副主编 刘运国

中国财务重述公司
盈余质量特征及其经济后果研究

陈晓敏 著

Study on the Earnings Quality Characteristics

and Economic Consequence of the

Firms with Financial Restatements in China

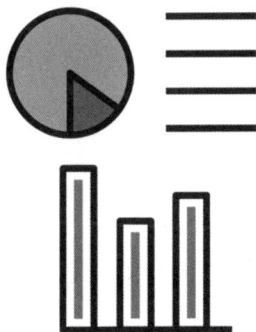

暨南大学出版社
JINAN UNIVERSITY PRESS

中国·广州

图书在版编目（CIP）数据

中国财务重述公司盈余质量特征及其经济后果研究/陈晓敏著．—广州：暨南大学出版社，2019.7

（中国管理会计理论研究丛书）

ISBN 978 - 7 - 5668 - 2655 - 8

Ⅰ.①中…　Ⅱ.①陈…　Ⅲ.①上市公司—财务管理—研究—中国　Ⅳ.①F279.246

中国版本图书馆 CIP 数据核字（2019）第 115399 号

中国财务重述公司盈余质量特征及其经济后果研究
ZHONGGUO CAIWU CHONGSHU GONGSI YINGYU ZHILIANG TEZHENG JIQI JINGJI
HOUGUO YANJIU

著　者：陈晓敏

出 版 人：徐义雄
策　　划：黄圣英
责任编辑：高　婷
责任校对：陈皓琳　苏　洁
责任印制：汤慧君　周一丹

出版发行：暨南大学出版社（510630）
电　　话：总编室（8620）85221601
　　　　　营销部（8620）85225284　85228291　85228292（邮购）
传　　真：（8620）85221583（办公室）　85223774（营销部）
网　　址：http://www.jnupress.com
排　　版：广州市天河星辰文化发展部照排中心
印　　刷：广州市穗彩印务有限公司
开　　本：787mm×1092mm　1/16
印　　张：13
字　　数：220 千
版　　次：2019 年 7 月第 1 版
印　　次：2019 年 7 月第 1 次
定　　价：49.80 元

（暨大版图书如有印装质量问题，请与出版社总编室联系调换）

总　序

学过会计学的人，基本都知道会计学强调"实质重于形式"（Substance over Form）。尽管中国曾经没有"管理会计"（Management Accounting）这个概念，但并不意味着没有管理会计的理论研究与实践。基于这种认识，新中国成立之后管理会计的理论研究与实践还是呈现出"丰富多彩"的"景象"。

从 20 世纪 70 年代末期开始，为适应中国改革开放形势，中国会计学界以极大的热情，大量引进、消化和吸收源于西方国家的管理会计理论与方法。纵观中国近四十年来的管理会计发展历程，我们曾经"亦步亦趋"地跟踪、引进、消化并实践源于西方国家的管理会计理论与方法，始终没有完全摆脱"唐僧取经"式的理论研究。惭愧的是，我本人曾经也加入了"唐僧取经"的历程，积极推演源于西方国家的作业成本法、作业管理和平衡计分卡等管理会计理念。客观地说，经过近四十年的不懈努力，中国管理会计理论研究已经取得一定的成效，但总体而言，中国现有的管理会计理论研究与国际同行相比还存在较大差距，而且难以解决或指导中国的管理会计实践。

随着中国市场经济的发展和商业模式的创新，中国企业的管理会计问题就是世界性的主题。以前谈及国际化，其主线总是如何学习源于西方国家的管理会计理论与方法，人们期望可以"洋为中用"。现在，我们需要努力把最有代表性、最能够彰显中国特色的管理会计理论与实践经验提炼出来，通过在国际主流学术期刊发表高水平的研究成果，融入世界知识主流，创建彰显中国特色又融入世界知识主流的"管理会计理论学派"。因此，我们应该终结"模仿式研究""跟踪式研究"和"改进式研究"的"取经时代"，全面转入"原创性研究"的"造经时代"。

也许，正是基于这种考虑，国家自然科学基金委员会管理科学部将"中国企业管理会计理论与方法研究"列入 2010 年度重点项目指南。多位中国企业管理会计理论与方法研究者申报了该重点项目，我以暨南大学管理学院的名义联合中山大学管理学院的刘运国、林斌和卢锐等教授也组织填报了一份申请书。最后，经过评审、答辩和批准，我和上海财经大学潘飞教授分别承担了该重点项目。

根据当时的设想，"中国企业管理会计理论与方法研究"项目的学术思想是立足于转型经济环境下的中国企业特有的制度背景，综合运用会计学（尤其是管理会计学）与经济学、管理学、组织行为学、社会学和心理学等学科交叉的理论与方法，基于管理会计的"技术、组织、行为、情境"四个维度和"环境—战略—行为—过程—结果"一体化的逻辑基础，系统地研究中国企业管理会计理论与方法。

项目学术思想简要说明如下：

第一，管理会计具有技术（Technical）、组织（Organizational）、行为（Behavioral）和情境（Contextual）四个维度（后三个维度可以统称为"管理情境"，体现了管理会计的"社会性"）。除了技术维度之外，组织、行为与情境等三个维度都具有鲜明的"本土化"特征，体现了中国企业特有的制度背景。即便是技术维度（管理会计技术方法的运用），也强烈地受到组织、行为与情境的影响。其实，这四个维度相互影响、共生互动，这就是管理会计理论与方法研究的"由技入道"。因此，中国企业管理会计理论与方法研究必须基于管理会计的技术、组织、行为、情境四个维度，展开"立体式"的研究。

第二，从总体上看，会计（包括管理会计）数据体现了结果导向。然而，单独的"结果"无法展示"之所以产生如此结果"的前因后果，只能"知其然，而不知其所以然"。只有立足于"环境—战略—行为—过程—结果"一体化的逻辑基础，才能真正理解和体会"结果"为什么是这样（即企业创造价值的动因或绩效动因），从而才能判断企业创造价值的动因或绩效动因的可持续性。更为重要的是，单纯的结果导向，可能导致企业急功近利的短期行为，扼杀企业的自主创新，从而危及企业的可持续发展。因此，中国企业管理会计理论与方法研究必须立足于"环境—战略—行为—过程—结果"一体化的逻辑基础。

根据上述学术思想，"中国企业管理会计理论与方法研究"项目的总体目标是立足中国企业管理实践，结合国内外管理会计发展趋势，运用国际通行的管理会计研究方法，系统地研究中国企业富有本土化特征的管理会计理论与方法，总结中国企业管理会计的实践规律，探索其实现途径，构建适合中国企业管理情境（Management Context）的理论分析框架，得出具有基础性、前沿性、原创性以及应用性的研究成果，解决或解释中国企业管理会计实践出现的新问题，用管理会计的理论创新推动管理会计的实践创新，提升中国企业管理会计整体学术水平，丰富和发展管理会计理论与实践，最终构建适合中国企业管理情境的管理会计理论与方法体系。

基于相关研究文献的回顾表明，国内外管理会计理论与方法研究主要关注激励机制、预算管理、绩效评价、成本计算方法、投资决策方法选择和管理会计整合研究等六个主题。那么，立足中国企业的管理情境，"中国企业管理会计理论与方法研究"项目应该研究哪些主题及其具体内容呢？

为了实现上述学术思想和总体目标，本着"有限目标、重点突破"和"从局部到整体"的原则，我们认为应该综合运用多种研究方法，重点研究如下五个专题：

第一，投资决策方法的选择及其经济效果研究。本专题的研究目标是以中国企业经理人的行为动机为切入点，系统地研究投资决策方法的选择与其经济效果的关系，揭示和解释投资决策方法选择背后的经理人行为动机。为此，本专题的主要研究内容包括：①企业的组织、行为和情境与投资决策方法选择的理论分析模型研究，即研究影响中国企业投资决策方法选择的内外部因素，构造理论分析模型。②投资决策方法选择的行为动机研究，即研究选择某种投资决策方法背后隐含着什么行为动机或价值取向。③投资决策方法的选择与企业绩效之间的关系研究，即研究选择某种投资决策方法是否提升企业绩效。④投资决策方法的选择与企业经理人行为研究，即研究基于企业目标与经理人目标（自利行为）存在冲突情境的投资决策方法选择问题。⑤投资决策方法选择的典型案例。本专题预期解决的关键科学问题是中国企业投资决策方法选择的行为取向及其经济效果。

第二，企业成本计算方法研究。尽管作业成本法是管理会计的最新方法，鉴于中国企业的具体管理情境，本专题的成本计算方法既包括作业成本法，又包括除作业成本法之外的传统成本计算方法，如标准成本法、分步成本计算方法和分批成本计算方法等。本专题的研究目标是全面、系统地研究基于不同经济发展水平、不同组织与环境特征、不同产权制度、不同行业、不同发展阶段企业的成本计算方法及其运用，将成本计算与成本管理融为一体，从而提高成本信息的应用价值。为此，本专题的主要研究内容包括：①企业管理情境与成本计算方法的适用性研究。②成本信息的决策有用性研究。③企业实施作业成本法影响因素的理论分析模型研究。④作业成本法与其他管理工具的整合研究，即研究作业成本法如何与业务流程再造（Business Process Reengineering，简称 BPR）、企业资源计划系统（Enterprise Resource Planning，简称 ERP）和生命周期成本法（Life Cycle Costing）等管理工具进行整合。⑤作业成本法与企业绩效研究，即研究企业实施了作业成本法是否提升了绩效。⑥成本计算方法的典型案例。本专题预期解决的关键科学问题是论证成本计算不是一个简单的算术问题，而是一个管理问题。同时，破解"作业成本法之谜"，提高成本信息的决策有用性。

第三，基于战略导向的薪酬体系设计与绩效评价研究。薪酬体系设计是激励机制的重要组成部分。绩效评价与激励机制是同一个问题的两个方面。没有绩效评价，激励机制就失去基础，而没有激励机制，绩效评价就形同虚设。绩效评价与激励机制的结合才能有效地实现企业的战略。因此，薪酬体系设计与绩效评价必须统一于企业的战略。本专题的研究目标是以战略为导向，内在激励与外在激励相结合，财务指标与非财务指标相融合，全面、深入地研究企业的薪酬体系设计与绩效评价问题，为中国企业的薪酬体系设计与绩效评价提供理论依据。为此，本专题的主要研究内容包括：①基于公平与效率的企业高管薪酬理论分析模型研究。②基于信息性（Informativeness）原理与可控性（Controllability）原理的绩效评价理论分析模型研究。③企业高管薪酬合约（包括薪酬结构）与绩效评价指标选择研究。④经济附加值与企业目标一致性研究。⑤经理人市场与国有企业高管薪酬制度研究。⑥基于战略思维的绩效评价与薪酬体系设计的整合研究。⑦薪酬体系设计与绩效评价的典型案例。本专题预期解决的关键科学问题是薪酬体系设计的激励功效与企业绩效之间的交互作用，从而回答"激励薪酬是酬劳过去还是激励未来"的问题。

第四，基于组织、行为与情境的预算管理研究。本专题的研究目标是综合经济学、社会学和心理学的理论与方法，"由技入道"，从技术、组织、行为、情境四个维度，全面、系统地研究预算管理问题，为中国企业实施预算管理提供理论依据。为此，本专题的主要研究内容包括：①基于经济学、社会学和心理学理论的预算管理理论分析模型研究。②企业预算管理模式的选择与博弈研究，即主要研究参与式预算、预算目标的难度、预算控制的松紧程度等重要主题以及预算管理背后的经济利益或政治利益的博弈，构建预算管理博弈分析模型。③预算管理的非预期行为研究，即研究"短期行为"和"预算松弛"及其两者之间的关系。④预算管理过程及其成效研究。⑤激励薪酬、绩效评价与预算管理整合研究。⑥预算管理的典型案例。本专题预期解决的关键科学问题是"由技入道"，从技术、组织、行为、情境四个维度，揭示和解释企业预算管理的行为问题。

第五，中国企业管理会计理论与方法整合研究。本专题的研究目标是立足中国企业管理情境，整合中国管理会计理论与方法，构建中国企业管理会计理论与方法体系。为此，本专题的主要研究内容包括：①不同行业运用管理会计方法或工具的现状与效果的比较研究，即研究不同行业运用管理会计方法或工具的现状、影响因素与运用效果。②管理会计的理论基础研究，即研究管理会计是否有理论以及理论基础是什么。③中国企业特有的管理会计理论与方法研究，即总结与提炼中国企业特有的管理会计理论与方法。④中国企业管理会计理论与方法体系研究。本专题预期解决的关键科学问题是立足中国企业管理情境，总结与提炼中国企业管理会计理论与方法，构建中国企业管理会计理论与方法体系。

上述五个专题涵盖了"中国企业管理会计理论与方法研究"项目的关键问题。那么，这五个研究专题的基本逻辑关系又如何呢？

尽管 21 世纪管理会计强调"战略思维"，但是，从总体上说，中国企业管理会计基本框架依然包括"决策与计划会计"和"执行会计"。决策与计划会计主要解决"该做什么"（Doing Right Thing），体现了"战略思维"或"战略制定"；执行会计主要解决"如何做好"（Doing Thing Right），体现了"战略实施"。由此，管理会计就是基于"战略思维"，将该做的事情做好（Doing Right Thing Right），即"有效地实施战略"。然而，管理会计涉及各级经理人的行为问题。基于各级经理人的"有限理性"（Bounded Rationality），企业必须通过激励机制，引导甚至改变各级经理人的行为，使各级经理人的行为有助于实现企业的目标。这样，企业的薪酬与绩效评价（即"做得如何"）就"嵌入"（Built – in）到管理会计的基本框架中。由此，"中国企业管理会计理论与方法研究"项目各个专题之间的基本逻辑关系如下图所示。

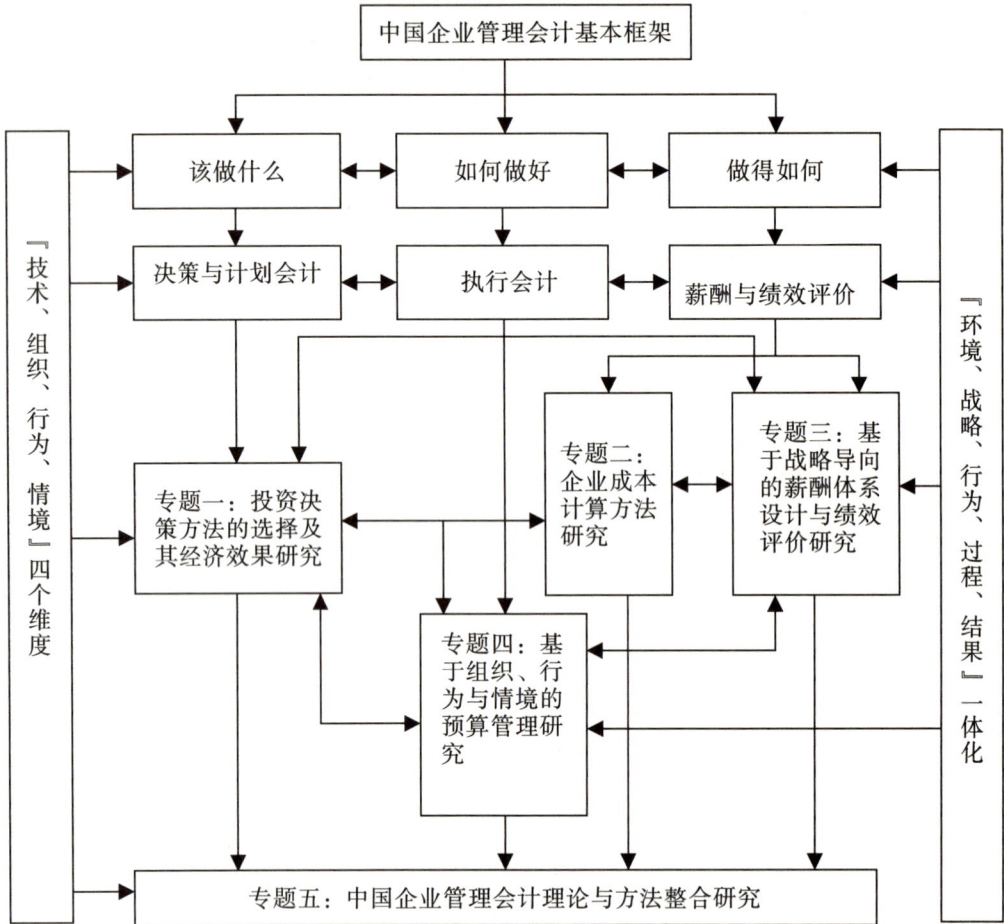

中国企业管理会计基本框架

| 该做什么 | 如何做好 | 做得如何 |

| 决策与计划会计 | 执行会计 | 薪酬与绩效评价 |

「技术、组织、行为、情境」四个维度

专题一：投资决策方法的选择及其经济效果研究

专题二：企业成本计算方法研究

专题三：基于战略导向的薪酬体系设计与绩效评价研究

专题四：基于组织、行为与情境的预算管理研究

「环境、战略、行为、过程、结果」一体化

专题五：中国企业管理会计理论与方法整合研究

"中国企业管理会计理论与方法研究"项目各个专题之间的基本逻辑关系图

　　我们申报的"中国企业管理会计理论与方法研究"项目获批立项之后，我们走出书斋，深入企业，投入大量时间和精力，开展深度实地访谈、问卷调查与案例研究，立足中国企业的管理情境和管理实践问题，从中提炼出管理科学问题，运用多种理论与研究方法，研究中国企业管理会计的核心问题，总结中国企业管理会计的实践规律，探索其实现途径，初步构建了适合中国企业管理情境的理论分析框架，较好地实现了预期的研究目标。

　　为了更充分地展现"中国企业管理会计理论与方法研究"项目的研究成果，在科学出版社和暨南大学出版社的大力支持下，我们决定出版"中国管理会计理论研究丛书"，即将面世的"中国管理会计理论研究丛书"包括《国有企业 EVA 考核、多元化与价值创造》《行业特征、知识外部性与企业自主创新》《管理者权力、投资与高管薪酬研究》《中国财务重述公司盈余质量特征及其经济后果研究》和《基于中国情境的管理会计理论与方法体系研究》等五本专著。

2010年之前，中国企业管理会计理论与方法研究还相当"寂寞"。然而，在"中国企业管理会计理论与方法研究"项目的研究工作接近尾声时，财政部于2014年发布了《关于全面推进管理会计体系建设的指导意见》，使得中国的管理会计从原来的"小众呼吁"转向"大众热议"，掀起了一场管理会计研究热潮。由此，说明国家自然科学基金委员会管理科学部的前瞻性，也说明"中国企业管理会计理论与方法研究"项目的研究成果为此提供了某些理论支持。

在此，我衷心感谢国家自然科学基金委员会管理科学部的大力支持，衷心感谢"中国企业管理会计理论与方法研究"项目全体成员的通力合作。

尽管"中国企业管理会计理论与方法研究"项目已经结题，但我们的研究还在继续且任重道远。我们衷心期待来自读者的批评与指正！

胡玉明
2017 年 8 月 7 日于暨南园

前　言

　　信息是现代资本市场最核心的要素，信息决定资本市场的资源配置。会计信息是资本市场上投资者进行投资决策的主要信息来源之一，因而高质量的会计信息是现代资本市场正常运转的主要基石，也是投资者利益得以充分保护的重要保障。上市公司财务报告作为上市公司对外披露信息的重要载体，是投资者了解上市公司的主要途径。然而近年来财务重述现象在国内外呈现出"蔓延"局势，上市公司进行财务重述的数量与比例逐年攀升，引起了学者的广泛关注。国外一系列研究表明，财务重述表明之前财务报表的不可靠与低质量，通常造成公司市场价值损失、公司资本成本上升等严重的经济后果。而中国近年来的财务重述情况也不容乐观，中国上市公司年报财务重述数量多、比例高，呈增长趋势，财务重述内容涉及范围广、影响大。与国外完善的财务重述制度及发达的资本市场不同，中国的财务重述尚在完善阶段，资本市场也正处于转型发展阶段，由此引发了一系列问题，中国财务重述公司的会计信息质量如何？财务重述会产生怎样的经济后果？投资者是否还会相信财务重述公司的会计信息？财务重述会对公司及行业的行为产生怎样的影响？国内对此的相关研究尚不深入，因此本书在详细介绍中国的制度背景和财务重述现状基础上围绕上述问题展开研究。

　　本书选取2005—2015年发布年报财务重述公告的公司作为研究对象，将其与同年度、同行业以及同规模的非财务重述公司进行配比研究。主要解决以下问题：

　　（1）对财务重述公司的盈余质量特征进行分析。经验数据表明，财务重述公司的盈余持续性低于非财务重述公司，其存在以可操纵性应计利润为表现的盈余管理行为更严重，总体而言，财务重述公司会计盈余质量差于非财务重述公司。

　　（2）检验财务重述与上市公司盈余反应系数的关系。发现财务重述导致上市公司盈余反应系数下降，说明投资者对上市公司盈余信息的信心与依赖度下降。

　　（3）检验财务重述对上市公司的融资行为的影响。发现财务重述导致上市公司的股权资本成本上升，且上市公司的债务期限结构相对较短，说明资本市场对上市公司的财务重述行为作出关注与反应，同时作为上市公司重要融资渠道的银行贷款融资也受到财务重述行为的影响，且存在严重盈余管理行为的财务重述公司的债务期限结构受到的影响更加明显。

（4）财务重述的行业效应分析。通过考察财务重述公司在事件窗口内的超额回报率与行业内其他非财务重述公司的超额回报率之间的关系发现，在控制财务重述公告内容与性质、公司质量特征、行业集中度等影响因素后，中国上市公司的财务重述存在信息传递效应。财务重述不仅对财务重述公司自身的资源配置产生影响，也对同行业的其他公司产生影响。

根据相关理论分析与研究结果，本书提出相关的政策建议。本书的研究表明，要规范中国上市公司的财务重述行为，需要各方的共同努力，加强财务重述规章制度的建设与监管，优化上市公司治理结构，关键要加大对上市公司不规范财务重述行为的惩罚力度，从投资者、银行债权人等上市公司的各利益相关者角度重视上市公司的财务重述行为并对其进行约束，使得上市公司财务重述的成本上升，从经济效益方面促使上市公司从"理性经济人"角度自觉自愿地加强信息质量，提高中国资本市场的信息质量，保证资本市场的公平、公正、公开，保护投资者及相关利益者利益，促进资本市场健康发展。

陈晓敏

2019 年 3 月

目　录

1 绪 论

1.1 选题背景

资本市场本质上是一个信息市场，资本市场交易离不开信息。已有文献指出资源的任何配置都是特定决策的结果，而人们做出的任何决策都是基于给定的信息（Hayek，1948）。在资本市场上，投资者依据信息评估可能的风险和收益，进行投资决策，因此信息决定着资源的流向。为使有限的资源实现良好的资源配置，高质量的信息起到至关重要的作用。信息是一种非常有用而重要的商品。同普通商品一样，信息也有质量的好坏与高低之分。高质量的信息会引导资源正确流向；低质量的信息会误导使用者，造成资源错配（Scott，1997）。会计信息是资本市场上投资者进行投资决策的主要信息来源之一，会计信息质量的高低和允当与否，往往决定着投资决策是否正确，因而高质量的会计信息是现代资本市场正常运转的基石之一，也是投资者利益得以充分保护的重要保障。上市公司财务报告作为上市公司对外信息披露的重要载体，是投资者了解上市公司的主要途径。财务重述是指上市公司对存在虚假性信息、误导性信息或信息遗漏的历史财务报告进行事后补救的公告行为，是对历史财务报告（包括年报、中报或季报）的重新表述。

近年来，财务重述现象在国内外呈现出"蔓延"局势，上市公司进行财务重述的数量与比例逐年攀升，使得财务重述成为学术界和监管部门关注的焦点。以美国为例，美国会计总署［United States General Accounting Office（GAO），2002，2006］的研究表明过多和过于轻易地进行财务重述成为上市公司信息披露的诟病之一，美国财务重述公司的数量和比例都在逐年攀升，从 1997 年的 83 家增加到 2012 年的 769 家，财务重述公司占全部上市公司的比例由 0.9% 骤增到 8.1%，其中还有圣达特（Cendant）、微策略（MicroStrategy）、阳光（Sunbeam）、施乐（Xerox）等世界知名公司。财务重述所带来的经济后果更是不容乐观。国外一系列研究表明，财务重述通常造成4%～12%的市场价值损失（GAO，2002；Anderson & Yohn，2002；Palmrose et al.，2004；Hirschey et al.，2005；Scholz，2008；Gondhalekar et al.，2012）。然而，财务重述造成的经济后果和影响绝不仅限于公司市场价值损失，财务重述还将导致大投资者减持股票和减少交易（Hribar et al.，2004；Demirkan，2006）；也可能导致代价高昂的诉讼费用和赔偿费用（Jones Weingram，1997；Palmrose & Scholz，2004）；还可能导致市场信息不对称性的加剧（Anderson & Yohn，2002）、公司盈余质量下降，进而使会计信息质量下降（Anderson & Yohn，2002；Wu，2002）以及公司资本成本显著增加（Dechow et al.，1996；Hribar & Jenkins，2004）等。

当前，中国上市公司的财务重述也有愈演愈烈之势。李常青等（2008）和马晨等（2016）的研究表明中国上市公司年报财务重述数量多、比例高，呈增长趋势，财务重述内容涉及范围广、影响大，对公司价值有重大影响。马晨等（2016）的统计数据还表明，2003—2011年中国财务重述公司占A股上市公司的比例超过了10%，这个比例远高于美国的财务重述比例。相比美国成熟的财务重述报告制度，中国财务重述报告制度尚在进一步完善的阶段，所以中国上市公司公布财务重述报告也带有一定的"中国特色"：中国财务重述报告的发布既有按照监管部门、审计师等外部监管要求的强制性披露，也有上市公司主动发布的自愿披露；上市公司可能一年内多次发布财务重述报告，也可连续多年多次发布重述报告（魏志华，2008）。

相对于财务重述现象在中国的普遍性与特殊性，目前中国对其研究还比较薄弱，关于财务重述的研究更侧重于理论研究。王啸和杨正洪（2003）介绍了美国证券市场财务重述的特征、法律环境和经济后果，并与中国的财务重述制度做比较研究。王毅辉、魏志华（2007，2008），刘殿丽、麦飞（2008），陈晓敏（2010），何威风（2010），李青原、赵艳秉（2014）以及马晨等（2016）等从不同角度对国外财务重述研究动态进行了综述。在理论规范研究之外，中国关于财务重述的经验数据研究相对较少。数量众多、内容繁杂的财务重述报告究竟对投资者而言是利好消息还是坏消息呢？财务重述是否就意味着会计信息质量低下？会计信息质量本身是一个相对的概念，在未经实证检验之前，不能妄加断言非财务重述公司有相对更高的会计信息质量，因为非财务重述公司也可能通过财务重述外的其他手段来消除历史报表中的错误或者遗漏。因此，对财务重述公司的会计信息质量进行研究是展开所有后续研究的必要前提，也是对上市公司财务重述进行评价的前提。而根据本书所整理的文献，国内对财务重述公司的会计信息质量进行研究的不多。此外，在中国市场环境下，具有中国特色的上市公司财务重述报告有着怎样的经济后果？对这些问题的研究与回答对于中国财务重述制度的完善与发展具有重要的现实与理论意义。陈凌云（2006）、周洋和李若山（2007）、李常青等（2008）、魏志华等（2007，2008）对中国财务重述报告的短期市场反应进行研究，这些研究发现中国财务重述报告具有一定的信息含量，财务重述报告的短期市场反应为负。通过理论分析和对国外已有研究的总结回顾，本书认为财务重述的经济后果绝不仅限于国内已有的研究所涉及的短期市场反应。信息决定市场的资源配置流向，财务重述报告作为上市公司信息披露的重要形式，会影响投资者对上市公司的预期与判断，进而影响投资者的投资决策，也会对公司的融资等行为产生影响，并通过信号传递效应对财务重述公司所在行业产生影响。

因此，本书选择中国发布年报财务重述公告的上市公司作为研究样本①，首先检验年报财务重述公司的会计盈余信息质量特征，进而探究财务重述报告行为究竟会给上市公司带来怎样的经济后果以及产生怎样的影响？其次还对财务重述的行业效应进行检验。本书以期通过这些研究能够为中国财务重述制度的完善提供数据支持与政策建议。

1.2 相关概念界定

1.2.1 财务重述

财务重述在国外学术界较为公认的定义是：公司发现并纠正以前会计期间的财

---

① 中国财务重述公告包括年报财务重述公告、季报半年报财务重述公告，由于目前仅有年报财务重述公告需要经过会计师事务所审计，因此，本书仅选择年报财务重述公告进行研究。

务报告中存在的差错，重新表述已经公布的财务报告。美国会计总署发布的报告上称其为"Financial Statement Restatements"[①]，美国财务会计准则委员会发布的财务会计准则第154号《会计变更和差错更正——对 APB NO. 20 和 FASB NO. 3 的替代》（*Accounting Changes and Error Corrections—a replacement of APB Opinion No. 20 and FASB Statement No. 3*）中关于财务重述的定义是：修正前期发布的财务报告以反映报告中错误更正情况的过程。美国会计总署在2002年发布的一份调查报告中指出：财务报表重述是指上市公司自愿或由于注册会计师、监管机构等的督促，对其先前公布的会计报表予以更正。

在2007年之前，中国也存在对财务报告中的错误信息进行更正或者进行补充说明的情况，但是之前一直没有统一的定义，学术界以"会计差错更正""年报补丁"等词对此现象进行研究。2006年新公布的会计准则首次正式提出了"追溯重述"的概念，中国学术界开始逐渐统一以财务重述对此现象进行定义研究。李常青等（2008）提出：所谓财务重述是指上市公司对存在虚假性信息、误导性信息或者信息遗漏的历史财务报告进行事后补救的公告行为，是对其历史财务报告（年报、中报或季报）的重新表述。上市公司的财务报告补充更正行为可以说是一种具有"中国特色"的财务重述。王毅辉等（2008）结合中国实际情况将财务重述定义为：对存在错误或误导性信息的历史财务报告进行事后补救的行为。高丽芳（2009）则根据财务重述报告所针对的范围把上市公司的补充更正公告分为狭义和广义两种：狭义的补充更正公告，仅指财务报告发布之后在下次同类型的定期报告编报以前直接针对此报告的补充更正公告，即通常所说的"打补丁"；而广义的补充更正公告则还包含对以前年度会计差错的追溯调整。

虽然不同国家的机构和学者对财务重述的表述略有不同，但实质上都指对之前发布的财务报告信息的更正或者补充说明，并不存在实质性的差异。因此，本书定义的财务重述即是对以前会计期间的财务报表中存在的差错或遗漏进行纠正或补充的行为。

---

① 在其他文献中的表述有"Restating Financial Statements""Restated Financial Statements""Accounting Restatements"等。

1.2.2　会计盈余质量

会计盈余又称会计利润、会计收益①，是上市公司在一定期间内经营成果的直接表现。会计盈余是公司利润分配的基础，也是评价公司管理绩效和经营业绩的重要指标，利益相关者利用会计盈余作为决策的重要依据，因此会计盈余成为会计研究界永恒不变的研究话题。从会计盈余质量分析的开创者 O'Glove 将盈余持续性作为盈余质量的主要问题进行探索性研究开始，至今关于会计盈余质量的研究可谓硕果累累，但是并没有哪一位学者能够提出一个全面的、让学界广为接受的会计盈余质量的概念，会计盈余质量的概念还处于百家争鸣的状态。本书借鉴中国学者王化成（2008）的界定，认为会计盈余质量主要应该从会计信息质量角度以及会计信息供给角度进行定义与计量。② 会计信息质量角度认为盈余质量的定义与衡量应关注会计盈余的结果；而会计信息供给角度认为盈余质量应该关注会计盈余产生的过程，即从"事后"和"事前"两个角度对盈余质量进行考察衡量。

从会计信息质量角度关注盈余具体的质量特征，如盈余的持续性、预测能力、平滑性、稳健性等特定特征是对盈余的形成结果即从"事后"结果角度对会计盈余质量进行衡量。盈余是会计信息系统的产物，作为内生性的盈余其产生过程贯穿于诸如权责发生制、配比原则、重要性原则等的运用，其中管理层的主观意识以及会计人员的主观判断（专业判断）不可避免，盈余的产生过程会对盈余质量产生重要影响，因此从会计信息供给角度关注盈余产生过程中的盈余管理行为是衡量盈余质量的重要方面，即从"事前"角度衡量盈余质量。

---

① 对于会计盈余（Accounting Earnings）的类似翻译还有会计利润、会计盈利、会计收益等，并不严格区分，同样，盈余质量与利润质量、盈利质量、收益质量也为基本相同的概念。近年来，越来越多的学者采用"会计盈余"及"盈余质量"的提法。本书为表述方便，统一使用"会计盈余"及"盈余质量"这两个名词。

② 王化成（2008）认为会计盈余质量应该从会计信息质量角度、会计信息供给角度以及资本市场角度进行定义与计量，但是本书认为将投资者对盈余依赖度即盈余反应系数定义为资本市场角度的盈余质量存在一些问题，投资者对盈余的依赖程度应该作为会计盈余的经济后果，而非盈余本身的质量特征，因此，本书从会计信息质量角度与会计信息供给角度对会计盈余质量进行定义。

1. 会计盈余持续性

学术界对于盈余持续性的界定也呈现出多视角、多方位的特点。有学者将股票收益对盈余水平或者盈余变化大小的回归斜率定义为盈余的持续性（Kormendi & Lipe，1987；Collins & Kothari，1989；Easton & Zmijewski，1998）。有学者将盈余持续性定义为当期会计盈余的未预期变动在未来会计期间重复发生的可能性，未预期盈余持续性越强，公司的盈余质量越好（Lipe，1990）。也有学者将盈余持续性定义为当前盈余在未来持续增长的可能性（Choi，1995）。Ramakrishnan 和 Thomas（1991）认为会计盈余的不同组成部分具有不同的持续性，他们按照持续性不同将会计盈余分为三种：一是永久性会计盈余（Permanent Earings），这类性质的会计盈余预期会持续到公司未来的会计年度，即以后的年度还会产生相同数额的盈余，如公司的主营业务利润；二是暂时性会计盈余（Transitory Earnings），这类性质的会计盈余当年获得后在以后年度一般不会再发生，仅止于当前年度；三是价格无关的会计盈余（Price Irrelevant Earnings），这类性质的会计盈余是由公司的会计变更所引起的，对公司当年和今后会计年度的经济业绩均无影响。

本书认为定义会计盈余持续性的概念应该从会计信息决策有用性的角度出发，财务会计最主要的目标就是帮助投资者进行投资决策，满足投资者进行预测的信息需求，因此本书定义的盈余持续性是指盈余的可重复性特征，即盈余在未来各个会计期间重复发生的可能性。[①]

2. 盈余管理

国内外许多学者曾从各个不同的角度对盈余管理的概念进行界定，其中具有代表性的观点认为盈余管理是公司管理人员为了获得某种私人利益，有目的地介入对外财务报告的过程（Schipper et al.，1989）。Healy 和 Wahlen（1999）认为当经理们在财务报告中运用职业判断，并虚设交易、改变财务报告，以误导股票持有者理解有关公司经营绩效方面的信息，或者影响那些依据财务报告会计数据签订的契约结果时，盈余管理便出现了。Scott（2000）认为，盈余管理是管理当局利用会计选择权（包括会计政策选择权和会计估计权）扩大自己的效用或公司价值的行为。中

---

① 关于盈余持续性及盈余管理、资本成本的计量将在后续相关章节中进行介绍，本部分仅对相关概念进行界定。

国学者魏明海（2000）从"经济收益观"和"信息观"两个角度分析盈余管理的概念后认为，从"信息观"角度来看待盈余管理更有意义。盈余管理是公司管理当局为了误导其他会计信息使用者对公司经营业绩的理解，在编制财务报告和"构造"交易事件以改变财务报告时做出判断和会计选择的过程。

尽管对盈余管理的概念界定与表述各方不一，但是基本上都可以做如下定义：盈余管理是管理当局希望影响利益关系人的决策或影响契约的执行，而通过有目的的会计政策选择或者交易安排来实现其获得自身利益目的的一种表现。

1.2.3 资本成本

1. 股权资本成本

资本成本是公司理财活动中最为核心、内涵最为丰富的一个概念（汪平，2008）。从 Modiglian 和 Miller（1958）提出 MM 理论开始，就揭开了资本成本和资本结构研究的序幕。资本成本成为金融学理论的核心，也是现代财务理论的首要概念。Modiglian 和 Miller（1958）指出，在确定的条件下，对于公司所有者而言资本成本就是简单的债权利率。一个理性的公司应投资于有形资产边际收益率等于市场利率这个平衡点，应该将利润最大化和市场价值最大化作为公司理性决策的标准。当然，现实世界充满了不确定性，资本成本还应该在确定性结果的基础上加入"风险折现"的概念，因此公司的有形资产边际收益率应等于市场利率加上风险溢价。所以理性的公司投资决策应该建立在经过风险调整的折现率的基础之上。Modiglian 和 Miller（1966）指出公司的资本成本就是一项实物资产投资可以被接受时应该具有的最低期望收益率。

《新帕尔格雷夫货币金融大辞典》[①] 对于资本成本的定义为：资本成本是商业资产的投资者要求的期望收益率。以价值最大化为目标的公司管理者通过资本成本评价投资项目的贴现率或者最低回报率。因此，资本成本应该是投资者投资于某一个项目或者某一个公司的机会成本，也就是投资者进行投资时所要求的必要报酬率。资本成本的本质就是机会成本，从资金的供给方——投资者的角度考虑，资本成本

---

① 纽曼，伊特韦尔，等. 新帕尔格雷夫货币金融大辞典：第1卷［M］. 胡坚，等译. 北京：经济科学出版社，2000：470.

是资本市场投资特定的项目所要求的必要回报率，或者机会成本；从资金的需求方——公司的角度定义，资本成本是公司为实现特定的投资机会，吸引资本市场资金所必须满足的投资收益率。

上市公司融资的主要渠道有三种：内源融资、债务融资以及股权融资。每一种资本的使用都是有成本的，本书定义的资本成本特指股权资本成本，或称权益资本成本。

2. 债务期限结构

公司债务筹资的方式包括：商业信用、应计费用、银行借款、发行债券等。公司的债务期限结构指的是公司的长期债务和短期债务的比例结构。按照中国会计准则编制的资产负债表，公司债务包括短期借款、应付票据、应付工资、预收款项、应付职工薪酬、应交税费、应付利息、应付股利、其他应付款、一年内到期的长期负债、长期借款、应付债券、长期应付款、其他长期负债等。本书所指的债务期限结构是指公司获得的银行贷款的期限结构，主要涉及资产负债表的三个项目：短期借款、一年内到期的长期负债[①]和长期借款，以及现金流量表的两个项目：借款所收到的现金和偿还债务所支付的现金。借鉴国内学者孙铮等（2005）、江伟等（2006）、肖作平等（2007）、叶志锋（2009）、王红建等（2014）的做法，本书的公司银行借款债务期限结构计算方法为：长期借款/（短期借款＋长期借款＋一年内到期的长期负债）。在考查公司新增银行贷款的期限结构时其计算方法为：（本年长期借款＋本年一年内到期的长期负债－上年长期借款）/本年借款所收到的现金。

1.3 研究思路与方法

1.3.1 研究思路

国外财务重述制度发展相对成熟完善，美国上市公司的财务报告是通过 SEC 建立的电子化数据系统（EDGAR）报送和公开披露的，当发生财务重述时，上市公司

---

① 上市公司中的应付债券、长期应付款及其他长期负债的数量很少，所以一年内到期的长期负债主要为长期借款，即银行借款。

应及时提交财务重述后的财务报告以代替先前存放在 EDGAR 的年度或季度报告。国外研究发现财务重述表明之前财务报告的低质量和不可信（Anderson & Yohn，2002），财务重述将给上市公司和整个资本市场带来严重的经济后果，影响公司及市场的资源配置（GAO，2002；Anderson & Yohn，2002；Palmrose et al.，2004；Hribar et al.，2004；Hirschey et al.，2005；Demirkan，2006）。

与美国不同，中国财务重述制度刚刚起步，各方面的制度规定、市场约束尚不明确。中国上市公司的财务报告重述主要是通过发布临时公告的形式进行的，包括补充公告、更正公告和补充更正公告等三种形式，2007 年《公司会计准则第 28号——会计政策、会计估计变更和会计差错更正》开始确定追溯重述法，追溯重述法则要求在可能的情况下重新编报已经公布的以前年度存在错误的财务报表，修正后的报表和原报表并列于官方信息披露网站，便于投资者进行比较判断。近年来，中国上市公司的财务重述日趋频繁和普遍，涌现出数量众多、内容繁杂的财务重述报告，由此引发了一系列问题：这些财务重述报告是否意味着财务重述公司的会计信息质量存在问题？如果财务重述公司的会计信息质量确实存在问题，财务重述行为又会给财务重述公司带来怎样的经济后果？会计信息作为投资者进行投资决策判断的重要依据，当其出现问题时，会对投资者的投资行为产生影响进而影响上市公司的融资行为，因此财务重述行为会对财务重述公司的融资产生怎样的影响？

目前，中国对财务重述相关问题的研究相对匮乏，已有的财务重述研究侧重于理论研究，只有为数不多的实证研究关注财务重述的短期市场反应。① 因此，本书围绕这些问题展开相关研究。第一，通过对国内外已有相关文献的全面回顾与评述，指出现有文献的不足，寻找可能的研究契机；第二，结合中国财务重述的发展现状与制度背景，通过理论分析财务重述的特征与可能的经济后果；第三，通过收集数据，将中国年报财务重述公司与同行业同规模的非财务重述公司进行配比研究，从会计信息质量、会计信息供给者角度验证财务重述公司的会计信息质量是否与非财务重述公司存在差异；第四，通过数据检验投资者对财务重述公司的市场反应，对比财务重述公司和非财务重述公司的盈余反应系数，以检验财务重述是否影响投资

---

① 详见下文 2.1.4 中国财务重述研究回顾。

者对上市公司盈余质量的信心与依赖度；第五，通过理论分析与数据检验，获得财务重述行为影响公司融资的证据，包括股权资本成本和债务期限结构两个方面的证据；第六，利用数据检验财务重述公司的行业效应；第七，根据上述理论分析与实证检验结果，立足于中国实际背景，提出有针对性的政策建议与意见。本书的研究思路如图1-1所示。

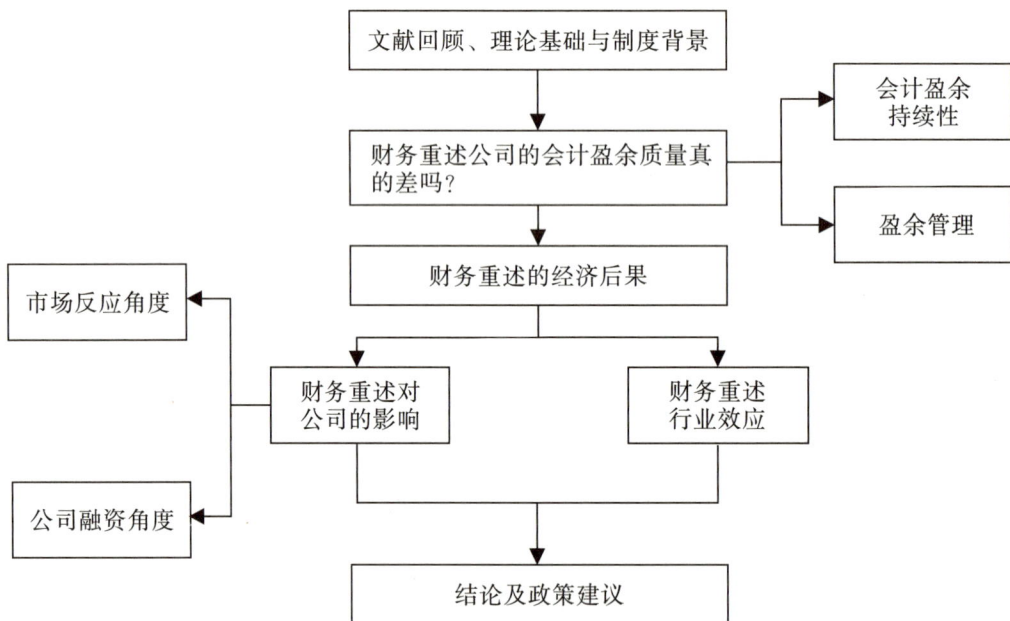

图1-1　研究基本思路

1.3.2　研究方法

本书采用规范分析与实证检验分析相结合的研究方法，并以实证研究方法为主。在理论研究阶段，主要采用规范分析方法。在归纳总结相关文献的基础上，运用信息不对称等理论，将财务重述、会计信息质量、资本成本联系起来，建立本书的研究框架；在经验数据检验阶段，主要采用实证研究方法，通过变量设计、建立模型、收集整理数据，并利用 EXCEL、STATA 软件，运用配比检验、单变量比较、多元回归分析等方法，验证理论研究阶段提出的研究命题。

1.4　研究内容安排

根据逻辑框架设计，本书分为 8 章。各章的内容概要如下：

第 1 章，绪论。介绍选题背景与研究目的，阐述财务重述报告研究的理论与现实意义，对本书的关键概念：财务重述、会计盈余质量和资本成本进行界定和简要分析，并简要介绍本书的研究思路、研究方法、主要内容安排以及可能的主要贡献。

第 2 章，文献回顾与理论分析。对国内外相关文献进行回顾，主要从财务重述、会计盈余质量、会计信息质量和资本成本关系三个方面进行回顾和评价，指出已有研究的不足与可能的研究契机。

第 3 章，制度背景与现状分析。首先，介绍中国上市公司信息披露、财务重述和融资的相关制度背景，并将其与美国成熟的财务重述制度进行对比分析。其次，对中国上市公司财务重述现状进行介绍，为下文的理论分析与实证检验提供制度背景支持。

第 4 章，财务重述公司盈余质量特征研究。在理论分析基础上，设计实证检验模型，通过配对检验，从会计盈余质量、盈余管理角度检验中国发布年报财务重述公告公司的会计盈余信息质量特征。

第 5 章，财务重述经济后果——市场反应。通过理论分析建立盈余反应系数多元回归模型，以及通过数据检验投资者对财务重述公司盈余信息的反应程度，检验投资者对财务重述公司盈余的信任与依赖度。

第 6 章，财务重述经济后果——公司融资。结合中国的制度背景进行理论分析，提出财务重述影响公司融资的研究假设，并建立实证检验模型，然后通过多元回归分析，从上市公司股权资本成本和债务期限两个方面考察财务重述报告对财务重述公司资本成本的影响。

第 7 章，财务重述经济后果——行业效应。关于财务重述行业效应的检验，本书在考察财务重述报告对财务重述公司的短期市场反应影响基础上，通过多元回归分析，从行业内非财务重述公司的超额回报率与财务重述公司的超额回报率之间的关系检验财务重述行业效应。

第 8 章，结论与启示。在对本书进行总结和归纳的基础上，对规范中国财务重述报告行为提出相关建议，并指出研究存在的局限和可能的后续研究方向。

本书的结构框架如图 1 - 2 所示。

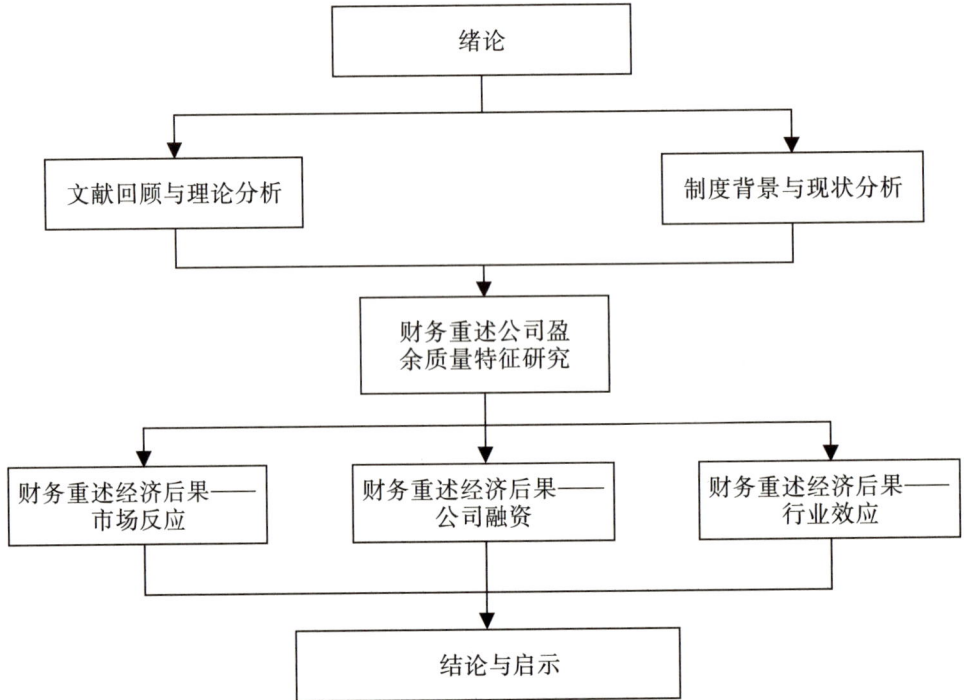

```
                          ┌──────────────┐
                          │     绪论      │
                          └──────────────┘
                  ┌──────────────┴──────────────┐
        ┌──────────────────┐          ┌──────────────────┐
        │  文献回顾与理论分析  │          │  制度背景与现状分析  │
        └──────────────────┘          └──────────────────┘
                  └──────────────┬──────────────┘
                          ┌──────────────┐
                          │  财务重述公司盈  │
                          │  余质量特征研究  │
                          └──────────────┘
        ┌──────────────────────┼──────────────────────┐
┌──────────────────┐  ┌──────────────────┐  ┌──────────────────┐
│ 财务重述经济后果——  │  │ 财务重述经济后果——  │  │ 财务重述经济后果——  │
│    市场反应       │  │    公司融资       │  │    行业效应       │
└──────────────────┘  └──────────────────┘  └──────────────────┘
        └──────────────────────┼──────────────────────┘
                          ┌──────────────┐
                          │   结论与启示   │
                          └──────────────┘
```

图 1 - 2　本书框架

1.5　研究的主要贡献

本书可能的主要贡献体现在以下几个方面：

（1）首次检验了中国财务重述公司的会计信息质量特征。以往中国学者主要从理论上对财务重述公司的会计信息质量进行规范研究（缺乏数据经验证实），或者从公司基本特征和治理结构特征量方面对财务重述公司进行研究。因此，对财务重述行为影响最大最直接的财务重述公司会计信息质量特征进行实证研究是很有必要的。在中国当前的实证研究中，盈余管理程度、是否发生财务舞弊、是否受到中国证监会的处罚作为低盈余质量的替代变量，已得到广泛的应用，却鲜见是否发生重述被采用，主要原因之一便是财务重述公司的盈余质量较低这一假说没有经验结论的支持。因此，本书的研究结论将为财务重述公司盈余质量的相关研究提供经验证据。

（2）从不同的研究视角丰富已有关于财务重述经济后果的研究。中国已有对财务重述经济后果的研究，侧重于理论研究，相关的实证研究也主要从市场短期反应角度考察财务重述行为对上市公司的影响。而对为什么市场对财务重述报告会有如此反应的根源和作用机制缺乏研究，及其对公司行为的后续影响缺少相关研究，因此本书从财务重述报告对投资者对上市公司盈余的依赖度和信心角度考察为何市场对财务重述报告反应剧烈，结果表明财务重述使投资者对上市公司的盈余信心下降，盈余反应系数降低。另外，上市公司信息披露行为必然影响其融资行为，本书从公司融资的角度探讨了财务重述的经济后果，发现相对于非财务重述公司，财务重述公司的股权资本成本上升，盈余管理严重的财务重述公司其债务期限结构也会受到影响。根据产业组织理论和信息理论，本书还从行业影响角度分析财务重述行业效应，发现中国上市公司年报财务重述不仅使财务重述公司本身遭受价值损失，且由于财务重述报告的信息传递作用，财务重述也给其所处行业带来负面效应。因此，本书从不同的研究视角丰富了中国财务重述经济后果相关研究。

（3）讨论会计信息在中国是否有用。会计信息能否起到降低信息不对称以及资本成本的作用一直是中国会计学术界研究的热点，但是学术界的研究一直未有统一定论。本书从另外一个角度说明会计信息质量差会导致股权资本成本上升，这为会计信息质量对股权资本成本的影响提供了新的证据。

（4）财务重述是近年来社会各界特别是广大投资者关注的热点问题，也是证监会等监管部门监管的重点问题之一。本书的研究结论为政策制定部门、监管部门制定相关政策及采取防范措施提供了理论基础和经验支持。

2 文献回顾与理论分析

　　财务重述现象在国内外的"蔓延"，使其成为投资者、监管部门以及学术界的关注焦点，国内外已有一定的关于财务重述研究的成果。通过文献回顾能够把握有关财务重述研究的现状与发展脉络，找出已有文献存在的不足和可能的发展方向，为后文的研究提供理论借鉴和文献基础。因此，服务于本书的研究需要，本章主要从财务重述、会计盈余质量以及会计信息质量和资本成本关系三个方面展开文献回顾。

2.1 财务重述文献回顾

　　财务重述是近年学术界关注的热点问题之一，已有研究主要从财务重述动机、财务重述公司特征及财务重述经济后果三个方面展开。关于财务重述动机的研究认为财务重述可能的动机主要是来自公司内部原因和外部资本市场的压力以及公司管理者薪酬方面的原因；关于财务重述公司特征的研究主要从公司重述基本特征和公司治理结构特征两方面展开；对于财务重述经济后果的研究主要从财务重述影响市场资源配置和公司自身资源配置两个方向展开。结合本书的研究需要，下文主要从财务重述公司动机、财务重述特征和财务重述经济后果三个方面对财务重述文献进行总结回顾，为下文的理论与实证分析提供理论与文献支撑。

2.1.1 外国财务重述动机研究回顾

　　对于财务重述的动机或动因，国外学者们认为主要有外部资本市场的压力和内部管理者的自利行为两方面的原因。

1. 融资需求及资本市场压力

资本市场是上市公司融资的主要场所。一方面，上市公司要在资本市场融资需要遵守资本市场的各种监管条例，满足资本市场的融资条件，部分上市公司可能因为达不到监管部门规定的融资要求而进行财务重述。另一方面，资本市场本质上是一个信息市场，资本市场的交易离不开信息，投资者依据信息评估可能的风险和收益并进行投资决策，因此信息决定着资本市场上资源的流向。Botosan（1997，2000）和 Botosan、Plumlee（2002）认为，会计信息披露从估计风险水平和股票流动性两个方面影响上市公司的股权资本成本，因此上市公司可能会为了吸引低成本的外部融资以及维持市场对其持续正的收益增长的预期等外部原因而进行收益操纵，因而需要进行财务重述。

Dechow（1994）选择由于违背 GAAP 而受到 SEC 处罚并被要求进行财务重述的公司进行研究，结果表明，这些样本公司在被处罚之前进行外部融资的动机十分明显，因此他们认为公司外部融资需求显著提高上市公司财务重述的可能性。

Richardson（2005）对上述研究进行扩展，发现在进入资本市场融资前，上市公司管理层很可能通过财务重述操纵盈余，向资本市场传达公司具有良好发展前景的信号。Cohen 和 Zarowin（2010）针对增发新股公司的研究发现，这些 SEO 公司为进行股权再融资通过真实活动进行盈余管理，在 SEO 之后业绩的下降不仅是由于应计的披露，也源于盈余管理经营决策的真实后果。

管理层出于监管机构的硬性要求，必须对企业经营业绩做出公司预告，证券分析师也会发布股票价值相关预测报告。市场投资者会据此来判断公司的发展趋势。没有达到证券分析师或管理层的财务预期可能给公司带来负面影响，降低公司声誉，导致公司市值的损失。因此，财务重述可能被用于满足迎合证券分析师和管理层的盈余预测的需求。Burgstahler 和 Eames（1998）以及 Degeorge 等（1999）的研究发现，上市公司有为了迎合证券分析师的预测而进行盈余操纵的行为，特别是实际盈余低于证券分析师的预测时，公司高管会通过向上的盈余操纵来迎合证券分析师的预测。Abarbanell 和 Bernard（1992）发现如果证券分析师认为上市公司的股票值得买，则该公司可能向上操纵盈余，相反，如果证券分析师建议卖，该公司可能向下调整盈余。Kasznik（1999）的研究发现当公司预期无法达到管理层的盈余预测时，公司存在通过非预期应计项目来高估盈余的可能行为。同时 Richardson（2005）以及其他的相关研究结果也认为如果上市公司没有达到市场预期可能会导致公司声誉下降、股价下跌等多重损失，因此上市公司如果受到过高的市场期望，管理层为了维持公司声誉，可能存在迎合市场预期的行为，为了达到上述目的采取激进的会计政策进而导致频繁的财务重述。

2. 管理层自利行为

委托代理理论认为现代企业经营权与所有权两权分离，企业的所有者和管理者之间存在委托代理关系，由于信息不对称，管理者在信息掌握程度上处于优势地位，因此，管理者可能为了自身利益，操纵股票价格，从而导致财务重述的发生（Beneish，1999；Erickson，Hanlon & Mayhew，2003；Burns & Kedia，2006，2007；Efendi et al. ，2007；Agrawal，2007；Agrawal & Cooper，2007；Li & Zhang，2008）。

Beneish（1999）在考察了64家因违反GAAP而被SEC强制执行诉讼判决并进行财务重述的公司，发现经理人更有可能在利润被夸大的时期出售所持股份，行使股票升值权，销售股票更多发生在虚高的股价时期。内部交易是一种补偿经理人努力的有效方式。SEC不能有效地防止这些利润被高估的公司的经理人在业绩下滑前出售他们在公司的股份。Li和Zhang（2008）研究表明内部人员会在财务重述前利用内部信息交易以减少股价下跌带来的损失，但是在《SOX法案》实施后，具有信息优势的内部人交易行为明显减少。Agrawal和Cooper（2007）针对518家调低盈余的财务重述公司进行研究，选择高级管理层、高级财务官、公司全部管理层、董事会成员及大宗交易者这五类内部人的股票交易行为，发现这些财务重述公司的高管在会计问题未被发现前，在财务重述期间有抛售股票的强烈动机。

Badertscher等（2011）研究了内幕交易活动对财务重述的影响。企业内的工作人员相对非企业内部的工作人员来说，在获取信息的真实性和及时性上占有绝对的优势，他们利用财务重述来操纵公司的财务报告，并通过内部交易来牟取个人私利。这些实证结果都间接表明公司高管可能通过财务重述操纵盈余，从而能够以更高的价格出售股票以牟取私利。

为减少管理层的自利行为，将高管薪酬和公司价值捆绑在一起可能可以减少代理成本。因此，近年来管理者薪酬契约中使用越来越多的股票期权或者其他与股票相关的收入，这使得管理层与股东的利益趋同，但也可能激励管理层采取不恰当的甚至违法的手段来提高上市公司盈利以及公司股价以获得更多自身利益。财务重述成为满足这些目的的可能手段之一。Efendi 等（2007）的研究则发现当 CEO 持有较多股票期权时，财务报表被误报的可能性会大大增加。对于那些受到债务契约约束、筹集新债务或股权资本，或者由 CEO 担任董事会主席的公司，虚假陈述的可能性也更大。实际上被高估的股权导致管理层采取一些措施来支持股价。Burns 和 Kedia（2006，2007）对上市公司进行配比研究后发现，持有认股权证的 CEO 具有强烈的意愿操纵股票价格以为其自身带来收益。CEO 期权组合对股价的敏感度与财务报告错误的可能性呈显著正相关关系。并在其随后的研究中发现，执行更多期权的公司往往采用更为激进的会计政策。且财务重述对盈余的影响程度与高管可执行的股票期权的数量之间呈正相关关系。他们的研究发现在涉及核心盈余项目、影响金额较大、调低盈余的子样本中，财务重述公司高管人员比非财务重述公司高管人员行使了更多的股票期权。Jayaraman 和 Milbourn（2014）实证检验了 CEO 股权激励与财务报告误报之间的关系，发现激励程度越大，财务报告出现误报的可能性就越低。

当然也有不同的声音，Erickson、Hanlon 和 Mayhew（2003）针对被 SEC 指控会计舞弊的公司的股权激励进行研究，并没有发现股权激励与会计舞弊有必然的关系。

早期的研究更关注 CEO 在盈余管理中的作用，对于 CFO 在财务重述中的作用的研究较少，因为传统观点认为，CFO 仅仅是 CEO 的代理人。但是在公司治理结构中，CFO 在政策的制定特别是财务政策的制定中的作用不容忽略，其是 CEO 的战略合作伙伴，参与公司经营的全过程并参与公司重要战略的制定，全面负责公司的财务活动，《SOX 法案》也明确 CFO 需要对财务报告的真实性、准确性和及时性负责。因此，近年来，随着 CFO 地位日益提升，其在财务重述中的作用也成为研究对象。Aier 等（2005）的研究发现，CFO 的财务工作经验与财务重述发生的次数呈负相关关系，CFO 的工作经验越丰富越不容易发生财务重述。Jiang 等（2008）进一步检验了 CFO 股权激励和盈余管理之间的关系，在控制 CEO 的股权激励后，CFO 的股权激励更显著地提高了上市公司财务重述的可能性，与 CEO 的股权激励敏感性相比，CFO 的股权激励敏感性与财务重述的正相关程度更高。CFO 是财务报告的主要负责人，因此盈余管理幅度对 CFO 的股权激励比对 CEO 还要敏感。Anna Loyeung 等（2011）认为 CFO 对财务报告决策具有最重要的影响力。他们的研究以会计差错衡量 CFO 的会计能力，研究结果表明，在准则转变当年，CFO 之前的报酬和会计能力呈正相关关系。

2.1.2 外国财务重述公司特征研究回顾

现有财务重述公司特征的研究主要围绕两个方面展开，即财务重述公司基本特征和治理结构特征。

1. 财务重述公司基本特征

早期学者主要从公司规模、账面市值比和盈利能力等公司特征方面研究财务重述的影响因素。Kinney 和 McDaniel（1989）将财务重述公司与同行业的非财务重述公司相对比发现，财务重述公司存在规模较小、负债比例更高、成长性较差等特征，并且面临着更高的不确定性。DeFond 和 Jiambalvo（1994）也得到类似的结果。Ahmed 和 Goodwin（2006）认为规模小的上市公司财务不健全，更容易发生财务重述。然而，Richardson 等（2002）对比了财务重述公司和非财务重述公司后发现财务重述公司似乎有更高的增长率，盈余持续增长的公司将面临保持盈余增长的压力，因此发生财务重述的可能性会增大，但是财务重述公司和非财务重述公司在盈利大小和规模方面并不存在差异。Ahmed 和 Goodwin（2006）则发现，在同一个行业中，财务重述公司具备较高的增长机会且规模较小。

因此，关于公司基本特征如规模大小等与财务重述之间的关系未得到一致的研究结论。Ahmed 和 Goodwin（2006）认为主要是由于缺乏足够的理论基础支持，以规模大小与财务重述的关系为例，大规模公司通常声誉较高，受到资本市场较多关注，其会计信息披露也更透明，这使得大公司有条件将财务重述作为某种信号。但是小公司可能会因为会计系统不完善而导致财务重述，因此规模大小与财务重述之间的关系并不明确，已有的实证结果也并不一致。

理论界关于公司资本结构和财务重述之间的关系则观点较为一致。债务融资对上市公司资产的流动性和盈利能力要求较高，管理者会尽量避免发生债务违约，因此对于资产负债率较高的公司，其管理者面临增加收入和改善财务状况的压力，这很可能迫使管理者进行盈余管理，由此引发财务重述。Kinney 、McDaniel（1989），Burns、Kedia（2006），Richardson、Tuna 和 Wu（2002）的研究均发现资产负债率较高的公司更容易发生财务重述。

公司成长性与财务重述之间的关系也存在争论，成长性差的公司往往说明其治理结构存在问题，其经营也面临较大风险，公司的盈余管理动机更强，进而财务重述的可能性增加（Defond & Jiambalvo，1994；Kinney & McDaniel，1989）。但盈余持续增长的公司将面临继续保持高速增长的压力，也可能进行盈余管理，继而导致财务重述的发生（Tuna & Wu，2002；Ahmed & Goodwin，2006）。

因此，总体而言关于公司基本特征与财务重述之间的关系并不明确，可能的解释是因为各种类型的公司都存在财务重述的动机。

2. 财务重述公司治理结构特征

由于公司基本特征对财务重述的影响并没有得到理论支持与一致的研究结论，因此更多的文献将研究视角转移到财务重述公司治理结构特征上，期望能从公司治理结构特征角度获得公司财务重述的影响因素。

GAO（2002）的研究报告指出公司内部治理的失效是财务重述现象频繁发生的重要原因。董事会结构特征和股权结构两个主要治理结构因素成为财务重述公司特征影响研究的重点。董事会是公司治理的核心，财务重述在一定程度上说明公司内部治理的无效或低效。因此理论界认为董事会的结构、独立性、专业性等与财务重述之间存在一定关系。Beasley（1996）的经验数据表明董事会的独立性与财务重述的可能性存在显著的负相关关系。David B. Farber（2005）认为财务重述与公司董事会独立性呈负相关关系。Richardson（2005）的研究发现公司内部审计委员会能减少公司发生财务重述的可能性。由于上述研究是单纯对财务重述公司的治理结构特征进行研究，缺少对比研究，因此，Agrawal 和 Chadha（2005）选取美国 2000—2001 年发布财务重述报告的 159 家上市公司作为研究样本，并选取非财务重述公司进行配比研究，研究结果表明董事会的独立性以及 CEO 对董事会的影响程度和财务重述之间存在密切的相关关系。企业的 CEO 属于企业的创始家族时更容易发生财务重述，而当企业的董事会或审计委员会中包含具有财务专门知识的独立董事时，较不容易发生财务重述。具有财务专家背景的董事会或审计委员会有利于提高财务报告质量。

Laerence J. Abbott（2004）认为财务重述与审计委员会的设立呈负相关，并发现董事会成员中的女性董事保持独立的态度，能够降低群体思维，从而提高董事会监察财务报告的能力。但是 David B. Farber（2005）的研究没有得出类似的结论。审计委员会的设立与否不能解释财务重述，因此学者从审计委员的薪酬契约考察两者的关系。Archambeault 等（2008）检验审计委员会的薪酬契约与财务重述的相关关系，发现审计委员会的薪酬契约的着眼点与公司发生财务重述的可能性存在显著的相关性，审计委员会薪酬注重长期激励则发生财务重述的可能性低，相反则高。

近期的研究也发现管理层的个人特征也会影响财务重述。Schrand 等（2012）认为管理层的过度自信有可能在未来带来财务误报的增加。针对个人特质方面，Jia 等（2014）发现男性首席执行官的面部阳刚之气与财务报告错误之间呈显著正向关系。

另外，财务重述和法律环境、外部审计等外部治理结构之间的关系也是近年相关研究热点。

外部审计是重要的外部治理机制，一般认为知名的会计师事务所具有较高的专业技能和职业素养，会在一定程度上保证上市公司的财务报表质量，减少财务重述的发生。Coffee（2003）以安然事件为例，认为利益关系使得审计师向公司采取的激进的会计政策妥协，未能及时纠正报表中存在的实质性错误，因此后期需要进行财务重述，因为他认为财务重述公司的审计师独立性较差。Kinney 等（2003）在进行对比研究后发现会计师事务所的其他服务收费与财务重述正相关，税收服务收费与财务重述负相关。此外 37.6% 的财务重述公司被卷进诉讼，其中 35.2% 的审计师成为被告。Jonathan D、Stanley F 和 Todd DeZoort（2007）对事务所的任期进行研究，发现任期长短与财务重述存在负相关。

Almer 等（2008）的研究认为知名会计师事务所所出具的审计报告具有较强的可信度，并且公司发生财务重述的可能性较小。Plumlee 和 Yohn（2008）的研究则认为近年来审计师降低了估计重要性水平，这在一定程度上导致财务重述现象上升。

因此，已有研究主要是对财务重述公司基本特征和治理结构特征等影响因素进行研究。财务重述是对财务报告的更正与补充，因此其直接影响公司的会计信息质量，财务重述公司的会计信息质量特征如何，已有的研究较少涉及。财务重述是否就意味着会计信息质量低下？会计信息质量本身是一个相对的概念，在未经数据检验之前，不能妄加断言非财务重述公司有相对更高的会计信息质量，因为非财务重述公司也可能通过财务重述外的其他盈余管理手段来抹平历史报表中的错弊。因此本书需要对财务重述公司会计信息质量特征这个命题进行研究。对财务重述公司会计信息质量的研究应该是对财务重述进行评价的基本前提，也是所有后续研究讨论的必要前提。

2.1.3　外国财务重述经济后果回顾

1.　财务重述市场反应

财务重述是否会影响公司的资源配置，对于财务重述与公司价值关系的研究是一个热点与重点，国外相关的研究相当丰富，包括从财务重述的原因、财务重述报告内容、财务重述发起方式等角度细化研究财务重述与公司价值之间的关系等，基本的研究结论都是一致的，那就是财务重述的确损害了股东的财富。

GAO（2002）指出公司发布财务重述报告会导致巨额的市值损失。宣布财务重述的公司3个交易日内股票价格大约下跌10%，1997—2000年，财务重述公司市值损失高达1 000亿美元，投资者乐观指数更是从2000年的150点下跌到2002年的46点，达到历史最低点。可见，比上市公司市值损失更可怕的是投资者对整个资本市场信心的丧失。Anderson、Yohn（2002），Palmrose等（2004），Hirschey等（2005），Callen等（2006），Scholz（2008）的研究也发现财务重述在短期内会产生负面市场反应。

在长期市场反应方面，Wu（2002）发现上市公司在发布财务重述报告3天内会产生 -11.2% 的累计超额回报率，而且其负向变化趋势早在财务重述报告公布前169天就出现了，并一直持续到公布后85天。Hirschey等（2005）则从长期市场反应角度进行研究，其发现涉嫌财务欺诈的财务重述公司在其财务重述报告公布的前后3天，其累计超额回报率高达 -21.80% ，但其长期市场反应并不显著。Frieder和Shanthikumar（2008）也同样发现，尽管财务重述公司短期内市场反应显著为负，但在3~6个月后这些负反应会消失。

部分学者从财务重述的发起方及具体财务重述涉及内容角度细化财务重述市场反应研究。Palmrose等（2004）的研究显示如果公司的财务重述是由SEC发起，在2天内会引起约 -4% 的超额回报率；如果财务重述是由外部审计师发起，则会产生

-13%的超额回报率；公司内部审计师发起的财务重述引起的超额回报率最高，达到 -18%。在重述内容方面，调低盈利的财务重述会引起公司股价下跌13%。Desai等（2006）的研究指出由不正确收入确认引发的财务重述比例最高，达到37%，而市场对此类重述的反应也最大，产生 -14.9%的负面收益。由不正确成本确认所引起的财务重述会引起 -10.51%的市场负面反应。其他原因，如不正确的股价、研发费用的分摊、资产的注销、存货估价、费用调整等会导致 -7.98%的异常回报率。

另外，部分学者则从不同的市场主体研究财务重述的市场反应。机构投资者在资本市场所起的作用开始不断增强，逐渐成为资本市场的主要投资者，因机构投资者的专业化，他们在信息中介媒体中起着至关重要的作用，其投资行为对市场产生巨大影响。因此，Hribar 等（2004）对不同的机构投资者对财务重述的不同反应进行研究，在控制未预期盈余、MB、规模等影响因素后发现所有的机构投资者都在财务重述报告公布后减持股份，但是在财务重述前，短期机构投资者作出的减持反应更显著，总体而言，在财务重述报告公布的前后一个季度的事件窗口内，机构投资者较个人投资者反应更显著。因此，Hribar 等（2004）认为具备信息优势的专业机构投资者能够预测公司可能的会计问题，并在财务重述报告公布前调整他们所持股份。Desai 等（2006）通过事件研究方法关注市场的短期投资者或者投机者对财务重述事件的反应，其发现在财务重述前 18 周短期投资者的平均持股水平从 2.18%提高到财务重述月份的 2.74%，而在财务重述后 12 个月内短期投资者的平均持股水平下降到了 2.07%；同时，持股收益也有显著变化，从财务重述前 18 个月的 3.52%直降到财务重述前 1 个月的 1.14%。因此 Desai 等认为短期投资者关注财务报表中应计信息所传递的信号，财务重述使他们怀疑财务报告的真实性是其抛售股票的一个动因。当然在如此长的时间窗口中，研究结论是否受到时间窗内其他事件的影响值得质疑。

2. 财务重述对债务融资的影响

前文关注的是权益投资者对公司财务重述的反应，而作为债权投资者，他们同样也是财务信息的使用者，债权人的行为决策是否会受到财务重述的影响呢？Graham 等（2008）从银行债权人角度研究财务重述的经济后果，通过研究具体的银行贷款合约，比较财务重述前后公司银行贷款合约的具体内容后，发现财务重述后签订的贷款合同与财务重述前签订的贷款合同相比有着显著的高展期，更短的到期日，并且需要更多的担保和较多的条款限制，同时每笔贷款的贷款人减少，财务重述公司还需要支付更多的头期还款和年费。Graham 等认为主要的解释原因是财务重述报告增加了财务重述公司的信息不对称，因此增加了贷款的交易成本，银行债权人使用贷款合约来抵减因财务重述带来的信息风险。

Baber 等（2013）的研究发现在财务重述报告披露后，平均市政债务成本更高。比较市政债务、无担保债务与有担保债务的使用，证实了财务重述增加了市政债务融资的成本。另外分析还表明，通过强有力的审计监督和鼓励股民直接参与治理进程的规定，可以减轻财务重述的不利后果。Chen（2015）也发现银行会根据企业财务重述的情况调整贷款合同条款。因此上述研究表明银行债权人会关注财务重述信息，财务重述增加了信息不对称。

3. 财务重述的其他经济后果

财务重述除了影响公司市场价值及融资行为外，也会引起高管变更、集体诉讼和行业效应等经济后果。

公司管理层可能将财务重述作为其操纵公司利润、粉饰财务报表的手段。而有效的资本市场会识破管理层目的，上市公司可能因此受到惩罚。上市公司一旦发生财务重述，为了证明自己的清白，向市场传递公司治理良好信号，恢复其声誉资本，财务重述公司很可能进行高管变更。Arthaud-Day 等（2006）的研究指出发生财务重述的公司，其 CEO 的更换率较高。Desai 等（2006）通过对比研究发现 60% 的财务重述公司在两年内至少更换了一个高管，这一比例高于配比的非财务重述公司 25%。此外，从长远看，公司高管如果是因为财务重述而被撤换，那么近 92% 的人员会因此未能谋求到相应的就业岗位。可见上市公司本身和经理人市场都对财务重述公司高管进行了惩罚。

CFO 作为财务报告的直接负责人，其职位必然也会受到财务重述的影响。Arthaud-Day 等（2006）的研究发现财务重述公司 CFO 的更换率高达 55%。《SOX 法案》中增加了 CFO 对财务报告真实性、准确性和及时性的责任。因此部分学者考察《SOX 法案》的实施是否会增加财务重述后 CFO 的变更率。Collins（2008）认为《SOX 法案》实际上对经理人市场产生了影响，CFO 对公司的财务重述需要承担更多的责任。

信息披露违反相关的法律法规是财务重述发生的重要原因之一，如果投资者根据这些信息披露做出投资决策并因此遭受重大损失，投资者就有权利通过法律途径寻求补偿，财务重述公司及其高管因此将面临诉讼风险。因此财务重述可能的经济后果之一就是诉讼风险。Palmrose 和 Scholz（2004）研究发现，企业的规模越大、前期销售收入越高、财务重述的金额越大，则公司财务重述带来的市场反应会越大，遭受集体诉讼的可能性也越大。

Karpoff、Lee 和 Martin（2007，2008）认为公司管理者如果因为财务重述而被司法部门或 SEC 认定应承担相关责任，将面临法律诉讼和惩罚。在随后的研究中，他们将对公司财务重述的惩罚分为私人惩罚和公共惩罚，法律对公司财务重述的惩罚是系统性的，无论是私人惩罚还是公共惩罚都与公司财务重述的范围、股东的损失、违法的复杂性等正相关，且私人惩罚和公共惩罚之间存在相互替代效应。

Lev、Ryan 和 Wu（2008）同样发现如果财务重述对历史盈余有较大程度的修改，则公司遭受集体诉讼的可能性较大，特别是与缩短或消除盈利增长模式有关的财务重述，可能招致更多的计提诉讼。

根据产业组织理论和信息理论，公司的财务重述也可能给行业内的其他公司带来影响，从而影响整个行业的资源配置。对于财务重述对行业的影响，在理论上存在信息传递效应（传染效应）以及竞争效应两种说法。Tan 等（2006），Akhigbe 和 Madura（2008），Gleason、Jenkins 和 Johnson（2008）指出公司的财务重述具有传染效应。公司的财务重述在毁灭本公司股东财富的同时，还会引发投资者对财务重述公司所在行业整体盈利水平的怀疑，使整个行业的股价有所下降。因此财务重述不仅会给财务重述公司本身带来不良经济后果，还会殃及池鱼。

因此，财务重述给公司带来各种经济后果，损害公司价值这是不争的事实，那么财务重述为何会产生如此影响呢？这也是应关注的重点。会计信息由于具有定价和治理功能，是缓解现代公司中代理冲突和信息不对称的主要机制之一。高质量财务报告能减少投资者与公司的信息不对称，降低公司融资成本。由于财务重述表明先前公布的财务报告的低质量和不可信，财务重述可能扭曲会计信息的定价和治理功能，会引起公司股价下降，进而影响公司价值（Anderson & Yohn，2002）。Hribar

和 Jenkins（2004）利用 GAO（2002）研究的 1997 年 1 月到 2002 年 3 月的数据中的 292 家财务重述公司作为研究样本，研究财务重述对公司资本成本的影响，他们发现财务重述降低投资者对公司的期望，提高了投资者要求的必要报酬率，增加公司股权资本成本。财务重述报告公布后资本成本平均上升 7% ~ 19%，随着时间的推移，资本成本将会有所降低，但仍有 6% ~ 15%。财务重述加剧了公司的信息不对称的程度，降低了投资者对公司盈余质量的预期，提高了公司信息风险，降低了投资者对公司的信心，因此投资者会要求更高的必要回报率，从而导致财务重述公司股权资本成本的上升。Kravet 和 Shevlin（2009）同样利用 GAO（2002）的数据，使用 Fama - French 的三因素模型，检查了信息风险定价与财务重述之间的关系，认为财务重述报告公布后的短期内信息风险定价显著增加，导致公司资本成本的上升。Ronald（2017）研究《SOX 法案》颁布使财务报告整体水平提高及其对财务重述的影响，发现高于平均行业增长的公司的证券价格在进行财务重述后具有显著的正向影响，而低于行业平均水平的成长型公司的证券价格有显著的负面影响。

财务重述使投资者对会计信息质量的信心下降，同时还可能影响整个市场财务报告的信息含量，学者一般用盈余反应系数来度量投资者对财务报告信息的信心与依赖度。Anderson 和 Yohn（2002）发现财务重述会加大公司股票买卖价差的范围，比较财务重述报告公布前后的市场盈余反应系数发现，在财务重述报告公布后，公众对公司财务报告的依赖度明显下降。Wilson（2008）的研究结果则相对乐观，在财务重述报告公布前 4 个季度和公布后 6 个季度的时间窗口内，公众的盈余反应系数呈 U 型变化，这说明投资者短期内对公司信息质量的信心会下降，但是从长期来看，这种不良的影响会慢慢减弱。

综上分析，财务重述使投资者怀疑先前财务报告的质量，对公司财务信息的依赖度下降，对公司的信心受损，可能抛售财务重述公司股票，导致公司的资本成本上升，使公司价值受到损害。

2.1.4　中国财务重述研究回顾

早期，中国关于财务重述的研究侧重于理论研究。王啸和杨正洪（2003）介绍了美国证券市场财务重述的特征、法律环境和经济后果，并将美国的财务重述制度与中国的财务重述制度进行比较研究。王毅辉、魏志华（2007，2008），刘殿丽、麦飞（2008），陈晓敏（2010），何威风（2010）等从不同角度对国外财务重述研究动态进行了综述。经验研究主要集中在以下三个方面：

1. 针对财务重述报告内容本身的研究

已有关于财务重述的研究均认为财务重述公司很有可能是盈余管理的产物。上市公司进入资本市场交易，必然受到资本市场的监督和约束，在中国资本市场制度下，上市公司为了获取上市资格以及融资配股的权利，或者避免出现被特别处理以及退市等，会通过盈余管理来实现目标利润，而在监管部门、会计师事务所要求下或上市公司自身出于逃避法律责任的考虑会进行财务重述。

王立彦和伍利娜（2003）对 2002 年对年报"打补丁"的 121 家上市公司进行了研究，认为年报公布后频繁的"打补丁"现象是对中国会计信息披露监管制度的讽刺，建议对"打补丁"现象建立严格的惩处措施。张为国等（2004）的研究发现高报盈余的会计差错有着明显的盈余管理的动机。雷敏等（2006）对 1999—2003 年中国 A 股上市公司发布的补充更正公告进行实证检验，研究发现补充说明的事项涉及公司各个方面，而且一半以上与公司的盈余相关。他们认为，这说明中国上市公司财务信息披露的不规范与随意性，以及部分上市公司存在利用财务补充更正公告粉饰操纵财务信息的可能性。谢雨婷（2010）研究财务重述报告公布时机的选择问题，发现财务重述公司倾向于提前公布好消息，滞后公布坏消息。

2. 财务重述公司特征研究

第一，财务重述公司基本特征。

中国关于财务重述公司基本特征研究的结论基本一致，那就是财务重述公司出现财务困境的比例更高（ST 或 PT 的比例较高），整体的盈利情况较差，周转情况不良。这与国外关于财务重述公司基本特征的结论不太一致，在某种程度上可以说明中国财务重述公司的盈余管理现象更为严重，财务重述公司的质量堪忧。

周春生和马光（2005）以 1999—2004 年 243 家发布财务报表更正公告的公司作为研究样本，研究发现流通 A 股、是否集体控股、公司所在地等因素显著影响上市公司发布财务报表更正公告的可能性。陈凌云（2006）通过考察 2001—2003 年年报"打补丁"公司的经济特征发现，相对于配对的非财务重述公司样本而言，"打补丁"的样本公司在公司基本特征方面，出现财务困境的比例更高、现金流量状况更差、总资产增长率更高。在公司治理结构方面，财务重述公司设立审计委员会的数量较少，选择由证监会专门指定的具有专项复核资格的会计师事务所进行审计的比率较低，而在资产收益率、股权集中度等方面则没有显著差异。

于鹏（2007）发现多元化经营的上市公司和生产方式较为落后的上市公司发生财务重述的比例较高，经济落后地区由于法律和制度不完善，上市公司发生财务重述的比例也较高。上市公司发生财务重述的概率与公司的业绩和经营状况密切相关，业绩越好，公司周转越快，发生财务重述的概率越低；财务杠杆越高，发生财务重述的概率也越高。这些说明上市公司可能存在为掩饰其不佳的经营状况而进行盈余操纵，这是导致财务重述发生的重要原因。股权结构会对财务重述发生的可能性产生影响，在股权分散情况下，由于搭便车行为的存在，上市公司的内部控制人更可能进行盈余操纵而导致财务重述，因此国有控股公司发生财务重述的概率显著低于未绝对控股公司。而在绝对控股条件下，国有性质的公司由于所有者缺位问题，不能有效控制代理成本，最终控股为非国有性质的公司发生财务重述的可能性比国有性质的公司的可能性明显降低。

魏志华等（2009）以1999—2007年1 368家中国A股上市公司发布的1 435份年报补充及更正公告作为研究对象，对中国上市公司年报财务重述现状进行了较为系统的分析。实证结果显示，上市公司年报财务重述的整体发展趋势不容乐观，表现为财务重述公司数量和比例居高不下、财务重述原因性质严重、重述内容对公司价值存在一定的负面影响等，其中更正公告不仅比重最高，危害也最大。

周晓苏、周琦（2011）基于盈余管理动机对财务重述公司进行研究后发现，相对于非财务重述公司，财务重述公司的短期经营性应计显著偏高；财务重述公司与非财务重述公司的非经常性损益不存在显著差异。研究还发现，财务重述公司往往股权分散、盈利水平低、流动性差、资产周转速度慢、负债率高，并且被出具非标准审计意见和被ST的可能性更高。

尚洪涛等（2014）以北京财务重述的上市公司为样本进行研究，发现财务重述公司与非财务重述公司相比具有更差的盈利能力以及更高的ST公司比率，但在股权结构上不存在显著差异；在外部审计方面，被会计师事务所出具非标准审计意见的审计报告的上市公司发生财务重述的可能性更大。其借鉴 R. Day 的混沌经济理论模型建立上市公司股权制衡的混沌模型，指出应从股权制衡、财权配置、内部控制制度等三方面构建财务重述内部控制机制。

王霞（2016）指出我国财务重述公司数量众多，金额巨大，约 90.12% 的财务重述公司的追溯调整都对留存收益造成影响。在具体调整内容上，我国财务重述报告调整的主要是税收差错、折旧及各项准备金提取错误和控股子公司的核算差错。在业绩表现上，与非财务重述公司相比，财务重述公司多为绩差公司，偿债能力不佳，对债权人的保障不够，财务风险较高。经过实证检验发现，在会计标准法下，财务重述公司的盈余持续性低于非财务重述公司，即财务重述公司的盈余质量较差。但是市场对于财务重述公司盈余持续性的认知存在正向的系统性偏差，对重述样本盈余质量的认知要高于其实际的盈余质量。

第二，财务重述与公司治理关系。

我国进行企业改革，不断完善公司治理结构，但是财务重述不降反升，因此公司治理效果值得怀疑。董事会在公司治理中担任着重要的职责，其代表公司股东行使监督和管理职能，因此部分学者从董事会角度研究财务重述。董事会特征包括董事会结构、董事会规模、董事会的委员会结构等。公司的审计委员会是由董事会发起并由董事会成员组成的委员会，其主要是对公司的会计进行监督，并对公司的财务报告进行审计，因此许多学者对董事会特别是审计委员会与财务重述之间的关系进行研究。杨忠莲、杨振慧（2006）从财务重述的视角对独立董事与审计委员会制度的执行效果进行研究，认为董事会结构的改善能在一定程度上提高上市公司的会计信息质量，其通过对 2002—2004 年发生报表财务重述的 72 家上市公司进行研究发现，中国公司独立董事的兼职家数和审计委员会的成立与否以及董事长的双重职责与财务重述显著相关，而独立董事人数比例和津贴与财务重述之间并不存在显著的相关性。

尤丽芳（2009）在对财务重述产生的原因进行分析的基础上指出，上市公司进行财务重述的内部因素是高管薪酬契约的不正当激励和资本市场给高管带来的压力，而外部因素是信息不对称和较低的造假成本，当然其根源还是公司治理机制的缺陷。

已有研究指出中国的上市公司经理人的报酬与公司业绩正相关，以公司业绩为基础的经理人报酬具有一定的治理作用，但是相关的研究也表明公司的薪酬激励政策不当将不能有效解决公司的委托代理问题，而且不能降低代理成本，反而可能给公司带来一些不利的影响，包括可能使经理人出于自身利益考虑而进行盈余管理等。因此关于财务重述与高管特征以及高管薪酬之间的关系也成为学者们研究的对象。

胡国强（2010）的研究指出上市公司股权激励计划的实施，加大了其财务重述发生的可能性；股权激励度与财务重述显著正相关；实施基于股价的股权激励模式的公司发生财务重述的可能性要显著高于实施基于业绩的股权激励模式的公司。研究还指出，上市公司的融资需求显著加大了其财务重述发生的可能性，即融资需求越强烈的上市公司越有可能发生财务重述，说明当企业经营业绩不佳时，经营者在融资需求的驱动下有操纵盈余的动机，并最终导致了财务重述的发生。相比非财务重述公司，财务重述公司有着较高市场风险、较低成长能力、较弱盈利能力、较差周转能力以及股权较集中的特点。

毛洪涛、沈鹏（2009）研究我国上市公司 CFO 薪酬与盈余质量的关系，发现CFO 薪酬激励契约存在对应计项目和经营现金流的功能锁定现象。何威风、刘启亮（2010）的研究发现，高管团队的规模、年龄、性别对公司财务重述行为有显著的解释力，其认为，高管团队中负责生产或销售的副总经理等部分高管的特征与会计信息质量特征之间的关联性很小或无关联，因此以整个团队作为研究对象检验高管的背景特征与财务重述行为之间的关系，统计与分析结果会产生偏差。

马晨、张俊瑞和李彬（2012）的研究发现，管理层持股比例与财务重述之间存在显著的 U 型关系，领导权结构对财务重述没有显著影响。

王霞（2016）的研究发现，女性 CFO 有助于提升企业的会计信息质量，降低财务重述发生的概率，而 CFO 是否为 CPA、是否具有财务专长可以降低会计差错发生的概率，减少会计差错发生的频率。

第三，财务重述与内部控制之间关系。

内部控制是公司治理的重要机制。2006 年上海证券交易所和 2007 年深圳证券交易所相继发布内部控制指引之后，2008 年五部委联合颁布了《企业内部控制基本规范》，并于 2010 年颁布内部控制配套指引。自 2011 年 1 月 1 日起，在境内外同时都上市的公司中首先施行《企业内部控制基本规范》，自 2012 年 1 月 1 日起扩大至在深沪证券交易所主板上市的公司中施行。至此标志着我国上市公司内部控制规范建设体系已经基本完成。相关的规范要求上市公司建立健全内部控制制度，内部控制的目标之一就是保证企业财务报告及相关信息的真实完整。提高内部控制有效性对于防范重大错报和舞弊、规避信息风险以抑制财务重述有着重要意义，企业发生财务重述说明企业在会计控制、信息披露方面出现问题。因此关于内部控制与财务重述的研究也不少见。

刘启亮（2006）认为内部控制能够有效抑制财务重述的发生。崔志娟（2012）认为企业资源披露的内部控制报告作为一种信号，可以向市场传递公司财务报告的可靠性信息。

文欢（2013）发现上市公司的内部控制质量越高，发生财务重述的概率就越低；同时还发现良好的公司治理结构不仅能够直接抑制财务重述的发生，而且能够通过提高内部控制的整体质量，发挥抑制财务重述发生的间接作用，即在良好的公司治理结构的作用下，内部控制抑制财务重述的效用得到了加强。

王桂红（2014）的研究指出有效的内部控制能够提高会计信息质量，降低财务重述的发生。在所有内部控制存在缺陷的企业中，内部控制自我评价报告中披露的内部控制缺陷的个数与财务重述的发生概率正相关。郑伟等（2015）通过分析整合审计下内部控制审计水平与财务报表审计质量的关系，得出在我国现有环境下，整合审计能够提高审计质量、减少财务重述的推论，而且内部控制服务水平越高，财务报表审计质量越好，财务重述发生的可能性越小。

第四，财务重述与外部审计之间的关系。

外部审计是公司外部治理机制中不可或缺的一部分。2004 年 1 月 6 日，中国证监会发布的《关于进一步提高上市公司财务信息质量的通知》强调在处理公司会计差错时应充分发挥外部审计的作用，注册会计师在审计时应对公司作出的会计差错更正处理与披露，尤其是对会计差错更正的原因予以适当关注，并正确地表示审计意见。如果注册会计师发现公司存在滥用会计差错更正的情况，应当要求纠正，公司董事会不接受纠正建议的，注册会计师应当考虑其对审计意见的影响。因此，外部审计能否对公司财务重述起到应有的外部治理作用以及财务重述对外部审计风险及战略选择的影响都是学者们研究的对象。

王霞（2016）的研究结果显示，对于财务重述公司之前年度蓄意错报的行为，注册会计师会有所察觉并反映在审计意见中。错报的金额以及错报涉及项目的多少对审计意见的出具有显著的解释力，表明注册会计师基于重要性标准的考虑，能够揭示重大的盈余管理行为。在财务重述当期，注册会计师非标意见的出具受到财务重述幅度及重述项目多少的显著影响，但对于追溯调整的方向并不敏感。

于鹏（2007）关于财务重述的审计治理研究发现发生财务重述的上市公司更可能收到非标审计意见，独立审计发挥了积极的治理作用。与外地审计师相比，具有地缘联系的本地审计师对即将发生财务重述的公司出具非标审计意见的概率显著下降，因此审计师的独立性受到地缘联系的负面影响。

王霞、徐晓东（2009）以财务重述公司为样本，探讨了审计重要性水平、事务所规模与审计意见之间的关系，研究发现，重要性水平影响审计意见的类型，超过重要性水平的错误会被出具非标准审计意见；不同规模的事务所对重要性水平的执行标准有差异，规模大的事务所对超过重要性水平的错误更加敏感。在规模大的事务所执行的审计业务中，存在超过重要性水平错误的报表更容易被出具非标准审计意见。研究结论支持规模大的事务所出具的审计意见更严格、审计服务质量更高这一论断。

曹强（2009）的研究发现长任期审计师更不倾向于对财务重述公司出具非标准审计意见；在控制了行业专门化水平差异的影响后，短任期时财务重述与行业专门化水平的负相关关系更为凸显。这表明长任期对审计师的独立性构成严重威胁，而短任期则降低了审计师的专业胜任能力。

袁春生、唐松莲（2010）对被证监会处罚的上市公司进行配比研究后发现，注册会计师的独立审计能够通过审计意见提示公司未来发生财务舞弊的可能性，能够为会计信息使用者提供上市公司舞弊的警示信息。

谢清华（2012）指出选择四大会计师事务所进行审计的上市公司发生财务重述的概率较低，但在审计费用方面，支付的审计费用越高，财务重述发生的概率越大。

曹强（2012）对财务重述的审计治理机制进行了全面的研究，其在事务所客户组合研究、专业审计准则和事务所时间的基础上构建了财务重述与事务所风险管理战略关系模型，考察当上市公司发生财务重述时，事务所可能采取的风险管理战略。

其发现事务所会评估财务重述的原因，如果财务重述所蕴含的风险/回报不在可接受的水平，事务所会选择恰当的风险管理战略。在具体风险管理战略选择上，事务所会对财务重述公司收取更高的审计费用，事务所对不同原因导致的财务重述，其反应程度不同。新审计准则实施后，审计费用对内部控制缺陷导致的财务重述的风险调整程度显著提高。另外，审计师更倾向于对财务重述公司出具非标准审计意见，特别是对盈余操纵导致的财务重述出具非标准审计意见的可能性最大。当财务重述所蕴含的风险过高或可能的回报过低时，无法通过审计定价战略和非标准审计意见战略将风险/回报降低到可接受水平时，事务所会将客户从自身客户组合中删除。

张敏等（2012）通过实证数据说明对于国有企业来说，财务重述公司的审计师发生变更的概率要低于非财务重述公司，但如果财务重述公司上期被出具了标准无保留意见，审计师变更的概率会上升。在非国有企业中，未发现财务重述与审计师变更之间存在显著相关关系。研究结果表明上市公司和审计师之间存在审计合谋，这一问题在国有企业中更为严重。李青原和赵艳秉（2014）发现，企业发生财务重述后确实存在审计意见购买行为，并且其购买手段越来越隐蔽，以避开监管部门和社会各界的监督。杨清香等（2015）的研究发现与主要客户共享审计师能够显著降低公司财务重述的可能性，尤其是降低与销售相关事项的财务重述。与来自不同地域的审计师相比，来自同一地域的审计师更能显著降低公司发生财务重述的次数。马晨等（2016）发现在财务重述后的一年内，财务重述公司事务所被解聘的概率要高于非财务重述公司。

第五，财务重述与外部治理因素之间的关系。

公司的外部治理环境是相对于公司内部治理结构更为基础性的层面，公司的外部治理环境至少包括产权保护、政府治理、法治水平、市场竞争、信用体系、契约文化等方面。公司治理很大程度上会受到上市公司所在地市场化进程、中介机构发展水平、地区法制化水平、产权保护程度及上市公司受政府控制程度等诸多外部环境因素的影响，进而影响会计信息披露质量。因此，关于财务重述与外部治理因素之间的关系也是我们可以关注的视角。

姚瑶、黄曼行（2010）的研究指出机构投资者对上市公司的信息披露行为确实产生了积极的作用。其进一步的研究结果显示，不同类型及不同持股比例的机构投资者对上市公司信息披露的作用有所差异，证券投资基金和合格境外投资者（QFII）对于减少上市公司的财务重述起到了较为积极的作用。但在我国法律监管尚不完善的环境下，持有较多股权的机构投资者更容易利用私有信息牟取利益，从而对上市公司的信息披露产生负面影响。

戴亦一等（2011）发现来自媒体的负面报道可以有效遏制财务重述行为的发生。另外，公司具有其他方面特质也可以降低财务重述的程度，例如张璇等（2016）考察卖空对财务重述的影响。研究发现加入融券标的后，相比较于不能被卖空的公司，融券标的公司发生财务重述的可能性显著降低，这种治理作用在金融市场欠发达和治理水平较差的公司更加明显。

丁圆圆（2011）的研究发现，上市公司所在地区市场化水平、法制化水平、外部审计独立性、知识产权保护程度越高，发生财务重述的概率越小；最终控制人类型为国有控股的公司发生财务重述的概率要远远高于非国有控股公司。

吴清（2012）从宏观环境出发，指出财务重述行为的治理应该与法律环境、经济环境、政府监督、社会监督和内部控制环境相结合。徐鸣莎（2012）也强调加快上市公司所在地的市场化程度和法制化进程，能够减少财务重述的发生。

财务重述的原因中人为会计差错和管理层自利行为是重要因素，而这两种原因在不同国家或地区、不同文化情境下可能也会有所不同。不同的文化对道德行为产生影响，进而影响管理层的行为。因此，马晨、程茂勇、张俊瑞（2018）等认为在研究基础因素（比如契约关系、融资需求等因素）对会计行为的影响的时候，应当将文化因素纳入整个分析框架之中。其研究从文化角度考察财务重述，他们利用38个国家和地区的跨国数据进行研究，发现相对于集体主义，个人主义文化更容易滋生财务重述；不确定性规避程度较高的国家或地区发生财务重述的概率较低；权力距离对财务重述的作用方向尚不明朗。个人主义对财务重述的正向影响作用在投资者保护水平较高时会更为明显；不确定性规避抑制财务重述的作用在投资者保护较好的制度下会有所增强。

3. 财务重述经济后果研究

第一，财务重述的市场反应。

中国已有的财务重述经济后果研究侧重于财务重述报告的短期市场反应以及影

响公司特定行为的改变。关于中国财务重述市场反应的研究结论与国外基本一致，市场会对上市公司的财务重述报告做出反应，且显著为负，财务重述会损害上市公司市场价值。陈凌云（2006）根据补充、更正公告的内容及出具动机对公告进行分类，发现主动型补充更正公告有正向的短期市场反应，而监管型公告即被动型补充更正公告的短期市场反应则显著为负。从长期反应来看，市场同样能识别主动型和被动型补充更正公告。主动型补充更正公告公布后，盈余反应系数会升高，而被动型补充更正公告公布后，盈余反应系数却下降。周洋和李若山（2007）根据财务重述报告的性质和可能对股价产生的影响将报告分为好消息型、坏信息型、不确定型和无影响型，研究发现，好消息型和坏信息型的财务重述报告将分别带来显著正向和负向的影响，表明财务重述报告具有明显的信息含量。王志涛（2007）统计2002—2003年所有披露补充更正公告的内容和时间及其市场反应，其认为中国上市公司有推迟和拖延披露补充更正公告的动机，发现上市公司披露补充更正公告的时间越晚，其市场反应就越大，且上市公司补充更正公告的披露对市场股票交易量具有影响作用。李常青等（2003）和魏志华等（2007，2009）区分不同形式、不同内容的中国财务重述报告的短期市场反应，通过研究发现中国的财务重述报告具有一定的信息含量，财务重述报告的总体短期市场反应为负，其中更正公告具有显著的负面效应，在［－3，＋3］的事件窗口中 CAR 超过 －1%。此外，细分财务重述类型的进一步研究表明，当财务重述原因涉及会计问题、当财务重述内容涉及公司的核心会计指标（尤其是调低公司盈余时）、当财务重述报告涉及多年以及财务重述消息是坏消息时，市场反应显著为负；当财务重述报告是好消息时，市场反应显著为正。对财务重述影响因素的研究则发现，财务状况、股权结构和外部治理环境是影响我国财务重述的主要因素，而公司内部的治理对财务重述的约束和影响较小。李晓玲和牛杰（2011）研究发现我国财务重述的市场反应显著为负，但影响程度较小。进一步的经验证据表明，更正公告、传递坏消息的财务重述报告以及因会计问题和监管部门督促引起的财务重述报告的市场反应显著为负，且影响程度较大。

高锦萍、袁畅、万岩（2017）认为比财务重述短期市场反应更为严重的经济后果是投资者信任的丧失，他们的研究通过建立财务重述影响投资者信任及投资意向的理论模型，经过问卷调查及结构方程分析得出结论：财务重述时滞性越长，对投资者的信任损害越大；财务重述的表内数据和表外信息均会损害投资者的信任，而且表内数据的损害性更大；纯粹的技术问题不会对投资者信任产生显著影响，但是会计问题引起的财务重述会对投资者信任产生显著性损害。

朱大鹏、钱爱民（2017）指出财务重述可能导致投资者丧失对财务重述公司的信心，因此财务重述公司为了弥补财务重述对公司声誉和市场价值造成的损失，会积极采取措施挽回损失，恢复公司在资本市场上的声誉。研究结果证实财务重述公司为了恢复声誉，在下一期更有可能进行慈善捐赠。而且非国有公司和市场地位较低的公司在这方面的表现更为显著。

财务重述除了造成市场反应外，更重要和长远的影响是会对上市公司的融资行为产生影响，包括影响公司的股权资本成本与债务资本成本，这部分相关的文献综述将在后面的章节单独介绍。

第二，财务重述行业效应等其他经济后果。

中国关于财务重述行业效应研究相对较少，不多的研究都赞同财务重述具有行业的信号传递效应。陈晓敏（2011）对财务重述公司市场反应的行业效应进行研究，发现财务重述报告不仅给财务重述公司本身带来负面市场反应，也给其所处行业带来微弱的负面效应。财务重述代表公司财务报告的低质量与不可信，会给公司带来严重的经济后果，作为同一控制人控制下的集团内其他公司也会受到不良影响。李世新、刘兴翠（2012）的研究指出财务重述报告发布前后一段时间内，股价整体表现会受到显著的负面影响，投资者将财务重述报告发布视为"利空"事件，对公司价值造成了负面影响。其中，由收入确认问题引发的财务重述以及当财务重述报告涉及的范围较广、财务重述的发起人为外部监管机构、财务重述涉及核心会计指标、财务重述导致盈余调减时，财务重述报告的负面市场反应更为显著。同时财务重述不仅使本公司的股价出现下跌，而且使同行业中其他非财务重述公司的股价也出现下跌的情况，即这种行业信号传递效应表现为传染效应。特别是当财务重述报告是核心重述或者财务重述公司的 CAR 较大时，引起的传染效应也较强烈。公司规模较大或者董事长发生变更的对手公司所受传染效应的影响较大；董事会规模较大的对手公司所受传染效应的影响较小；股权集中度和独立董事比例对传染效应并无显著影响。李青原、赵艳秉（2014）以 2003—2014 年深沪两市 A 股主板上市集团公司为样本，比较财务重述报告前后集团内重述企业与重述关联企业的市场反应发现，财务重述在集团内存在负传染效应，并且重述内容、重述滞后期、重述发起方以及重述企业聘请的审计事务所规模、集团公司的控制人性质和审计方式都会影响这种传染效应。

总体而言，相对于现实经济生活中财务重述现象在中国的普遍性，财务重述似乎尚未引起中国学术界的足够关注。基于西方制度背景的财务重述经济后果研究证据是否适用于中国特色的财务重述，有待更多的数据经验来证实。

2.2 会计盈余质量文献回顾

关于盈余质量的研究国内外主要从四个方面展开，第一，盈余质量的理论研究；第二，盈余质量的计量研究；第三，盈余质量的影响因素研究；第四，盈余质量的经济后果研究。盈余质量的影响因素主要包括公司治理和会计准则变迁，由于和本书的主题关联不大，在此不多加讨论，而盈余质量的经济后果内容将在2.3节中单独详述。为了服从下文研究财务重述公司盈余质量特征的需要，本部分主要就盈余质量的定义及计量展开回顾与评述。

自20世纪60年代，从美国财务分析专家O'Glove出版了颇有影响的投资咨询报告《盈余质量》开始，盈余质量受到重视。到了20世纪70年代末期，由于价值投资理念的兴起，公司的盈余质量备受市场各方关注。市场上许多知名刊物，如 *Standard & Poor*、*Wall Street Journal* 等都对美国境内的股票进行盈余质量评级并定期公布，在市场具有相当的影响力。2002年美国会计学会召开盈余质量研讨会，并在《会计评论》上刊登了多期以盈余质量为主题的增刊。但是迄今为止，学术界仍未就盈余质量形成统一的定义。由于对定义的"百家争鸣"，对盈余质量的计量自然也呈"百花齐放"的状态。本书借鉴国内学者王化成（2008）的分析框架，主要分四个方面对国内外已有盈余质量的定义与计量研究展开归纳总结。

1. 以盈余的某一特征定义与计量盈余质量

第一，盈余的持续性。盈余的持续性是指盈余的可重复特征，即盈余在未来重复发生的可能性。Kormendi 和 Lipe（1987），Easton 和 Zmijewski（1989），Collins 和

Kothari（1989）等将盈余回报模型中的斜率作为盈余持续性的度量。而盈余持续性最直接的度量指标就是盈余的自回归系数，自回归系数越大，说明当期盈余中持续到将来的部分越高，因此盈余持续性越强（Lipe，1990；Potter & Rayburn，1993）。Ramakrishnan 和 Thomas（1991）认为会计盈余的不同组成部分具有不同的持续性，他们将会计盈余按照持续性分为三种：一是永久性会计盈余，这类性质的会计盈余预期会持续到公司未来的会计年度，即以后的年度还会产生相同数额的盈余，如公司的主营业务利润；二是暂时性会计盈余，这类性质的会计盈余当年获得后在以后年度一般不会再发生，仅止于当前年度；三是价格无关的会计盈余，此类性质的会计盈余是由公司的会计变更所引起的，它对公司当年和今后会计年度的经营业绩均无影响。Penman 和 Zhang（2003）认为公司披露的目前盈余如果能够较好地表明未来盈余水平，则说明其盈余质量是高质量的。Richardson 等（2003）也认同盈余的持续性越强，盈余的质量就越高。

第二，盈余的可预测性。Lipe（1990）认为盈余的预测价值体现在当前盈余预测未来盈余的能力。根据 Lipe 的定义，盈余的可预测性一般采用盈余自回归过程中残差的标准差来度量，其与盈余的可预测性呈负相关关系，即模型回归的残差的标准差越大，当期盈余预测下一期盈余的噪音越大，因此能够正确预测的可能性越小，所以盈余的质量越低。其后，Dechow 等（1998）基于存货调整等假定，推导出了经营现金流预测模型（简称 DKW 模型），Barth 等（2001，2002）对此模型进行进一步推导，对盈余预测性进行检验。王化成（2008）等利用这些模型分别检验了盈余和盈余的两个组成项目（历史现金流与应计项）在预测未来现金流中的作用。

第三，盈余的平滑性。由于管理层认为偏离盈余目标或者盈余的波动性过大会损害盈余的可预测性从而影响投资者对公司的预期，因此盈余的平滑性通常被认为是管理层利用其拥有的关于公司未来收益的私有信息平滑盈余中的暂时性波动，选择披露更有用、更具有代表性的盈余（Ronen & Sadan，1981；Chaney & Lewis，1995；Demski，1998）。Leuz 等（2003）认为应计项目是管理层平滑盈余的主要根据，因此盈余的平滑性可以用两个指标来衡量，即用经营性盈余的标准差除以经营活动产生的现金流量净额的标准差，此比率越小，说明应计性盈余越多，因此盈余的平滑性越大。此外还可以用应计项目变动额与现金流量项目变动额之间的相关性强度来判断盈余的平滑性。

第四，盈余的稳健性。盈余的稳健性是指对不确定性的谨慎反应。Watts 和 Zimmerman（1990）指出，稳健性是指会计人员对资产的可能价值报告最低值，而对负债的可能价值报告最高值，并且在时间确认上，对收入的确认晚一些，而对损失的确认更及时一些，也即是尽可能早报告和多报告损失，同时尽可能晚报告和少报告资产。Basu（1997）的文章堪称会计稳健性的鼻祖性文献，其将稳健性定义为公司会计信息系统对坏消息和好消息的不同反应倾向，其将盈余作为被解释变量，股票回报作为解释变量，如果回报为负意味着坏消息，回报为正则为好消息，回归中坏消息的系数与好消息系数的比值即为盈余稳健性的度量指标。此后许多学者均采用此方法来计量盈余的稳健性。Holthausen 和 Watts（2001）发现美国公司从 20 世纪 30 年代末到 20 世纪末，对好消息反应的及时性在下降，而对坏消息的反应却更加及时，这说明稳健性在不断增强。Ball 和 Shivakumar（2005）认为对经济损失确认的及时性是盈余质量的重要衡量指标，因为稳健性使财务报告更具有用性，如在公司治理方面，它减轻了管理层投资决策的代理冲突；在贷款协议方面，公司的债权人也需要更加及时的"坏消息"。

第五，盈余的及时性。盈余的及时性是指盈余对当期经济收益的反应速度。不同于前文所述的盈余的稳健性强调对好消息和坏消息的反应存在差异，及时性对不论好消息或者坏消息都要求反应迅速。Basu（1997）的文章提出将盈余回报反转回归模型的拟合度 R^2 作为盈余及时性的度量。回归模型的拟合度 R^2 值越高，则说明当期经济收益的信息更多地反映在当期盈余中，因此盈余对经济收益的反应越及时。

2. 对盈余组成部分进行考察以定义与计量盈余质量

从有学者指出可以用总应计项目的水平来衡量盈余质量的高低开始，众多的文献都认同会计盈余由两部分构成，即提供可靠且相关的现金流量部分和应计部分，因此应计项目水平可以作为盈余质量的指标（Healy，1985；DeAngelo，1986；Sloan，1996；Houge & Loughran，2000）。其理论基础在于盈余内生于会计信息系统，其产生过程贯穿着管理层和会计人员的主观意志和专业判断，应该从盈余的不同组成部分考察盈余质量。因此，DeAngelo、Jones 等许多学者都通过应计项目考察盈余质量，产生了著名的 Jones 模型，并提出了修正的 Jones 模型、行业模型等①，中国学者陆建桥也对 Jones 模型进行扩展，这些模型经后来的学者不断检验并被广泛应用。

3. 以 FASB 的 SFAS NO. 2 定义与计量盈余质量

美国财务会计准则委员会在财务会计概念公告第 1 号中表明，财务报告的首要目标是"为现有和潜在的投资者、债权人以及其他会计信息使用者提供其作出理性投资、信贷和相似决策所需的有用信息"。并在其后的 SFAS NO. 2 中提出，会计信息的总体质量特征是决策有用性，包括了相关性与可靠性。虽然上述是针对所有会计信息而言的，但是盈余作为会计信息的重要组成部分，其质量特征也应该遵循上述要求，因此随后的国内外学者也按照 SFAS NO. 2 对会计信息质量的要求来定义与计量盈余质量。有学者设计了关于盈余质量的六个指标，包括盈余的预测价值、反馈价值、及时性、可验证性、忠实表述、中立性（Velury，1999）。孙晖（2005）则从预测价值、反馈价值、中立性和如实表述四个角度计量盈余质量。

4. 会计盈余的价值相关性②

有学者将盈余反应系数定义为单位盈余与调整后股票价格的相关程度（Hyan，1995）。有学者认为盈余反应系数越高，则表明市场对相同单位盈余水平的反应越强烈（Lee & Cao，2002）。中国学者陈晓等（1999）对中国会计盈余的有用性进行检验发现，股市对盈余公告有显著的反应，说明中国上市公司的会计盈余与股票价值相关。赵宇龙和王志（1999）的研究则发现，中国股票市场存在功能锁定现象，股市对盈余数据会有反应，但是不能识别不同质量的盈余。孙爱军、陈晓悦（2002）研究 1992—1998 年中国股市数据后发现，中国股市的盈余反应系数不断提高，说明中国会计盈余的价值相关性逐年增强。程小可（2006）认为盈余反应系数是指单位盈余的边际回报效应，并对中国的盈余质量进行系统研究。王化成（2008）则将盈余的持续性结合盈余反应系数进行研究，发现盈余持续性越强，公司的盈余反应系数越大。柳木华（2008）的研究发现中国市场不仅会对会计盈余数

① 应计模型介绍详见后文的盈余管理模型的比较分析。

② 虽然本书认为对于盈余反应系数的研究应该归属于公司盈余质量的经济后果研究部分，但出于行文考虑，对于盈余反应系数的研究回顾仍放在盈余质量文献回顾部分。

量产生反应，也会对盈余质量产生反应，市场反应与盈余质量正相关。

对于会计盈余质量的不同定义与计量，各家争论不一，不同的学者服务于不同的研究目的，各取所需。本书认为对盈余的可预测性取决于盈余的可持续性，而盈余的平滑性以及盈余的稳健性更多时候被作为管理层进行盈余管理的工具。因此本书认为盈余质量应该主要关注盈余质量的事后结果与事中的形成过程，应从盈余的持续性与盈余过程的盈余管理两个角度衡量盈余质量。

2.3 会计信息质量和股权资本成本文献回顾

2.3.1 会计信息与股权资本成本关系的理论分析

在现代资本市场理论中，对上市公司信息披露的研究起源于管理层与外部投资者之间的信息不对称问题和代理问题，这两种问题阻碍了资本市场资源的有效配置（黄娟娟、肖珉，2006）。信息披露在缓解信息不对称和减轻代理问题上起着十分重要的作用，具有三方面的经济后果：提高股票的流动性、降低股权资本成本和提高公司的价值（Christian & Peter, 2006）。而这三种资本市场效应又通过两条理论线索最终归结为公司股权资本成本的降低。Botosan（1997，2000）、Botosan 和 Plumlee（2002）认为，会计信息披露的资本市场效应最终将归结为公司股权资本成本的降低，并从估计风险水平和股票流动性两个角度进行了分析，该理论得到了众多学者的支持。

公司信息披露水平的提高能够降低投资者对公司的估计风险水平，从而降低公司的股权资本成本。信息披露水平较低时，收益的不确定性较大，投资者对资产组合收益的估计风险较大。在存在系统风险而且资产组合的风险不可分散的情况下，投资者就需要额外补偿，股权资本成本将会提高；而较高的信息披露水平可以提高投资者对公司真实价值的认识，降低投资者对资产组合收益的估计风险，从而降低投资者所要求的股票报酬率，降低股权资本成本（Barry & Brown, 1984；Handa & Linn, 1993；Botosan, 1997, 2000）。Bhushan（1989），Lang、Lundholm（1993，1996）的研究发现，更多的上市公司信息披露还可以降低分析师对公司进行预测的不确定性，从而使更多分析师愿意关注与跟踪该上市公司，不同分析师之间的预测差异性也较小，公司的股权资本成本就较低。Li（2005）使用预期股利增长率指标来衡量上市公司向投资者披露的信息，其研究发现质量较低的公共信息将导致在股票评估过程中产生更多的预测差误，因此会增加股票风险和加大股票回报的波动性。Christophe 和 Daniel（2010）发现国际会计准则在芬兰的实施有助于提升财务报告的质量，降低披露风险，并降低了股权资本成本。John 等（2015）发现内部所有权治理能力的提高能够提升强制性信息披露质量，降低资本成本。

公司信息披露质量的提高能够降低公司与潜在投资者之间的信息不对称程度，使潜在投资者更愿意投资公司，提高公司股票的流动性，进而降低股票的交易成本，增加市场投资者对公司股票的需求，从而降低公司的股权资本成本。Demsetz（1968），Copeland、Galai（1983），Glosten、Milgrom（1985），Amihud、Mendelson（1986），Diamond、Verrecchia（1991）等众多学者表明公司信息透明度的增加将提高公司股票的流动性，从而降低公司股权资本成本和股票的交易成本。Welker（1995）考察公司披露政策对股票流动性的影响，在控制了回报的变动性、交易数量和股价后，公司披露和股票竞价差之间存在显著负相关，这表明，好的披露政策可以降低信息不对称程度，从而增加股票流动性。Healyet 等（1999）使用时间序列数据与方法检验来考察公司是否可以从增加的信息披露中获益。他们发现，公司信息披露评级的提高伴随着公司股票报酬的提高、机构投资者的增加、分析师跟踪和关注的增加以及股票流动性的增加。Diamond、Verrecchia（1991），Kim、Verrecchia（1994）的研究认为如果公司增加信息披露，可以吸引大投资者的投资，也可以降低不同类别投资者之间的信息不对称程度，从而增强公司股票的流动性，因此可以降低公司的融资成本。Bloomfield 和 Wilks（2000）则通过实验研究发现改进公司的信息披露质量可以使投资者对股票的出价更高，股票的市场流动性更强，因此公司的融资成本更低。Greg（2013）基于投资者视野的有限性，发现披露质量对于股权资本成本有正向作用，信息披露质量越高，信息不对称程度越低，因此股权资本成本越低。

已有的理论分析表明，上市公司信息披露质量的提高会通过降低公司与投资者之间的信息不对称程度，来降低投资者对公司的估计风险水平，使潜在投资者更愿意投资公司，提高公司股票的流动性，进而降低股票的交易成本，增加市场投资者对公司股票的需求，从而降低公司的股权资本成本。

2.3.2 信息披露与股权资本成本关系的实证检验

国外众多的实证文献在上述理论分析的基础上检验信息披露与股权资本成本的关系，从信息披露角度研究结论主要可以分为两大类：① 信息披露数量，已有的研究发现公司信息披露的数量与公司股权资本成本之间呈负相关；② 信息披露质量，已有的研究发现公司信息披露的质量越高，公司的股权资本成本越低。

1. 信息披露数量

Botosan（1997）以美国1990年122家机械行业公司为研究样本，根据公司在年报中自愿披露的五种信息类型（背景信息、历史信息摘要、关键的非财务数据、项目信息与管理层建议和分析）构造了信息披露指数，以经典收益折现模型计算权益资本成本。研究发现，对于较少分析师跟踪的上市公司，其信息披露水平越高，则股权资本成本越低。Botosan（2000）扩大上述研究样本，考察不同类型的信息披露与股权资本成本之间的关系，结果表明，对于较少分析师跟踪关注的公司，公司的股权资本成本与前瞻性信息和关键的非财务指标的披露数量之间存在负相关关系；而对较多分析师跟踪关注的公司，其股权资本成本与历史信息的披露水平呈负相关关系。Botosan 和 Plumlee（2002）再次将样本扩大，研究1979—1993年的跨行业公司，研究结果表明公司股权资本成本与其财务年报信息披露水平呈显著负相关关系，与其他公告信息披露水平呈显著正相关关系，与投资者关系活动则不存在显著的相关关系。

2. 信息披露质量

关于信息披露质量与公司股权资本成本的关系问题的研究，首先要解决信息披露质量的衡量问题。现有研究对信息披露质量进行衡量主要有两种方法：第一种，根据有关部门建立的信息披露的质量特征评分标准，按照评分标准综合衡量上市公司的信息披露总体质量。第二种，考虑到会计盈余在会计信息中的重要地位，学者们专门构造相关指标对公司的盈余质量进行衡量以替代对公司信息披露质量的衡量（曾颖、陆正飞，2006）。

在第一类信息披露质量衡量指标中，Hail 和 Zurich（2002）以瑞士银行机构设计的信息披露指数为标准对上市公司的信息披露水平进行衡量，研究发现公司的信息披露水平与股权资本成本之间存在非常显著的负相关关系。当然也有不同的声音，Chenget 等（2003）以标准普尔 500 指数（S&P500）发布的"透明度与信息披露"指标排名为衡量标准，检验部分 S&P500 公司的信息披露水平与股权资本成本之间的关系，结果发现随着这些公司信息披露水平的提高，公司的股权资本成本也随着提高。Francis 等（2005）则采用国际金融分析与研究中心（CIFAR）编制的信息披露指数进行信息披露水平与公司股权资本成本关系的研究，利用 34 个国家 18 个行业的 856 家公司的跨国数据进行实证研究，结果发现上市公司越依赖外部融资，其信息披露水平越高；同时公司的信息披露水平越高，其股权资本成本越低。不同的研究结果可能与信息披露评分标准的不同有关，由于无从考证机构的评分标准依据，因此较难对不同的研究结论评定孰是孰非。

第二类信息披露质量衡量指标侧重于通过对盈余质量的衡量以评价信息披露质量，并研究信息披露质量与股权资本成本的关系。Tacharya 等（2003）以盈余激进度来衡量公司的信息披露质量，并利用 1984—1998 年 34 个国家的上市公司的跨国数据进行研究，研究结果显示公司的盈余质量与股权资本成本之间呈负相关关系。Bhattacharya 等（2003）研究了公司财务信息中的收益质量与公司股权资本成本之间的关系，以收益激进度、损失的规避程度以及收益的平滑度这三个指标的综合来衡量公司总收益的不透明度。研究发现公司的收益不透明度越低，公司的股权资本成本越低，市场对公司股票的需求越高，其股票的交易量越高。Franciset 等（2005）以美国的 91 280 家公司 1970—2001 年的数据为研究样本，将当期总应计利润额与滞后一期、当期以及未来一期的现金流量及固定资产变化额，营业收入变化额的回归方程的残差的标准差作为公司的盈余质量水平的替代变量，其研究结果表明盈余质量与股权资本成本呈负相关。Aboody 等（2005）则以总应计额与现金流量的回归残差的绝对值来衡量公司的盈余质量水平，其发现盈余质量与股权资本成本呈显著负相关关系。Barthet 等（2010）则研究公司盈余的透明度与股权资本成本之间的关系，他们以盈余和盈余方差的变化对公司股票收益的弹性来表示盈余透明度，衡量在投资者能够理解的方式下，盈余能够反映公司真实经济状况变化的程度；并以公司收益扣除了 Fama – French 模型和动量因素的预测收益后的后期收益以及股票组合平均收益两种方法来衡量公司的股权资本成本。他们的研究发现，盈余透明度与公司股权资本成本和预期股权资本成本之间均存在显著负相关关系。

已有的关于财务重述对公司资本成本的影响更是丰富了关于信息披露与公司股权资本成本关系的研究。由于财务重述表明先前公布的财务报告的低质量和不可信（Anderson & Yohn，2002），财务重述可能扭曲会计信息的定价和治理功能，可能引起公司股权资本成本的上升①。

2.3.3 中国关于信息披露与股权资本成本的经验研究

中国对信息披露和公司股权资本成本的关系的理论分析与经验研究基本在国外学者研究的基础上展开，因此下文的回顾也从信息披露数量与信息披露质量对公司股权资本成本的影响两个角度展开。

1. 信息披露数量

汪炜、蒋高峰（2004）选择 2002 年沪市 516 家 A 股上市公司作为研究样本，以样本公司 2002 年全年发布的临时公告和季报的数量之和作为公司自愿信息披露水平的衡量，使用股利折现模型计算样本公司的股权资本成本，研究发现在控制公司规模和财务杠杆率因素的影响后，自愿信息披露水平指数较高的公司当年的股权资本成本较低。此外，他们对通信产业进行单独检验，发现在通信产业中公司自愿信息披露水平和股权资本成本之间的负相关关系更加显著。但是他们仅衡量了信息披露的数量，对于披露质量并没有提及；并且采用的是中国上市公司的横截面数据，缺乏多时期的时间序列的检验。王华和张程睿（2005）对中国 2001—2003 年首次公开募股的 175 家公司进行研究，发现在中国股票市场上首次公开募股公司和投资者之间的信息不对称程度与公司筹资的直接成本、间接成本及总成本之间均存在显著的正相关关系。其研究结果表明，公司首次公开募股前信息越不透明，将承担越高的筹资成本。周冬华和赵玉洁（2016）间接地通过增加信息披露数量来对股价同步性进行研究，通过收集在新浪微博开设官方微博的上市公司的微博信息，发现上

---

① 相关文献回顾见 2.1.3 节外国财务重述经济后果回顾中关于财务重述对公司资本成本的影响研究。

市公司官方微博信息披露的数量与股价同步性显著负相关，而这种负相关关系主要体现为微博披露的公司特质信息。

从环境信息披露增加信息披露渠道的角度看，沈洪涛等（2014）发现企业环境表现水平较低时，环境表现越差的企业环境信息披露水平越高，这一特征在国有企业中尤为显著，并且披露的信息以数量而非质量取胜。闫海洲和陈百助（2017）发现公司进行碳排放信息披露对其市场价值有正向的影响；与低碳排放企业相比，高碳排放企业披露碳排放信息更利于其市场价值提升。胡红军等（2017）检验了公司环保信息披露对融资约束的作用。结果发现，公司提高环保信息披露水平可以显著降低公司面临的融资约束；进一步分析发现，这种作用在公司财务透明度低的情况下更显著，表明环保信息披露对财务信息披露具有补充作用。

也有文章从信息披露减少的角度出发，周华等（2017）的研究发现，上市公司可能存在按管理层意图列报股权投资收益的现象，这影响了会计信息的真实性和可靠性，投资者难以识别上市公司的财务技巧，证券市场存在"误定价"现象。

2. 信息披露质量

黄娟娟和肖珉（2006）以 1993—2001 年进行股权再融资的上市公司作为研究样本，以有限期剩余收益折现模型计算公司的股权资本成本，检验上市公司增发配股前三年的平均收益激进度、收益平滑度和总收益不透明度对公司股权资本成本的影响。研究表明，三个收益质量衡量指标与公司股权资本成本之间均呈显著的负相关关系，公司增发配股时其股权资本成本不仅仅受到前一年会计信息披露质量的影响，也受到增发配股前四年公司的会计信息披露质量的影响。但童盼（2006）认为该文在收益平滑度指标的计算、样本选取、制度背景描述、行文严谨方面还存在可改进之处。曾颖和陆正飞（2006）对 2002—2003 年深圳证券交易所 A 股上市公司的信息披露质量和公司股权资本成本关系进行研究，该文采用剩余收益模型计算上市公司的边际股权融资成本，以深圳证券交易所公布的上市公司信息披露评级来衡量上市公司总体会计信息质量；同时以盈余平滑度和盈余激进度衡量公司盈余质量水平。研究结果表明，在控制相关影响因素后，信息披露质量和公司的边际股权融资成本呈显著负相关，信息披露质量较高的样本公司，其边际股权融资成本较低，这说明中国上市公司的信息披露质量会对其股权融资成本产生积极影响。但该文认为在中国，现金流量表也是公司进行盈余管理的对象，应计项目与现金流之间的相关系数为正且绝对值很大，可能是上市公司为了打造良好形象同时操纵三大财务报表的结果，一定程度上是上市公司盈余管理程度大的表现，以此来解释应计项目与现金流之间的匹配和收益平滑之间的关系，其结论与国外的相关研究结论相反，似乎存在不妥之处，由此而推导的假设也存在不合理之处。王周伟等（2007）以2001—2004 年沪深股市所有 A 股上市公司为研究对象，以三因素定价模型、流动性定价模型和多因素定价模型为比较检验基准模型，检验总应计和线上项目的盈余信息风险与权益风险溢价之间的关系。结果发现，资本成本（风险报酬）与总应计利润信息风险呈显著正相关，与线上项目利润信息风险呈正相关，但并不显著。李明毅、惠晓峰（2008）以沪深股市 502 家上市公司为研究对象，以盈余激进度、盈余保守度衡量盈余信息披露，采用 r_{DIV}、r_{GLS}、r_{OJN} 以及 r_{PEG} 四种不同的方法衡量公司股权资本成本，实证检验上市公司信息披露与股权资本成本的关系。实证结果发现，对于采取保守盈余政策的上市公司，盈余保守度与股权资本成本存在显著负相关关系，然而对于采取激进盈余政策的上市公司，盈余激进度与股权资本成本并不存在显著的相关性。林长泉等（2016）对信息披露指数法、交易量波动依存法（KV 度量法）与应计利润测度法三种测量盈余质量的方法进行分析，认为信息披露指数法的缺点是只适用于深市上市公司；而应计利润测度法中应计利润的计量和报告主要由单位负责人、主管会计工作负责人和会计机构负责人负责，不属于董秘的主要职责，除非董秘兼任财务负责人，因此具有一定缺陷。采用 KV 度量法和信息披露指数法可以避免因随意应计利润和盈余管理等引起的一系列问题，因此能够较好反应。而高凤莲和王志强（2015）运用深圳证券交易所对信息披露质量的打分作为披露质量的衡量方式，发现董秘社会资本越大，公司信息披露质量越高；在法律保护较为薄弱或信任度较低的地区，董秘社会资本对提高公司信息披露质量的作用更为显著，起到了正向的替代作用。

总体而言，中国关于公司会计信息质量和股权资本成本的研究结论尚不统一，虽然基本明确了会计信息披露水平和股权资本成本之间的负相关关系，但是在信息质量的衡量以及股权资本成本的计量等方面仍存在争议，对于财务重述这样的临时公告能否影响公司的股权资本成本并未进行研究。对于这类"特殊而普遍"的财务重述样本公司的会计信息质量与公司股权资本成本之间关系的研究应该能够为中国信息披露质量与公司股权资本成本之间关系的研究提供新的证据。

2.4　会计信息和债务契约文献回顾

资本市场上信贷交易双方存在明显的委托代理关系，作为贷款人的银行是委托人，而作为借款人的公司是代理人，与股票市场一样，信息不对称会造成代理人的机会主义行为。在信贷市场中，达成协议前，银行作为委托人对公司借款人的信用、综合实力、贷款项目的质量、市场发展前景等方面存在信息不对称，公司借款人利用信息优势签订对贷款人不利的合约或者对贷款人隐瞒真实的信息，即存在"逆向选择"问题；当贷款协议签订后，借款人可能出现情况变化或者做出不同于贷款合约规定的行为选择，借款人利用信息优势不履约或者"偷懒"，即存在"道德风险"问题。因此要缓解信贷交易中的逆向选择和道德风险问题，可靠完整的信息显得至关重要。会计信息作为了解公司信息的主要来源，主要通过定价功能和治理功能发挥其在保护投资者方面的作用（魏明海等，2007）。因此会计信息对于信贷交易的作用，体现在贷款合约签订前后，会计信息综合反映了公司的财务状况和经营成果以及现金流量情况，是银行评价了解公司偿债能力和盈利能力的重要渠道，有助于降低债务契约的监督成本和执行成本。因此，会计信息对公司的债务成本存在一定影响，银行会利用会计信息保护自身的利益。

正如 Sloan（2001）所说，虽然会计信息对于债权人权利的行使以及保护具有重要的意义，但是相关的研究相对缺乏。

贷款合约主要通过合约中的各项条款来规定借贷双方的权利和义务，一般的贷款合约包括贷款利率、贷款期限、是否提供抵押或者担保以及其他的一些限制性条款，比如最低的业绩标准、股利发放的最高限额、收购兼并以及固定资产变卖等。会计信息对公司债务融资的影响主要体现在对贷款合约内容的影响上。

Abde-Khalik（1973）基于问卷调查的数据发现财务指标在没有其他更详细信息的支持下其对信贷决策的作用并不强。Watts 和 Zimmerman（1990）指出债务契约中的许多限制性条款是以会计信息为基础的。Diamond 和 Verrecchia（1991）关于债务期限的理论认为，债务期限结构是风险程度的函数，债权人对债务人的违约风险的判断会直接影响贷款的期限，公司的会计信息是债权人判断债务人违约风险的主要信息来源，而会计信息质量决定了债权人对会计信息的信赖程度。高质量的会计质量能够降低债权人和债务人之间的信息不对称程度，从而降低债权人对债务人违约风险的预期。与之相反的是，如果缺乏可靠的信息来源，债务人和债权人之间的信息不对称严重，加重了债权价值的不确定性，债权人只能利用更加严格的契约条款来保护自己。

Chung、Ghicas 和 Pastena（1993）从银行授信额度的角度来衡量石化行业储量确认会计（Reserve Recognition Accounting）准则实施的经济后果，检验银行的最高授信额度、实际贷款金额是与旧准则下的资产还是新准则下的资产更相关，实证研究发现授信者利用会计信息检查实际贷款合约和进行关联性测试，银行授予公司的最高授信额度与 FASB 发布的 SFAS NO. 69 准则下确认的资产规模相关，因此他们的研究得出结论：新准则更具有信贷决策的有用性。

但是这些研究依然缺乏足够的理论基础，因此，Dewatripont 和 Maskin（1985）建立了逆向选择模型，Dewatripont 和 Triole（1994）建立了道德风险模型，模型的结果说明银行信贷监督实效、预算约束被破坏是特定体制下信息结构和激励机制的内生选择，但是只要有信息不对称就会有银行监督失效，会计信息无疑可以降低信息不对称程度。Goncharov 和 Zimmermann（2007）验证了俄罗斯银行在进行信贷决策时是基于会计信息的，财务杠杆、流动比率和总资产收益率这些财务分析指标可以解释银行债务 43% 的变化。Bharath 等（2008）对 1988—2003 年美国上市公司的借款合同进行研究，考察借款人的会计信息质量在债务契约中的作用。他们认为信息风险来源于信息的不完全和不对称，通过研究发现会计信息质量影响债务契约内容的设计：较低会计信息质量的公司的借款利率较高、期限较短，而且更有可能被要求提供抵押。Graham 和 Qiu（2008）比较财务重述前后的银行贷款合约的具体内容发现，财务重述后签订的贷款合约与财务重述前签订的贷款合约相比有着显著的高展期，更短的到期日，更多的担保，而且有较多的条款限制，同时每笔贷款的贷款人减少，财务重述公司还需要支付更多的头期还款和年费。Graham 等认为主要原因是财务重述报告增加了财务重述公司的信息不对称，因此增加了贷款的交易成本，银行债权人使用贷款合约来抵减因财务重述带来的信息风险。

随着中国金融改革的推进，中国银行的信贷管理经历了从计划信贷的"资金供给制"模式向市场信贷的"资金交易制"模式的渐变过程（叶志锋，2009）。与此同时，银行与公司之间的信贷交易存在诸多的不确定性，银行和公司之间的信息不对称程度也很高。因此，在这个转轨过程中，公司会计信息的作用与重要性逐渐体现，会计信息能够减少银行和公司之间的信息不对称程度，减轻代理问题，会计信息成为银行控制信贷风险、公司争取贷款的一个重要信息工具。但是国内学者对会计信息对公司债务融资影响的研究同样也比较匮乏。

Firth 等（2009）考察了中国国有商业银行的贷款分配政策，他们的研究发现，不同于政府完全管制金融机构时期银行贷款于私有公司基本依靠政治关系，改革中的中国国有银行开始以市场为导向，注重经营效益，以经济利益为导向分配其贷款。饶艳超和胡弈明（2005）认为贷款决策中使用会计信息是贷款人实施贷款监控、减少双方信息不对称的一个十分具体而又重要的手段。他们以问卷调查的方式，了解银行在授信过程中对会计信息及其他非财务信息的使用情况。研究中回收的 206 份有效问卷的调查结果显示：银行对长期借款、短期借款、利润总额、主营业务收入、经营活动和现金流量等财务信息十分重视，特别重视公司的偿债能力、盈利能力和资产管理效率等财务指标。同时银行还比较重视收入说明、关联方关系及其交易等有助于判别公司潜在风险的财务报表附注信息。此外对于公司诚信、抵押保证以及历史信用、治理结构等其他非财务信息也有一定的关注。李悦等（2008）同样通过问卷调查的方式考察会计信息对债务融资的影响，但与饶艳超和胡弈明（2005）的研究不同的是，他们的调查对象为上市公司，他们的调查则发现盈利与现金流的稳定性、融资的交易成本、信用等级、财务弹性等因素是影响上市公司的债务融资决策较为重要的因素。廖秀梅（2007）选择对处于牛市的 2001 年和处于熊市的 2004 年两个年份的 233 家上市公司宣告的短期银行借款信贷合同进行研究，结果表明，会计信息可以降低信贷决策中的信息不对称程度，提高信贷决策正确的机会比例。此外受中国国有公司和国有公司终极控制人均为政府的特殊产权结构的影响，会计信息对信贷的决策有用性在所有权制度层面被削弱。此文将信息不对称对信贷决策的影响仅限于短期决策，且将现实中大量的短借长贷等同于不存在的真实资金需求，这样的界定并没有合理的依据。孙铮、李增泉、王景斌（2006）通过对公有公司和私有公司的事后债务违约概率和会计信息质量进行研究，发现会计信息对公司的贷款行为有重要的影响，但是会计信息的债务契约有用性受到公司产权性质的影响，实质上政府对公有公司的各种优惠政策为公司贷款起到了提供隐性担保的作用，因此，公有公司的会计信息在债务契约中的作用要低于私有公司。叶志锋（2009）发现了公司基于银行借款融资的目的进行业绩操纵的证据，并对银行能否识别上市公司以获得借款为目的的业绩操纵进行检验，研究发现，银行仅在一定程度上对微正利润和微正现金流量的公司产生怀疑，并给予这些业绩操纵公司较严格的债务期限。陶晓慧、柳建华（2010）认为会计稳健性通过信号显示，管理层对公司未来的盈利能力有信心意味着公司的盈利质量和资产质量更高，未来现金流的不确定性和风险更低，而且为今后提供的会计信息质量建立了声誉，提升了债权人对公司会计数据的信任程度，增强了债权人利用会计信息监控信贷风险的信心，因此会计稳健性可以降低债权人对违约风险的预期，有利于债务人获得长期债务融资。于静霞（2011）从盈余管理程度与资产报酬率、息税前利息保障倍数等会计信息披露层面入手，研究其与银行债务融资成本的关系，研究发现盈余管理程度越高，企业的融资成本越高。资产报酬率、息税前利息保障倍数等会计信息在银行信贷决策中也具有重要作用。张兴亮和夏成才（2016）研究会计信息透明度在债务契约缔结与履行中的作用以考察信贷资金的配置效率。研究发现，会计信息透明度越高的民营企业，在缔结债务契约时获得的借款越多，在债务契约履行中的违约概率也越小，表明信贷资金有较高的配置效率。李旎和黎文靖（2012）考察了会计准则变更对母公司报表在信贷决策中的有用性的影响。研究结果表明，母公司报表在旧准则下并没有为债权人提供合并报表以外的增量信息，在新准则实施后，母公司报表的增量信息含量得到显著提升。

具体关于财务重述与财务重述公司债务融资行为之间的关系的研究也是学者近期关注的焦点。何威风、刘启亮（2010）发现财务重述后银行贷款利率会提高，贷款总额会减少，保护性条款会趋严，但财务重述前后的银行贷款期限差异并不显著。进一步的细化研究发现，财务重述性质对银行贷款政策没有影响，而非国有控股上市公司财务重述会比国有控股上市公司获得更少的银行贷款总额，制度环境差的地区的上市公司财务重述会比制度环境好的地区的上市公司获得更少的银行贷款总额和更严格的贷款保护性条款；财务重述公司治理的改善不会影响银行对其的贷款政策。

李峰（2012）对财务重述前后银行贷款契约的各项内容进行研究，结果表明在考虑产权性质情况下，民营控股上市公司财务重述并没有比国有控股上市公司财务重述承担更高的贷款利率增幅、更短的贷款期限、更严格的贷款保护性条款。

潘克勤（2012）以2003—2008年中国民营上市公司为样本，实证分析了实际控制人政治身份、恶意财务年报补丁出现概率及对债务融资契约的影响。实证分析发现上市公司实际控制人具备政治身份或者具备越高级别的政治身份，则上市公司发布恶意财务年报补丁的现象越少；上市公司发布了恶意财务年报补丁，则下一年贷款规模明显下降，但是上市公司实际控制人的政治身份对上述负面情况的影响有明显减弱。进一步实证分析发现，发布恶意财务年报补丁的上市公司下一年债务违约概率明显高一些，但是如果发布恶意财务年报补丁的上市公司实际控制人具有政治关联，则债务违约概率也会得到一定程度遏制。上述发现说明，上市公司实际控制人具有的政治关联增强了上市公司出于维护潜在竞争优势的自我约束治理，从而增强了财务透明度和债务诚信。

李红梅（2013）的研究结果表明财务重述公司债务筹资规模显著减少，财务重述项目数、相对重述调整金额与债务筹资额负相关。

王霞（2016）的研究认为不管是在财务重述1年后还是2年后，财务重述与否对贷款契约条款（包括贷款类型、债务资本成本、债务期限结构）都没有显著影响，其认为可能的解释在于该研究选择的财务重述样本是在报表附注中进行前期差错更正的上市公司，而不是发布补充更正报告的公司，说明银行在审核信贷时并没有全面了解上市公司的信息披露。

钱爱民和张晨宇（2016）的研究发现政策不确定性影响银行信贷合约的机制是提高了企业债务违约风险，而高质量的会计信息能够缓解政治权力转移带来的不确定性风险，降低银行信贷合约违约概率。他们之后的研究指出财务重述导致企业商业信用融资规模减小。进一步研究发现，欺诈性财务重述和负向财务重述对企业商业信用融资的负向影响更加显著。

综上所述，会计信息在中国的银行信贷决策中起到一定的作用，由于受到产权性质等其他制度因素的影响，其具体的影响尚需进一步的理论分析与数据检验，而财务重述这一特殊的信息披露形式能否对中国上市公司的债务融资产生影响，目前国内已有研究的研究尚未深入。

2.5　本章小结

本章通过对已有财务重述等相关文献的全面回顾与总结，发现财务重述在国外的研究相对成熟与完善，已有的研究得出许多有现实意义的结论：财务重述通常造成严重的市场价值损失，会导致投资者减持股票和减少交易，也可能导致代价高昂的诉讼和赔偿，还可能导致市场信息不对称性的加剧，并导致公司股权资本成本显著增加等严重经济后果。中国对财务重述的已有研究侧重理论研究，为数不多的财务重述的实证研究仍局限于财务重述的短期市场反应方面，缺少对财务重述的会计信息质量特征及其他深远影响的深入研究，因此本书后续章节将对财务重述会计盈余质量特征、财务重述经济后果进行研究，以期从新的视角完善国内已有的财务重述相关研究。

3　制度背景与现状分析

任何经济现象都是特定经济制度环境的产物，任何研究都离不开制度背景的支持。由于中国制度的特殊性，许多基于西方背景的理论分析与实证研究结果在中国可能并不适用。财务重述这一经济现象同样具有"中国特色"，对中国相关制度背景与发展现状的介绍分析是研究财务重述的基础。因此，本章将对中国财务重述制度背景进行分析，并利用现实数据说明中国财务重述发展现状，为后续章节的研究提供制度背景依据与现实数据支持。

3.1　中国财务重述制度背景分析

3.1.1　中国会计信息披露制度体系

财务重述制度基础包含两个方面的内容：一方面是会计准则基础，它规定上市公司如何进行会计差错更正、会计政策与会计估计变更等与财务重述相关的会计处理；另一方面是会计信息披露制度基础，它规定上市公司如何发布与财务重述相关的信息。因此本书的财务重述制度背景分析主要从会计信息披露与会计准则角度展开。

首先，财务重述属于上市公司会计信息披露的一种形式，因此其发展离不开中国上市公司信息披露制度发展这个大环境。中国的资本市场经过二十多年的发展，基本已形成了较为完整的信息披露制度体系。中国会计信息披露制度体系发展至今已形成了四个层次的规定：《公司法》《证券法》等基本法律；《股票发行与交易管理暂行条例》《可转换公司债务管理暂行办法》等行政法规；《公开发行股票公司信息披露实施细则》《公开发行证券公司信息披露的内容与格式》等部门规章；《股票上市规则》等上海证券交易所和深圳证券交易所的自律性规则。对信息披露的监管也形成了包括中国证监会、证监会派出机构、证券交易所、行业和自律性约束等分工协调监管的信息披露监管体系。可见中国信息披露的大制度背景环境已日趋成熟和完善。详见下图。

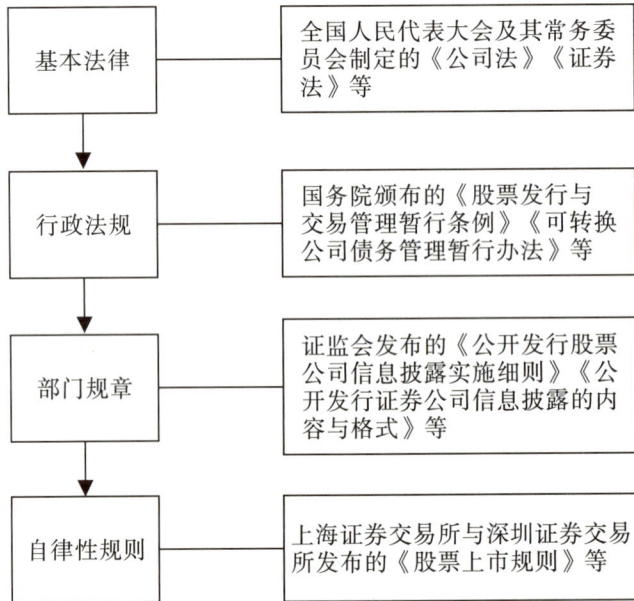

中国会计信息披露制度体系

3.1.2 中国财务重述制度发展

具体涉及财务重述的相关规定则相对发展较晚，不够成熟与完善。财务重述报告的会计问题主要涉及会计差错、会计政策和会计估计变更三个方面，所以会计准则中相关规定的发展是财务重述制度的重要部分，其随着会计准则的发展而发展（相关规定详见表 3 - 1）。根据于鹏（2007）、李常青（2008）、谢雨婷（2010）等的研究总结，中国财务重述制度的发展经历了三个阶段：第一个阶段为 1999—2003 年，会计差错信息及差错更正的出现；第二个阶段为 2003—2007 年，会计差错信息以临时公告披露；第三个阶段为 2007 年至今，财务重述制度的正式确立。

表 3 - 1   财政部关于财务重述信息披露制度相关法律法规

发布时间	生效时间	发布者	文件名称
1998 - 06 - 25	1999 - 01 - 01	财政部	《企业会计准则——会计政策、会计估计变更和差错更正》
2000 - 12 - 29	2001 - 01 - 01	财政部	《企业会计制度》第 10 章第三部分：会计差错更正
2006 - 02 - 15	2007 - 01 - 01	财政部	《企业会计准则第 28 号——会计政策、会计估计变更和差错更正》

资料来源：中国证券监督管理委员会网站，经作者整理。

首先，1999—2003 年是中国财务重述制度的萌芽时期，会计差错信息及差错更正出现。在 1999 年之前，中国资本市场刚刚成立不久，各项制度均在建设之中，中国会计准则和会计制度对会计政策、会计估计变更和差错更正的会计核算与相关信息披露没有一般性规定，而是在国家统一会计制度中要求变更会计政策或改变会计估计时再做特别规定。上市公司可以根据自身情况选择会计政策，做出会计估计，也可以根据最近可利用的信息对结果不确定的相关交易或事项改变会计估计，由此带来的会计估计变更的会计核算及相关信息披露问题也随之产生。因此，我国财政部从 1993 年开始对会计政策及会计估计变更相关的会计核算及披露问题进行专项研究，1995 年 7 月 12 日，财政部公布《企业会计准则——会计政策、会计估计变更》的征求意见稿，由于会计差错更正所引起的会计核算与披露和会计政策及会计估计变更类似，后来准则的范围扩大到会计差错更正。1998 年 6 月 25 日，财政部发布《企业会计准则——会计政策、会计估计变更和差错更正》，自 1999 年 1 月 1 日起暂在上市公司开始实施。

该准则首次明确会计差错和重大会计差错的概念，会计差错是指在会计核算时，由于计量、确认、记录等方面出现的错误，按照差错的金额和严重程度分为非重大会计差错和重大会计差错。非重大会计差错是指发生差错的数额不大，对各期影响甚微的会计差错。重大会计差错是指企业发现的使公布的会计报表不再具有可靠性的会计差错。由于我国实行统一会计制度，会计准则与会计制度并行，因此《企业会计制度》也对会计差错等相关问题作出相应的规定。重大会计差错的标准是涉及的金额比较大，通常某项交易或事项的金额占该类交易或事项全部金额的 10% 及以上。非重大会计差错会计处理采取当期法：如影响损益，应直接计入本期净损益，其他相关项目也应作为本期损益并调整；如不影响损益，应调整本期相关项目，即只调整发现当期和前期相同的相关项目，不调整会计报表相关项目的期初数。重大会计差错则不能采用当期法：如果影响损益，应将其对损益的影响数调整为发现当期的期初留存收益，会计报表其他相关项目的期初数也应一并调整；如果不影响损益，应调整会计报表相关项目的期初数，即应调整期初的留存收益及报表其他相关项目的期初数。在编制比较会计报表时，对于比较会计报表期间的重大会计差错，应调整该期间的净损益和其他相关项目，视同该差错在产生的当期已经更正；对于比较会计报表期间以前的重大会计差错，应调整比较会计报表最早期间的期初留存收益，会计报表其他相关项目的数字也应一并调整。在报表附注中应披露重大会计差错的内容和更正金额。

高芳（2017）认为1999年这一会计准则对会计差错更正的处理有两点明显的不足。首先，其认为准则中将会计差错定义为一种技术上的错误，而没有强调会计信息的决策有用性。人们关注会计差错主要是因为其影响投资者的决策，影响市场资源的有效配置，将本期差错与前期差错并列来谈，显得重点不够突出，缺乏治理的针对性。而且，本期发现的当期会计差错在本期就可更正，不涉及损益的调整，这种日常会计差错的更正，似乎无须做出特别的规定。其次，准则将前期会计差错分为重大会计差错和非重大会计差错，非重大会计差错不需要进行追溯调整，似乎是处于节约会计信息生产成本的考虑，但是这一处理显得对会计差错行为过于宽纵。会计差错并不一定是由于疏忽引起的技术性错误，还可能是企业管理当局故意操纵盈余的结果，有时候很难分辨哪些是疏忽引起的，哪些是故意操纵行为，因此过于宽松的规定可能会给管理当局留下盈余操纵的空间。

同时这一准则只规定在报表附注中披露重大会计差错的内容和更正金额，由于报表中有大量信息，附注内容更是繁多，这样的披露方式使得投资者非常容易忽略更正信息，即使注意到相关信息，也会被其他信息减弱关注度。因此，上市公司十分"热衷"于利用此方式更正与披露其会计差错。在这一时期，上市公司发生会计差错的比例连年攀升，1999年为32.88%，2000年为32.10%，2001年为47.21%（张为国、王霞，2004）。这时期的TCL事件更是引发社会各界的广泛关注。1998年TCL通讯配股，1999年公司出现17 984万元的巨额亏损，如果2000年公司继续亏损，将被扣上 ST 的帽子，但是 2000 年公司扭亏为盈，年度报告显示有少量盈利。但是，到了 2001 年，该公司主动对其重大会计差错进行追溯调整，公布其在 2000 年少提坏账准备 4 392 万元、少提存货跌价准备 2 556 万元。调整后，TCL 通讯 2001 年实现 2 154 万元的利润，而 2000 年调整后为亏损。TCL 通讯此举被认为是"先撒谎后认错"，借以逃避股票被 ST。TCL 事件被媒体报道后引起社会的强烈不满，认为相关会计准则存在漏洞。在此背景下，2001 年 1 月 18 日财政部修订《企业会计准则——会计政策、会计估计变更和差错更正》，但并未做大的修改，只是增加了第 19 条：企业滥用会计政策、会计估计及其变更，应作为重大会计差错予以更正。这是对企业滥用会计政策、会计估计及其变更调节会计利润、操纵盈余行为的一种约束，但是这一规定原则性不强，临时救火的意味相当浓厚（于鹏，2008）。

其次，2003—2007 年是财务重述制度的发展时期，会计差错信息以临时公告披露。这一时期逐年攀升的会计重大差错更正数量和著名的 TCL 事件[①]，使得社会各界和证监会开始关注会计差错更正。在此背景下，2003 年中国证监会就上市公司 2002 年的重大会计差错追溯调整举行新闻发布会，认为这些调整事项反映出上市公司的会计信息披露主要存在问题是上市公司混淆会计估计、非重大会计差错以及重大会计差错的区别，有滥用重大会计差错的趋势。少数上市公司会计处理明显违背会计准则及会计制度，涉嫌操纵利润，还有部分上市公司利用会计差错调整以前年度少计的费用、多计的收入或利润，将经营过程中出现的一场情况或者过去发现的一些无法继续掩饰的造假行为以会计差错的形式公示于众，以掩饰以前年度业绩虚假的真实状况。同时，2003 年 12 月 1 日，中国证监会为规范上市公司的更正财务信息行为，发布《公开发行证券的公司信息披露编报规则第 19 号——财务信息的更正及相关披露》。此项规则首次提出上市公司应当以重大事项临时公告的方式披露更正后的财务信息，并且需要会计师事务所对更正后的年度报告进行审计。该规则规定公司因前期已公开披露的定期报告存在差错被相关部门责令改正，公司已公开披露的定期报告存在差错经董事会决定进行更正的以及中国证监会认定的其他情形都应当以重大事项临时公告的方式及时披露更正后的财务信息。公司在临时公告

① 黄世忠，叶丰滢. 上市公司报表粉饰新动向：手段、案例与启示（上）[J]. 财会通讯，2006（1）.

中应披露的具体内容包括：公司董事会和管理层对更正事项的性质及原因的说明；更正事项对公司的财务状况和经营成果的影响；更正后的财务指标；更正后经审计的年度财务报表；涉及更正事项的相关财务报表附注；出具审计报告的会计师事务所名称。这一规定应该是中国财务重述制度的雏形。

此后证监会于 2004 年 1 月 6 日发布《关于进一步提高上市公司财务信息披露质量的通知》，该通知指出：对于上市公司日常会计核算中由于抄写错误、会计政策使用上的差错以及会计估计错误等原因造成的会计差错，应当根据《公司会计准则——会计政策、会计估计变更和差错更正》的规定处理；上市公司存在会计差错情形的应当按中国证监会的相关规定，以重大事项临时报告的方式及时披露更正后的财务信息。从 2004 年开始，中国证监会在每年年底发布的《关于做好上市公司 20××年年度报告工作通知》中都对重大会计差错更正事项进行专门强调说明："上市公司在本次年度报告中因重大会计差错更正对以前年度财务数据进行追溯调整的，应当根据中国证监会《公开发行证券的公司信息披露编报规则第 19 号——财务信息的更正及相关披露》等规定，在年度报告披露之前或与年度报告同时以临时公告的形式予以披露。"相关规定详见表 3 - 2。证监会其他关于财务重述的相关规定详见表 3 - 3。

表 3 - 2　证监会关于财务重述相关规定

发布时间	生效时间	发布者	文件名称
1993 - 06 - 12	1993 - 06 - 12	证监会	《公开发行股票公司信息披露实施细则（试行）》
1996 - 12 - 21	1996 - 12 - 21	证监会	《上市公司检查制度实施办法》
1999 - 10 - 10	1999 - 10 - 10	证监会	《关于提高上市公司财务信息披露质量的通知》
2001 - 03 - 19	2001 - 03 - 19	证监会	《上市公司检查办法（修订）》
2003 - 12 - 01	2003 - 12 - 01	证监会	《公开发行证券的公司信息披露编报规则第 19 号——财务信息的更正及相关披露》
2004 - 01 - 06	2004 - 01 - 06	证监会	《关于进一步提高上市公司财务信息披露质量的通知》
2007 - 01 - 30	2007 - 01 - 30	证监会	《上市公司信息披露管理办法》
2007 - 08 - 15	2007 - 08 - 15	证监会	《关于规范上市公司信息披露及相关各方行为的通知》
2011 - 07 - 25	2011 - 07 - 25	证监会	《把握会计准则规定实质，提升财务信息披露质量——2010 年上市公司执行企业会计准则监管报告》

资料来源：中国证券监督管理委员会网站，经作者整理。

表 3 - 3　证监会其他关于财务重述的相关规定

通知	与财务重述相关的要求
《关于做好上市公司 2006 年年度报告工作通知》	在注册会计师进行审计的过程中，如发现经审计的财务数据与已公布的财务数据出现重大差异的（一般指差异在 10% 以上），上市公司应当立即刊登公告，解释差异内容及其原因 上市公司做出会计政策、会计估计变更或重大会计差错更正的，应当根据《年报准则》的要求在本次年报中进行说明，并在报送年报时向本所提交包括董事会、监事会和独立董事意见的书面报告，同时提交会计师事务所对上述变更、更正的有关说明，包括：上述变更、更正的原因；具体的会计处理；如涉及追溯调整的，应说明对以往各年度财务状况和经营成果的影响金额；是否与前任会计师事务所和前任管理层进行了必要的沟通等。上市公司在本次年报中因重大会计差错更正对以前年度财务数据进行追溯调整的，应当根据中国证监会《公开发行证券的公司信息披露编报规则第 19 号——财务信息的更正及相关披露》等规定，在年度报告披露之前或与年度报告同时以临时公告的形式予以披露。因会计差错追溯调整而出现连续两年亏损的，公司还应当在同时披露的董事会公告中提醒投资者注意退市风险，将自公司公布年度报告之日起对其股票实行退市风险警示
《关于做好上市公司 2007 年年度报告工作通知》	保证上市公司信息披露的真实、准确、完整、及时和公平，进一步提高上市公司信息披露质量。上市公司的董事、监事和高级管理人员不得粉饰财务状况和经营成果，编制和披露虚假财务会计报表。上市公司应当根据新会计准则的要求，结合公司自身业务特点，及时制定（确定）或修改原有会计政策，作为 2007 年年度会计核算的基础和依据。上市公司在披露修订后的会计政策时，对于会计准则赋予会计政策选择权的，董事会应当在年报"董事会报告"中说明做出选择的理由和变更的差异情况。部分适用境内外会计准则的公司，董事会也应当在"董事会报告"中对差异情况进行详细说明。上市公司董事会应当在年报"董事会报告"中对公司做出的重要会计估计，如固定资产的折旧、应收款项坏账准备的计提、预计负债的估计、重要参数（实际利率或折现率）的选取等，存在的主观判断进行进一步的解释，并提醒投资者注意会计估计可能发生变化及其对公司财务状况和经营状况的影响

（续上表）

通知	与财务重述相关的要求
《关于做好上市公司 2008 年年度报告工作通知》	上市公司在执行新会计准则过程中，根据财政部《企业会计准则解释第 2 号》（财会〔2008〕11 号）和中国证监会最新发布的规定对前期已披露的 2008 年期初资产负债表相关项目及其金额作出变更或调整的，应当作为单独议案与本次年报同时提交董事会审议，并在董事会决议公告中对变更或调整的具体项目及其金额进行说明。上市公司因执行新会计准则以外的原因作出会计政策、会计估计变更或重大会计差错更正的，应根据年报准则的要求在年度报告中进行说明，并在报送年度报告的同时向本所提交董事会、监事会和独立董事意见的书面报告，以及会计师事务所对上述变更、更正的有关说明。会计师事务所的说明应当包括：上述变更、更正的原因；具体的会计处理；如涉及追溯调整的，对以往各年度财务状况和经营成果的影响金额；如涉及更换会计师事务所的，是否就相关事项与前任会计师事务所进行了必要的沟通等。上市公司在本次年度报告中因重大会计差错更正对以前年度财务数据进行追溯调整的，应当按照中国证监会有关规定，在年度报告披露之前或于年度报告披露同时以临时公告的形式披露重大会计差错更正的情况
《关于做好上市公司 2009 年年度报告工作通知》	强化信息披露责任意识，提高年报信息披露质量。上市公司应完善信息披露管理制度，建立年报信息披露重大差错责任追究机制，加大对年报信息披露责任人的问责力度，提高年报信息披露质量和透明度。上市公司应在年报"公司治理结构"部分披露公司建立年报信息披露重大差错责任追究制度的情况。报告期内发生重大会计差错更正、重大遗漏信息补充以及业绩预告修正等情况的，应按照《公开发行证券的公司信息披露内容与格式准则第 2 号——年度报告的内容与格式（2007 年修订）》的要求逐项如实披露更正、补充或修正的原因及影响，并披露董事会对有关责任人采取的问责措施及处理结果
《关于做好上市公司 2010 年年度报告工作通知》	上市公司因执行新会计准则以外的原因做出会计政策、会计估计变更或重大会计差错更正的，应根据《年报准则》的要求在年度报告中进行说明，并在报送年度报告的同时向本所提交董事会、监事会和独立董事意见的书面报告，以及会计师事务所对上述变更、更正的有关说明。会计师事务所的说明应当包括：上述变更、更正的原因；具体的会计处理；如涉及追溯调整的，对以往各年度财务状况和经营成果的影响金额；如涉及更换会计师事务所的，是否就相关事项与前任会计师事务所进行了必要的沟通等 上市公司在本次年度报告中因重大会计差错更正对以前年度财务数据进行追溯调整的，应当按照中国证监会有关规定，在年度报告披露之前或于年度报告披露同时以临时公告的形式披露重大会计差错更正的情况，以及董事会对有关责任人采取的问责措施及处理结果

（续上表）

通知	与财务重述相关的要求
《关于做好上市公司2011—2015年年度报告工作通知》	上市公司在报告期内做出会计政策、会计估计变更或重大会计差错更正的，应根据《年报准则》的要求在年度报告中进行说明，并在报送年度报告的同时向本所提交董事会、监事会和独立董事意见的书面报告，以及会计师事务所对上述变更、更正的有关说明。会计师事务所的说明应当包括：上述变更、更正的原因；具体的会计处理；如涉及追溯调整的，对以往各年度财务状况和经营成果的影响金额；如涉及更换会计师事务所的，是否就相关事项与前任会计师事务所进行了必要的沟通等 上市公司在本次年度报告中因重大会计差错更正对以前年度财务数据进行追溯调整的，应当按照中国证监会有关规定，在年度报告披露之前或于年度报告披露同时以临时公告的形式披露重大会计差错更正的情况，以及董事会对有关责任人采取的问责措施及处理结果

资料来源：中国证券监督管理委员会网站，经作者整理。其中2012—2015年的陈述与2011年基本相同，因此本书不重复列示。

与证监会的规定相互呼应，深圳证券交易所和上海证券交易所分别从2004年和2006年开始，在每年关于年报工作的通知中都特别指出：上市公司如果由于会计差错追溯调整而连续两年出现亏损的，公司在同时披露的董事会公告中还应当提醒投资者注意退市风险，而交易所也将从公司公布年度报告之日起对其股票实行退市风险警示。以上规定明确强调了上市公司必须以临时公告的形式发布会计差错更正报告，这对中国上市公司会计差错更正信息披露质量的提高起到了良好的促进作用。但是，此时中国财务重述制度依然没有上升到准则的高度，其强制性不够，因此上市公司和投资者对其依然存在认识偏误，重视不够。王霞（2016）认为这一时期的规定与国外的重编报表相比，在信息披露的详细程度上不可同日而语。因为我们没有要求重编财务报表，在公司更正历史差错时，只会在本年度报表中的比较数上反映出上年调整过后的数据，这一做法存在以下不足：第一，我国的比较财务报表只披露两年的数据，以及年末数和年初数，对于在本年报表中更正前年甚至更早年度报表的差错比较财务报表中将体现不出这些调整。而时隔数年才更正财务报表的情况在我国的财务重述公司中并不少见。第二，即使公司的追溯调整只限于上一年，比较财务报表能够体现调整后的数据，但是与重编财务报表相比，其所引起的投资者的关注程度也不同。第三，部分公司在报表附注中披露重大差错更正的内容和金额时，对更早年度的影响不做详细说明。因此，我国上市公司财务重述的比例依然居高不下。王毅辉和魏志华（2008）指出，2000年以后中国上市公司进行财务重述的占10%以上。陈凌云（2006）也指出每年大约有20%的上市公司发布名目繁多的补充公告和更正公告。雷敏等（2006）认为这一期间上市公司财务信息披露存在很大的不规范性与随意性，部分公司存在利用补充更正公告粉饰财务信息的恶意行为。

2007年至今则是财务重述制度的正式确立时期。2007年1月1日，财政部重新颁布《企业会计准则第28号——会计政策、会计估计变更和差错更正》，这可以说是中国财务重述制度正式确立的一个标志。该准则明确提出"前期差错"的概念，"前期差错是指由于没有运用或错误运用以下两种信息，而对前期财务报表造成遗漏或误报：①编报前期财务报表时能够合理预计取得并应当加以考虑的可靠信息；②前期财务报表批准报出时能够取得的可靠信息"。前期差错通常包括计算错误，应用会计政策错误，疏忽或曲解事实、舞弊产生的影响以及存货、固定资产盘盈等。更值得我们关注的是，该准则首次正式明确"追溯重述"的概念：企业应当采用追溯重述法更正重要的前期差错。追溯重述法是指在发现前期差错时，视同该项前期差错从未发生过，从而对前期财务报表相关项目进行更正的方法。追溯重述法要求在可能的情况下重新编报以前年度的财务报表，修正后的新报表和原来已公布的前期报表一同列示于官方信息披露网站，方便投资者进行比较判断，以避免误导投资者。2007年1月30日，中国证监会正式发布《上市公司信息披露管理办法》，该办法规范发行人、上市公司及其他信息披露义务人的信息披露行为，并指出信息披露义务人应当真实、准确、完整、及时地披露信息，不得有虚假记载、误导性陈述或者重大遗漏。信息披露义务人应当同时向所有投资者公开披露信息。该管理办法还重点规范临时报告的相关内容，不得以定期报告形式代替应当履行的临时报告义务。规定变更会计政策、会计估计以及因前期已披露的信息存在差错、未按规定披露或者虚假记载，被有关机关责令改正或者经董事会决定进行更正等各种需要披露临时报告的情形。上市公司董事长、经理、董事会秘书，应当对公司临时报告信息披露的真实性、准确性、完整性、及时性、公平性承担主要责任。信息披露义务人未在规定期限内履行信息披露义务，或者所披露的信息有虚假记载、误导性陈述或者重大遗漏的，中国证监会按照《证券法》第一百九十三条处罚。证监会该管理办法与财政部第 28 号新准则相互呼应、相互支持，财务重述相关会计准则与监管部门法规的趋同，显示出会计准则与监管部门法规的配套，标志着中国财务重述制度的正式确立。

2010 年是上市公司执行企业会计准则的第四年，为进一步提高上市公司财务信息披露质量，证监会对 2010 年年报财务信息披露情况进行专题研究，于 2011 年 7 月 25 日发布专题报告《把握会计准则规定实质，提升财务信息披露质量——2010 年上市公司执行企业会计准则监管报告》。报告结合上市公司年报披露的财务信息和年报涉及的典型会计处理案例，详细说明上市公司 2010 年财务信息披露情况，并重点分析年报披露中反映出的会计准则执行问题，包括会计估计变更和差错更正、收入确认、资产减值、企业合并和长期股权投资、非经常性损益及所得税相关会计处理等六个专题。对于会计估计变更和差错变更，报告指出前期差错是指由于没有运用或错误运用下列两种信息，而对前期财务报表造成遗漏或错报：①编报前期财务报表时预期能够取得并加以考虑的可靠信息；②前期财务报告批准报出时能够取得的可靠信息。前期差错通常包括计算错误、应用会计政策错误、疏忽或曲解事实以及舞弊产生的影响等。前期会计差错更正分为主动更正和被动更正两种情况，主动更正是指公司通过自查形式，发现以前年度的会计差错，并自愿进行更正；被动更正是指有关监管机关在对上市公司会计信息进行检查时发现会计政策、会计估计应用错误或会计处理错误、计算错误等，并以书面文件要求公司进行更正。2010 年年报中有 107 家上市公司披露了会计估计变更。变更原因主要集中在以下几个方面：改变固定资产的折旧方法和折旧期限、调整固定资产残值率、改变无形资产摊销年限、改变应收账款坏账计提的比例、变更制造费用分摊和约当产量的确定方法以及可供出售金融资产公允价值确定方法等。

2010 年共有 88 家上市公司披露了会计差错更正，其中主动更正 73 家，被动更正 15 家。上市公司主动进行前期差错更正涉及的常见原因有税金补缴、资产减值准备计提、收入成本费用的确认时间或金额有误，另外也有公司调整以前年度的递延所得税资产确认、联营公司的投资收益等。在被动更正前期差错的公司中，纳税汇算清缴问题占据主导地位。由于会计差错更正和会计政策变更均涉及对以往年度报表数据的追溯调整，个别公司混淆会计政策变更和会计差错更正，将本应是会计差错更正的事项作为会计政策变更。另外，由于会计估计本身具有不确定性，也有公司在以往年度会计估计结果与日后实际情况不符时，将其简单作为会计差错处理。

3.1.3 中国财务重述的法律责任

中国并没有针对财务重述的专门法律责任规定。但是在《刑法》《证券法》《公司法》等相关法律条文中有关于违规信息披露的规定。《刑法》（1997 年）中规定编制并传播影响证券交易的虚假信息，扰乱证券交易市场，造成严重后果的，处以 5 年以下有期徒刑或者拘役，并处以或者单独处以 1 万元以上 10 万元以下罚金。证券交易所、证券公司的从业人员，证券行业协会或者证券管理部门的工作人员，故意提供虚假信息或者伪造、编造、销毁交易记录，诱骗投资者买卖证券，造成严重后果的，处以 5 年以下有期徒刑或者拘役，并处以或者单独处以 1 万元以上 10 万元以下罚金；情节特别恶劣的，处以 5 年以上 10 年以下有期徒刑，并处以 2 万元以上 20 万元以下罚金。

《证券法》（1998 年颁布，2005 年、2013 年、2017 年相继进行修订）中规定，发行人、承销的证券公司公告的股票或者公司债券的发行、上市文件和上市后公告的所有报告，都必须真实、准确、完整。如果公告的内容存在虚假记载、误导性陈述或者重大遗漏，致使投资者在证券交易中遭受损失的，发行人、承销的证券公司应当承担赔偿责任，负有责任的董事、监事、经理应当承担连带赔偿责任。其规定发行人、上市公司或者其他信息披露义务人未按照规定披露信息，或者所披露的信息有虚假记载、误导性陈述或者重大遗漏的，责令改正，给予警告，并处以 30 万元以上 60 万元以下的罚款。对直接负责的主管人员和其他直接责任人员给予警告，并处以 3 万元以上 30 万元以下的罚款。发行人、上市公司或者其他信息披露义务人未按照规定报送有关报告，或者报送的报告有虚假记载、误导性陈述或者重大遗漏的，责令改正，给予警告，并处以 30 万元以上 60 万元以下的罚款。对直接负责的主管人员和其他直接责任人员给予警告，并处以 3 万元以上 30 万元以下的罚款。发行人、上市公司或者其他信息披露义务人的控股股东、实际控制人指使从事前两款违法行为的，依照前两款的规定处罚。

《公司法》（1993 年颁布，1999 年、2004 年、2013 年相继进行修订）中规定，公司在依法向有关主管部门提供的财务会计报告等材料中做虚假记载或者隐瞒重要事实的，由有关主管部门对直接负责的主管人员和其他直接责任人员处以 3 万元以上 30 万元以下的罚款。

以上这些关于虚假或者遗漏信息披露的惩罚措施也是我国财务重述制度的组成部分之一，但是这些措施都偏重于刑事制裁和行政处罚，却忽略了民事责任的承担，处罚也不如国外严格，因此投资者在违规财务重述发生时，无法运用民事诉讼手段维护自己的合法权益。对上市公司责任人的相关处罚也不如国外严重，违规财务重述的处罚成本相对较低，当违规财务重述带来的收益大于违规财务重述的处罚成本时，就有可能会让部分上市公司明知故犯，铤而走险进行违规财务重述。

3.1.4 美国财务重述制度简介

对于财务重述，世界各国都有相关规定。美国资本市场较为成熟完善，其财务重述制度与其社会经济制度及公司治理制度共同发展。1929 年纽约股市崩溃，直接引发了 1929—1933 年的世界经济危机。政府开始改变"看不见的手"，1933 年罗斯福政府实施新政，新政强调政府对经济的有效干预和调整，大量的法律和监管政策也开始在证券市场中实施，其中，影响最大、最具有代表性的就是《证券法》。《证券法》对上市公司制定强制性信息披露制度，其财务报告必须经过独立审计机构的审计；要求公司及时公布财务经营状况的变化（除非进行了修订），当注册报告书存在不真实叙述或重大漏报时应当中断该注册报告书的有效性，任何证券持有人均可针对注册报告书出现的不真实叙述或重大漏报的情况向法院提起诉讼。《证券法》以法律的形式承认会计差错的事实，并且强调会计差错需要承担相应的法律后果，该法律第 24 条规定：任何人或任何公司违反规定制造对任何重大事实的不真实陈述或漏报的，一经确认便应被罚以不超过 1 万美元的罚金或者不超过 5 年的监禁，或者两者兼而有之。这是对公众公司会计信息披露行为最强有力的规范。其后，1934 年美国颁布的《证券交易法》中也对虚假财务报告的法律责任作出规定：陈述关于任何重要的事实包括年度财务报告虚假或欺骗，任何个人和任何组织根据定罪应被处以不超过 100 万美元的罚款或被判不超过 10 年的有期徒刑，或者两者同时实行。1940 年，美国证券交易委员会制定了《SOX 条例》，该条例规定美国财务信息披露的要求，将上市公司的后续持续性信息披露分为定期报告和临时报告两种形式。定期报告包括年报采用 10 - K 的报告格式，季报采用 10 - Q 的报告格式；临时报告是公司发生重大事项时进行的临时性信息披露，采用 8 - K 的格式。所有上市公司通过美国证券交易委员会建立的电子化数据系统 EDGAR（the Electronic Data Gathering Analysis and Retrieval System）进行财务报告等信息的披露。

在 1971 年，美国会计原则委员会（APB）根据《证券法》发布了第 20 号意见书《会计变更》以及 22 号意见书《会计政策的披露》，并指出会计差错的原因可能源于计算错误、会计原则应用错误、财务报表公布日期已经存在的事实的忽略。在发现以前年度财务报告中的会计差错时，应作为以前年度的调整事项进行。企业应在发现和更正会计差错的期间披露以前公布的财务报告中的会计差错的性质，更正对特殊项目的利润、净利润以及相关股票收益的影响。要求企业在发现并纠正前期财务报告的差错时，重新表述以前公布的财务报告。APB 不允许企业根据财务报告编报日后新发生或存在的事项对以前财务报告进行调整。对于会计政策变更，要求采用追溯调整法按照会计政策变更的累计影响数调整期初留存收益和其他相关项目。由于美国的公众公司（根据《1934 年证券交易法》等级划分或公开发行证券的公司）的财务报告是通过美国证券交易委员会建立的电子化数据系统报送和公开披露的，因此公众公司进行财务重述时需要向美国证券交易委员会提交 10 - K/A（经修改的年度报告）或者 10 - K/Q（经修改的季度报告），替代以前存放在电子化数据系统的年度或季度报告。同时，如果公司能够合理预见重大差错，或者更正事件会对投资者做出决策产生重大影响，或者对证券交易价格产生重大影响，则公司就应该及时对外披露，进行临时报告，也就是发布新闻公告或向美国证券交易委员会提交 8 - K 报告，或者两种方式同时使用。

在举世震惊的安然、世界通信财务造假案例事件发生之后，美国国会出台了《2002 年公众公司会计改革和投资者保护法案》，也就是著名的《2002 年萨班斯—奥克利斯法案》（简称《SOX 法案》）。该法案指出：公司首席执行官和首席财务官必须在公司所有定期报告上签署书面证明，保证定期报告所包含会计报表及信息披露在所有重大方面公允地反映公司的经营成果及财务状况。若证券发行公司因不当行为引起原始材料与《证券法》规定不符而被要求重新表述财务报告时，则首席执行官及首席财务官将被严厉处罚。法案规定：第一，首席执行官及首席财务官应返还12个月内从公司收到的奖金红利或其他奖金性或权益性酬金。第二，如果首席执行官和首席财务官发现指导违规事项，但仍提交保证函，则最高可以判处10年监禁，以及50万美元的罚款。第三，对于故意虚假承诺，最高可以判处25年监禁以及500万美元的罚款。另外强化财务信息披露规定公司不得包含对重大事项的虚假陈述，也不得遗漏重大事项，披露预计财务信息应尽可能以避免对投资者造成重大误解的方式进行；公司应在遵循公认会计原则的前提下尽量真实反映公司的财务状况。此外，该法案特别提出要加强对定期信息披露的复核，美国证券交易委员会为保护投资者，应定期、系统地对公司披露信息进行复核，并指出，美国证券交易委员会应重点考虑的公司之一便是有重大财务重述行为的公司。《SOX法案》的所有规范都是围绕财务报告信息展开的，法案中关于财务报告信息监管、信息披露和法律惩罚的强化，尤其是内部控制的强调等都对会计差错更正起到了规范作用，也是财务重述制度的重要组成部分。

此后，《SOX法案》责成美国审计总署进行相关调查，在美国审计总署的调查报告（2002）中，首次提出了财务重述的概念：财务重述是公司自愿或被外部要求对以前报出的财务信息进行更正并重新表述的行为。这是目前实务界和学术界普遍认可的关于财务重述的权威定义。

2005年，SFAS第154号《会计政策变更和会计差错更正》颁布，取代APB第20号意见书和SFAS第3号准则。该准则对相关处理进行规定：①对于会计政策变更：会计主体由于准则或解释公告首次进行会计政策变更时，或者主体自愿进行会计政策变更时，应追溯调整该变更。当追溯调整会计政策变更时，会计主体应调整最早列报前期的各个受影响的权益组成部分的期初余额，以及各个列报前期披露的其他比较金额，就如同新会计政策一直在采用那样。如果在当期期初确定一项新会计政策的应用对所有前期的累积影响不切实可行的，主体应调整比较信息，从最早的可行日期开始对新会计政策采用未来适用法。②对于会计估计变更：均应以未来适用法在以下期间的损益中确认，如果变更只影响变更当期则在变更期间确认，如果变更对变更当期和未来均有影响，则均应确认对损益的影响。如果一项会计估计变更导致资产和负债或有关权益项目发生变化，会计主体应在变更期间调整相关资产、负债或权益项目的账面金额，并对其予以确认。③对于前期差错更正：会计主体应以追溯重述法更正前期差错，除非确定该差错的特定期间影响或累积影响是不切实可行的。如果在当期期初确定会计差错对所有前期的累积影响不切实可行的，会计主体应从最早可行的日期开始用未来适用法重述比较信息以更正差错。对于累计折旧方法的改变也应作为会计政策变更。采用追溯调整法时，需要调整以前年度报表。

因此，美国会计准则及相关法规都对财务重述行为作出严格规定，特别是有明确的披露内容与实质惩罚条款，为监管机构提供了处罚依据。强化了上市公司的首席执行官和首席财务官的个人责任，首席执行官和首席财务官铤而走险进行违规信息披露的成本巨大，因此起到强有力的震慑作用，促使他们积极保证相关财务信息的真实可靠。总体而言，美国对财务重述的治理效果也较为明显。美国财务重述公司占上市公司比例在最高的 2006 年也仅有 6.8%，远低于中国上市公司财务重述的比例。

综上所述，随着会计准则和信息披露相关法律法规的不断发展和完善，中国财务重述从无到有，从附注披露到临时公告，从追溯调整到追溯重述，财务重述制度基本确立。但是与国外成熟的财务重述制度相比，中国的财务重述制度仍处在尚待完善阶段，缺乏明确的规范和具体的报告标准，特别是缺乏强有力的法律责任追究和处罚制度的实施保障。在如此的制度背景下研究具有中国特色的上市公司财务重述行为的经济后果显得至关重要，这将为监管部门掌握监管重点及完善财务重述制度提供经验证据，为投资者进行投资决策提供一定信息参考。

3.2　中国财务重述现状简介

3.2.1　财务重述报告的公司数量统计

表 3 - 4 列示了 2005—2015 年财务重述公司的数量统计情况。在 2005—2015 年各个年份中，2005 年财务重述公司数量比例相对较高，这可能与 2004 年 1 月 6 日中国证监会发布的《关于进一步提高上市公司财务信息披露质量的通知》中关于"上

市公司存在会计差错情形的，应当按照中国证监会的有关规定，以重大事项临时报告的方式及时披露更正后的财务信息"的要求相关。此后的各个年份上市公司财务重述的比例呈 M 型，各年份财务重述公司比例最高达到 27.76%，最低的也有13.16%，平均财务重述比例达到 19.49%，远远高于美国资本市场的平均数 6.8%，说明中国上市公司财务重述现象较为严重。因此，深入研究财务重述公司的会计信息质量特征及财务重述经济后果，对于提高中国上市公司信息披露质量，保护广大中小投资者利益，完善中国资本市场发展具有重要的现实意义。

表 3 - 4   2005—2015 年财务重述公司的数量统计情况

年份	深市 A 股			沪市 A 股			全部 A 股		
	发生财务重述公司数量	上市公司数量	所占比例（%）	发生财务重述公司数量	上市公司数量	所占比例（%）	发生财务重述公司数量	上市公司数量	所占比例（%）
2005	143	503	28.43	217	794	27.33	360	1 297	27.76
2006	99	516	19.19	185	794	23.30	284	1 310	21.68
2007	82	588	13.95	124	815	15.21	206	1 403	14.68
2008	175	694	25.22	212	840	25.24	387	1 534	25.23
2009	155	746	20.78	159	843	18.86	314	1 589	19.76
2010	156	902	17.29	120	859	13.97	276	1 761	15.67
2011	186	1 221	15.23	92	891	10.33	278	2 112	13.16
2012	236	1 421	16.61	116	928	12.50	352	2 349	14.99
2013	294	1 529	19.23	220	950	23.16	514	2 479	20.73
2014	289	1 569	18.41	242	957	25.29	531	2 526	21.02
2015	390	1 628	23.96	201	1 011	19.88	591	2 639	22.39
合计	2 205	11 317	19.48	1 888	9 682	19.50	4 093	20 999	19.49

注：财务重述数据来源于 Wind 数据库，上市公司数量统计来源于上海证券交易所和深圳证券交易所各年度统计年鉴。

3.2.2   财务重述公司的行业分布情况

表 3 - 5 列示了 2005—2015 年所有财务重述公司的行业分布情况。从表 3 - 5 来

看，制造业的财务重述公司数量最多，占财务重述公司总样本数量的58.07%（其中C4、C6、C7数量最多），这与制造业本身公司数量众多有关。此外，其他各个行业均存在财务重述公司，各行业的财务重述公司比例与行业公司数量占全部上市公司数量比例接近。总体而言，财务重述现象遍布中国的各行各业，研究财务重述现象及其经济后果具有一定的普遍现实意义。

表3-5 2005—2015年财务重述公司的行业分布情况

行业	2005年	2006年	2007年	2008年	2009年	2010年	2011年	2012年	2013年	2014年	2015年	合计	比例（%）
A	13	11	8	12	8	11	11	6	14	14	16	124	3.03
B	4	3	2	5	9	7	6	4	9	15	6	70	1.71
C	194	154	116	207	170	149	167	246	312	315	347	2 377	58.07
C4	31	29	27	40	37	28	22	51	58	61	64	456	11.14
C6	26	15	12	37	25	19	30	32	56	40	45	329	8.04
C7	58	55	34	55	50	47	57	74	84	91	103	708	17.30
D	18	14	9	12	22	10	8	4	9	19	10	135	3.29
E	6	5	4	14	9	5	6	7	14	11	16	97	2.37
F	11	7	7	17	15	12	3	9	17	12	13	123	3.01
G	22	18	16	18	16	18	25	20	36	37	54	280	6.84
H	22	16	9	14	9	17	9	13	21	31	18	179	4.37
I	22	17	15	30	24	19	18	16	41	35	65	302	7.38
J	14	12	4	11	7	8	4	8	9	9	10	96	2.35
K	7	4	2	15	5	4	4	8	14	13	13	89	2.17
L	4	2	2	5	4	4	3	3	5	4	5	41	1.00
M	23	21	12	27	16	11	10	8	13	21	18	180	4.39
总计	360	284	206	387	314	276	278	352	514	531	591	4 093	100

资料来源：Wind数据库，经作者收集整理（A农林牧渔；B采掘业；C制造业；C4石油、化学、塑胶、塑料；C6金属、非金属；C7机械、设备、仪表；D电力、煤气及水的生产和供应业；E建筑业；F交通运输、仓储业；G信息技术业；H批发和零售贸易；I金融、保险业；J房地产；K社会服务业；L传播与文化产业；M综合类）。

3.2.3 财务重述报告内容分析

首先，中国财务重述报告的形式有更正公告、补充公告和补充更正公告三种。总体来看，更正公告所占比例最大，为55.22%；补充公告次之，为32.54%；补充更正公告的比例最少，为12.24%。具体情况见表3-6。

表3-6 财务重述报告形式统计情况

年份	更正公告		补充公告		补充更正公告		合计
	数量	比例（%）	数量	比例（%）	数量	比例（%）	数量
2005	241	66.94	97	26.94	22	6.11	360
2006	178	62.68	89	31.34	17	5.99	284
2007	125	60.68	68	33.01	13	6.31	206
2008	244	63.05	107	27.65	36	9.30	387
2009	205	65.29	78	24.84	31	9.87	314
2010	147	53.26	87	31.52	42	15.22	276
2011	131	47.12	100	35.97	47	16.91	278
2012	140	39.77	138	39.20	74	21.02	352
2013	240	46.69	175	34.05	99	19.26	514
2014	197	37.10	237	44.63	97	18.27	531
2015	412	69.71	156	26.40	23	3.89	591
合计	2 260	55.22	1 332	32.54	501	12.24	4 093

资料来源：Wind数据库，经作者收集整理。

其次，从财务重述的具体内容来分析，按照李常青等（2008）的研究，中国财务重述报告的具体内容主要可以划分为以下几类：①核心会计指标，指财务重述涉及财务年报六大会计要素；②非核心会计指标，指财务重述仅涉及财务年报中除六大会计要素之外的其他会计指标；③生产经营相关内容，指财务重述涉及公司筹资、投资及生产经营相关内容；④风险相关内容，指财务重述涉及公司的关联交易、诉讼、担保等可能存在风险的内容；⑤公司治理相关内容，指财务重述涉及公司股权结构、治理结构等公司治理方面的内容；⑥其他，指上述内容以外的其他内容，包括书写错误等。

具体的财务重述报告具体内容分布情况见表 3 - 7。从表 3 - 7 可见，不同年份中国上市公司年报财务重述的内容变化比例起伏不定，没有特别的规律。但是其中涉及核心会计指标的财务重述比例相对较高，为 18%，2005 年最高为 23%，可见在财务重述报告中有接近一半的报告是针对核心会计指标的更正或者补充。这说明中国上市公司年报存在会计差错或者重大会计差错的情况十分严重，中国年报财务重述公司的会计信息质量值得怀疑，不排除上市公司利用年报进行盈余管理的可能性。另外，其他内容的财务重述一般指书写错误等技术性错误，平均有 30% 的公告是此类内容，这些属于基本的信息技术规范问题，是完全可以避免的错误，由此可见中国上市公司财务人员的基本素质或者职业责任心仍需提高。

表 3 - 7　财务重述报告具体内容分布情况

年份	核心会计指标		非核心会计指标		生产经营相关内容		风险相关内容		公司治理相关内容		其他		合计
	数量	比例（%）	数量	比例（%）	数量	比例（%）	数量	比例（%）	数量	比例（%）	数量	比例（%）	
2005	83	23	51	14	21	6	43	12	22	6	140	39	360
2006	55	19	38	13	28	10	38	13	11	4	114	40	284
2007	43	21	32	16	12	6	26	13	14	7	79	38	206
2008	68	18	71	18	32	8	60	16	27	7	129	33	387
2009	65	21	53	17	16	5	46	15	23	7	111	35	314
2010	44	16	35	13	28	10	35	13	45	16	89	32	276
2011	36	13	49	18	27	10	37	13	59	21	70	25	278
2012	50	14	51	14	43	12	45	13	81	23	82	23	352
2013	85	17	96	19	62	12	56	11	74	14	141	27	514
2014	94	18	86	16	58	11	68	13	72	14	153	29	531
2015	102	17	124	21	81	14	80	14	67	11	137	23	591
合计	725	18	686	17	408	10	534	13	495	12	1 245	30	4 093

资料来源：Wind 数据库，经作者收集整理。

表 3 - 8 汇总了财务重述报告次数情况，在 2005—2015 年，大部分财务重述公司进行了 1 次财务重述报告，有 400 家上市公司进行了 2 次财务重述，有 62 家上市

公司进行了 3 次财务重述，还有 7 家公司和 2 家公司分别进行了 4 次和 5 次财务重述。财务重述 1 次或 2 次可能是技术错误，但是同一年财务重述多次，这就让人对该公司的会计信息质量产生怀疑。仅从财务重述次数上我们对中国上市公司的会计信息失真问题可见一斑。

表 3 – 8 财务重述报告次数情况

年份	财务重述报告次数					合计
	1	2	3	4	5	
2005	302	46	10	1	1	360
2006	246	31	6	1		284
2007	192	14				206
2008	348	32	6	1		387
2009	282	21	9	2		314
2010	252	21	3			276
2011	254	22	2			278
2012	316	34	2			352
2013	454	55	4	1		514
2014	459	60	12			531
2015	517	64	8	1	1	591
合计	3 622	400	62	7	2	4 093

资料来源：Wind 数据库，经作者收集整理。

从财务重述报告时间选择来看（如图 3 – 9 所示），大多数公司选择在报表公布的当年或者第二年发布财务重述报告，但是也有为数不少的公司在报表公布后的第三年进行财务重述，更有甚者在报表公布后的第四年或第五年甚至更长时间进行财务重述。为实现财务报告帮助投资者做出决策以及反映管理层的受托责任两个目标，会计信息质量特征中有及时性的基本要求。财务重述报告属于临时报告，这类临时报告就是为了能及时更正或补充财务报告，所以及时公布财务重述报告是上市公司履行临时报告披露义务的一项重要要求。时隔数年再进行财务重述的行为明显不符合及时性原则。谢雨婷（2010）的研究指出，现实中的资本市场存在信息不对称问题，在市场有限有效的情况下，内部人是有动机利用信息披露的时机选择来进行寻租。其对 2007—2008 年间的 467 家上市公司的 504 份年报补充报告和更正报告公布的及时性和时机选择进行实证分析。研究发现"好消息早，坏消息晚"的现象在我国尤为明显，我国上市公司的财务重述报告公布存在严重滞后的情况。另外从时机选择的角度上看，我国上市公司还存在利用消息组合来选择时间点披露财务重述报告的现象。管理者策略性地将信息安排在最恰当的时间披露以最大化（最小化）投资者对好消息（坏消息）的反应，并且通过对财务重述报告与财务重述所针对年报的消息组合的分组研究发现，如果年报是好消息，上市公司会更敏感、更倾向于对财务重述报告公布进行时机选择。此外，谢雨婷的研究还发现在非自愿公布财务重述报告中，不管是好消息还是坏消息，其时滞都比自愿公布的大。这些数据和研究都从某个角度证实我国财务重述公司的信息披露存在一定问题。因此本书下文将对财务重述公司的会计信息质量及其经济后果进行具体数据检验。

表 3 - 9　财务重述时间选择

年份	财务重述时间选择				
	当年	第二年	第三年	第四年	第五年
2005	245	117	32	2	1
2006	205	87	7	0	2
2007	161	34	7	5	4
2008	268	99	25	10	3
2009	184	125	22	6	3
2010	194	63	27	5	1
2011	198	74	12	4	3
2012	269	66	22	5	1
2013	422	98	11	2	
2014	489	44	10		
2015	573	26			

资料来源：Wind 数据库，经作者收集整理。

3.3　本章小结

本章对中国的财务重述制度背景进行介绍分析发现。随着中国资本市场的不断发展和完善，中国已建立较为完善的会计信息披露制度。在此大环境下，在经历1999—2003 年中国财务重述制度的萌芽时期（会计差错信息及差错更正的出现）和2003—2007 年中国财务重述制度的发展时期（会计差错信息以临时公告披露）之后，2007 年中国财务重述制度基本确立。但是与国外成熟的财务重述制度相比，中国的财务重述制度仍处在尚待完善阶段，缺乏明确的规范和具体的报告标准，也缺乏强有力的法律责任追究和处罚制度的实施保障等。此外，通过初步的数据整理分析，发现财务重述现象在中国十分普遍与严重，平均财务重述比例达到 19.49%，远远高于美国资本市场的数据。另外，从财务重述报告的内容上来看，中国年报财务重述主要有更正公告、补充公告和补充更正公告三种形式，而公告的具体内容则琳琅满目：有四大或三大主表内容的财务重述，也有会计报表附注内容的财务重述；有涉及核心会计指标的补充更正，也有非核心财务指标的财务重述；有单纯的财务指标的财务重述，也有涉及公司生产经营和公司治理等方面的非财务指标的财务重述；有单纯的表达错误，也有严重的技术错误。其中涉及核心会计指标财务重述的比例一直较高。另外从财务重述报告的次数上来看，为数不少的上市公司进行 2 次、3 次甚至更多次的财务重述，也存在多年后才进行财务重述的情况。

总体而言，不管是财务重述报告的数量、具体内容还是发布次数与时间都说明中国上市公司年报存在会计差错或者重大会计差错的情况十分严重，中国年报的盈余质量值得怀疑，不排除上市公司利用年报进行盈余操纵的可能性，对财务重述现象进行研究具有一定的理论与现实意义。因此，本书后续章节将利用中国上市公司年报财务重述的经验数据对财务重述现象进行研究分析。

4 财务重述公司盈余质量特征研究

财务重述是上市公司对之前所公布的财务报告的补充、更正或者重新表述，因此之前的财务报告的质量是投资者关注的问题之一，对财务重述公司会计信息质量特征特别是盈余质量的研究是展开后续讨论与研究的前提，因此本章对财务重述公司的盈余质量特征展开分析研究。

4.1 理论分析

信息是现代资本市场最核心的要素。在现代资本市场中，公司与外部投资者之间以及大股东与中小股东之间普遍存在信息不对称，公司和大股东拥有更多外部投资者或中小股东所不知情的内部信息。当投资者准备向公司投资时，由于存在信息的不对称，投资者无法区分公司的好坏，只能以市场平均水平来对公司进行估价。因此，由于信息不对称，只要"柠檬问题"不能完全解决，资本市场就可能会高估低价值公司，而低估高价值公司，于是便存在投资者的逆向选择问题。解决逆向选择问题的重要办法就是加强信息披露，降低投资者和公司之间的信息不对称程度（Akerlof，1970）。当投资者向公司投资后，由于投资者和管理层之间目标的不同，作为理性经济人的管理层由于自利性不可能完全以投资者利益最大化为目标，管理层和投资者以及公司之间也由于信息的不对称，产生道德风险，代理冲突问题随之出现。解决道德风险的办法之一也是加强信息披露，降低信息不对称程度，对管理层的自利行为进行监督约束，降低代理成本。在现代资本市场中，信息的重要性不言而喻。

上市公司年度报告作为上市公司对外信息披露的最主要形式，是投资者了解上市公司财务状况、经营活动和现金流量最主要的途径，是投资者进行投资决策的重要信息依据。因此，上市公司年报的真实可靠性至关重要。近年来，上市公司财务重述的现象在国外日益严重，上市公司进行财务重述的数量与比例逐年攀升。GAO 在 2002 年和 2006 年的报告中指出过多和过于轻易地进行财务重述成为上市公司信息披露的诟病之一。财务重述是对前期财务报告中存在的重大差错或遗漏进行纠正或补充的行为，是一种进行事后补救的公告行为，是对历史财务报告的重新表述。学者们认为财务重述表明先前公布的财务报告的低质量和不可信（Anderson & Yohn，2002）。

与国外财务重述现象"蔓延"遥相呼应的是中国上市公司财务重述也有愈演愈烈之势。不同于国外财务重述制度的完善与规范，中国的财务重述制度仍在发展阶段，2007 年才正式确立财务报告追溯重述的概念，相关的规定并没有明确具体指出中国财务重述报告需要披露的具体内容和形式。因此，中国的财务重述报告可谓形式多样，内容也是不尽相同。根据本书整理的 2005—2015 年中国年报财务重述公告发现，中国年报财务重述主要有更正公告、补充公告和补充更正公告三种形式，而公告的内容则琳琅满目：有四大或三大主表内容的财务重述，也有会计报表附注内容的财务重述；有涉及核心财务指标的补充更正，也有非核心财务指标的财务重述；有单纯的财务指标的财务重述，也有涉及公司生产经营和公司治理等方面的非财务指标的财务重述；有单纯的表达错误，也有严重的技术错误。数量如此众多、内容如此多样化的财务重述使投资者开始质疑财务重述公司的会计信息质量。因此本章主要研究的问题是中国财务重述公司会计信息质量真的差吗？如果财务重述公司的会计信息质量存在问题，那么具体又是哪些质量特征和非财务重述公司存在差异？

会计信息质量研究是会计学术界永恒不变的研究热点，其中会计盈余质量问题尤为引人注目。由于会计报告中包含了大量信息，在报告中如何快速获得最有价值的信息是报告使用者必须面对的问题，会计盈余作为最直观地反映公司一定时期经营成果的指标成为一个被普遍接受的衡量标准，因此，会计盈余具有较高的信息含量（Chen & Dodd，1997；Biddle et al.，1997），会计盈余质量尤为重要。会计盈余的持续性是指盈余的可重复性，即盈余在未来各会计期间重复发生的可能性。Lev 和 Thiagarajan（1993）认为，盈利的质量与其持久性呈显著的正相关关系。只有具有核心竞争力、主营业务收益占主导的公司才能保证未来现金流入的持续、稳定，才能保证未来收益，相应收益质量较高。Aloke Ghosh 和 Premc Jain（2005）指出应该从盈余的持久性角度来评价盈余质量。

财务重述表明先前财务报告的低质量和不可信（Anderson & Yohn，2002），财务重述公司的盈余持续性应该受到人们的怀疑。DeFond 和 Jiambalvo（1994）将财务重述公司与非财务重述公司进行比较，发现财务重述公司盈余增长较缓慢。

中国上市公司热衷于财务重述，在本书整理的 2005—2015 年报财务重述公告中，不少上市公司属于年年财务重述，更有甚者属于同年多次财务重述，这些公司不断地更正和补充其财务报告，其更正和补充的内容不少涉及盈余变更。李晓玲和牛杰（2011）研究发现我国财务重述的市场反应显著为负，但影响程度较小。进一步的经验证据表明，更正公告、传递坏消息的财务重述公告以及因会计问题和监管部门督促引起的财务重述报告的市场反应显著为负，且影响程度较大。根据李常青等（2008）对 1999—2007 年年报财务重述公告的统计，在上市公司年报财务重述公告中，约有 1/3 的报告涉及调减公司盈余的，从其盈余调整的绝对数来看，上市公司盈余调整数额也是相对巨大的，这些盈余重述报告平均调整盈余数额约为 −2 500 万，中位数约为 −600 万。同时，盈余调整的数额最大为 3.7 亿，最小为 −4.07 亿，调整数额之大让人惊讶。因此，财务重述公司的盈余持续性特征应该较低。

由此，提出本章的研究假设 1：财务重述公司会计盈余持续性较低。

对于财务重述和公司盈余管理关系的研究一直没有停止过，但为何在美国资本市场严格的信息披露监管体制下，仍有那么多的上市公司愿意或者被迫进行财务重述？由于资本市场的压力和管理者薪酬契约等方面的动机，利用财务重述进行盈余管理也许是可能的原因之一。Kinney 和 McDaniel（1989）通过对发生季报会计差错的公司进行研究发现，场外交易的上市公司发生季报会计差错更正的机会更大，这些公司与同业的其他公司相比，公司规模较小，利润较低，资产负债率较高，收入增长缓慢，同时市场对其具有更多的限制性条款，因此其认为会计差错的产生是管理层为在这些限制性条款的激励下"提高利润"动机刺激所导致的结果。Defond 和 Jiambalvo（1994）认为管理层进行财务重述和刻意选择有利的会计方法的行为存在十分相似的动机。Callen（2004）在解释为何市场对财务重述存在负面反应时认为，财务重述表明公司管理层试图通过"做假账"（Cooking the Book）掩盖公司经营状况不佳的真实情况，其存在美化财务报表的动机。

中国学者对财务重述与盈余管理的研究则相对落后。张为国、王霞（2004）对中国上市公司 1999—2001 年年报中的"会计差错更正"项目进行研究，他们认为高报盈余的会计差错具有特定的经济目的，上市公司可能利用会计差错更正进行盈余管理。李宇（2005）以 1998—2003 年 A 股上市公司为样本，通过研究样本公司年度财务报告中的会计差错更正，说明中国上市公司"重大会计差错更正"存在盈余管理的动机，这与张为国、王霞（2004）的结论基本一致。周晓苏和周琦（2011）基于盈余管理动机对财务重述公司进行研究后发现，相对于非财务重述公司，财务重述公司的短期经营性应计显著偏高；财务重述公司与非财务重述公司的非经常性损益不存在显著差异。韩洪灵等（2008）也认为"会计估计变更"行为与公司盈余管理行为之间存在一定的关系。但是之前的研究数据时间过早，在信息披露制度不断完善等相关大背景下，上市公司财务重述行为是否有新的变化？而且之前的研究只是针对财务重述样本的研究，会计信息质量应该是一个相对概念，需要有比较研究才能得出较为正确的结论。本书认为由于中国缺乏明确规定的具体操作规范，财务重述仍然是上市公司进行盈余管理的手段之一，因此，财务重述公司的盈余管理程度应该高于非财务重述公司。

由此，提出本章的研究假设2：财务重述公司的盈余管理更严重。

4.2 实证研究

4.2.1 研究样本与数据来源

本书以2005—2015年间在沪深两市A股上市的所有公司作为样本选取范围，从Wind数据库收集2005年1月1日至2015年10月31日之间发布补充公告、更正公告以及补充更正公告的上市公司作为财务重述样本。并经过如下处理：剔除金融保险类行业的上市公司，由于其采用的会计制度与其他公司不同，信息披露与其他公司也存在显著不同；剔除ST、PT公司，其公司财务特征与其他公司存在较明显差异；剔除公布财务重述报告前后有大规模停牌的公司，其部分市场交易数据缺失；剔除部分数据缺失公司。本书研究所使用的财务重述样本公司情况如表4-1所示。

表4-1　财务重述样本公司

（单位：家）

年份	2005	2006	2007	2008	2009	2010	2011	2012	2013	2014	2015	合计
深市	139	94	75	167	142	149	180	230	283	278	350	2 087
沪市	199	173	116	190	148	108	80	106	190	219	179	1 708
合计	338	267	191	357	290	257	260	336	473	497	529	3 795

对于本书研究中需要用到的配比样本，选择标准如下：首先选择与财务重述样本公司处于同年度、同行业的公司，行业分类标准按照中国证监会发布的行业分类指引，制造业选择二级行业，其他行业则选择一级行业；其次在同行业中选择与财务重述样本公司资产规模相近的公司。

本书的财务重述报告数据来源于 Wind 数据库，并经过作者手工整理。其他财务数据来源于 CSMAR 数据库和 Wind 金融终端系统，并使用 Excel 2003 进行基础数据处理，Stata12 软件进行深度的处理和统计分析。①

4.2.2 变量选择与模型设计

4.2.2.1 会计盈余质量角度的检验模型

1. 变量选择

会计盈余的持续性指公司已实现盈余在未来可以持续时间的长短及稳定程度。这种稳态特征可以有效地建立不同期间盈余之间的确定关系，也可以保证基于已有的盈余信息有效地预测未来盈余。Ramakrishnan 和 Thomas（1991）认为会计盈余的不同组成部分具有不同的持续性，他们将会计盈余按照其持续性分为三种：一是永久性会计盈余，这类性质的会计盈余预期会持续到公司未来会计年度，即以后的年度还会产生相同数额的盈余，如公司的主营业务利润；二是暂时性会计盈余，这类性质的会计盈余当年获得后在以后年度一般不会再发生，仅止于当前年度；三是价格无关的会计盈余，这类性质的会计盈余是由公司的会计变更所引起的，它对公司当年和今后会计年度的经济业绩均无影响。赵宇龙和王志台（1999），Li（2008），Krishnan 和 Parsons（2008）以及窦欢和陆正飞（2017）也选择以主营业务利润作为永久盈余的表征变量。本书认为会计盈余中最有价值的应该是永久性会计盈余，因此本书选择上市公司营业利润这一永久性盈余指标来考察公司的盈余持续性。

2. 检验模型

盈余持续性最直接的度量指标就是自回归系数。本书借鉴 Lipe（1990），Potter 和 Rayburn（1993）等的做法，以盈余持续性作为盈余质量的衡量，以当期盈余对

---

① 本书第五章、第六章实证研究部分所需样本数据与本章相同，因此下文将不再继续对研究样本与数据来源进行介绍。

滞后 1 期盈余进行回归，自回归系数越大，表明当期盈余中能够持续到未来的部分越高，则说明盈余的持续性越强。

$$Earnings_{it+1} = \alpha_0 + \alpha_1 Earnings_{it} + \varepsilon_{it+1} \qquad (4.1)$$

$Earnings$ 代表会计盈余，t 表示会计期间，$Earnings_{it+1}$ 和 $Earnings_{it}$ 分别为 i 公司在 $t+1$ 年和 t 年的营业利润。为消除规模效应，各年盈余都除以年度平均总资产。该模型用以验证当期盈余对未来盈余的预测能力，盈余的回归系数 α_1 估计值越大，盈余的持续性越高，对未来盈余的预测能力越强，盈余质量越好。

$$Earnings_{it+1} = \alpha_0 + \alpha_1 Earnings_{it} + \alpha_2 DUMMY + \alpha_3 DUMMY \times Earnings_{it} + \varepsilon_{it+1}$$

$$(4.2)$$

为考察财务重述对公司盈余持续性的影响，在上述模型（4.1）中加入财务重述虚拟变量 $DUMMY$，财务重述公司设为 1，非财务重述公司为 0。本书预计财务重述公司盈余的持续性低于非财务重述公司，财务重述公司的回归系数应较非财务重述公司低，所以 α_3 的预期符号为负。

4.2.2.2　盈余管理角度的检验模型

1. 基于可操纵性应计利润的盈余管理计量模型

许多文献都认同会计盈余是由两部分构成的，即提供可靠且相关的现金流量部分和应计部分（如 Sloan，1996；Houge & Loughran，2000），所以应计项目水平可以作为盈余质量的指标。对基于应计水平的盈余管理的检验模型主要有以下几种：

①Healy 模型。主要假设：公司各年的非操纵性应计利润遵从均值恒定的过程，而各年的操纵性应计利润遵循随机游走规律，由此从长期看，估计期各年的操纵性应计利润的代数和应为零。即

$$\sum TA_t = \sum (NDA_t + DA_t) = \sum NDA_t + \sum DA_t = \sum NDA_t = T \times NDA_t$$

TA_t：t 年的总体应计利润；

NDA_t：t 年的非操纵性应计利润；

DA_t：t 年的操纵性应计利润。

因此，事件期非操纵性应计利润的期望值可由估计期应计利润求得，即

$$NDA_t = \frac{\sum TA_t}{T}$$ （公式1）

事件期操纵性应计利润则可以计算得出：

$$DAP_t = TA_t - NDA_t$$ （公式2）

②DeAngelo 模型。主要假设：公司事件期前一年度的总体应计利润为事件期非操纵性应计利润。即

$$NDA_t = TA_{t-1}$$ （公式3）

因此，DeAngelo 模型实质上就是估计期为一年的 Healy 模型的特例，两个模型都以非操纵性应计利润遵从随机游走规律为假设前提，都用估计期的总体应计利润作为事件期非操纵性应计利润的代理指标。因此，如果在估计期内，非操纵性应计利润恒定而操纵性应计利润的均值为零，则这两个模型所估计的非操纵性应计利润没有误差，但是现实中假定非操纵性应计利润没有变化是不现实的，因此这两个模型就包含了估计误差。

③Jones 模型。Jones 认为上述两个模型都没有考虑规模变化对非操纵性应计利润的影响。其主要思想是公司的非操纵性应计利润可以分为两部分：流动性应计利润和固定资产折旧部分，流动性应计利润主要受到应收账款、存货和应付账款等项目的变动额影响，而这些项目又都与营业收入的变化相关；固定资产折旧则与固定资产原值相关，因此 Jones 的基本思想可以表达为如下公式：

$$\frac{TA_t}{A_{t-1}} = \alpha(\frac{1}{A_{t-1}}) + \beta_1(\frac{\Delta REV_t}{A_{t-1}}) + \beta_2(\frac{PPE_t}{A_{t-1}}) + \varepsilon_t \qquad (公式4)$$

A_{t-1}：$t-1$ 年的资产总额；

ΔREV_t：t 年的营业收入变动额；

PPE_t：t 年的固定资产原值；

ε_t：回归估计方程的残差项，代表公司的操纵性应计利润。

④修正的 Jones 模型。Dechow 等（1995）认为 Jones 模型没有考虑与销售收入确认相关的盈余管理行为，因此其假定事件期内应收账款增加的销售收入都是盈余管理的结果，其基本思想如下：

$$\frac{NDA_t}{A_{t-1}} = \alpha(\frac{1}{A_{t-1}}) + \beta_1(\frac{\Delta REV_t - \Delta REC_t}{A_{t-1}}) + \beta_2(\frac{PPE_t}{A_{t-1}}) \qquad (公式5)$$

ΔREC_t：公司第 t 年的应收账款增加额。

Dechow 等（1995）使用时间序列模型，以 1950—1991 年的 1 000 家随机公司和 1 000 家盈余管理程度已知的公司为样本，对上述国外学者的模型的规范性和检测能力进行比较评估。结果发现，总体而言修正的 Jones 模型最佳，Jones 模型次之。Bradshaw 等（1999）则选择收到 SEC 公开谴责的公司作为测试样本，以现金流量表数据进行检验，得出了与 Dechow 等相似的结论。Guay 等（1996）则采用基于市场的评估方法评价上述模型，认为虽然这几个模型估计的操纵性应计利润都不精确，但是相比较而言，只有 Jones 模型及修正的 Jones 模型能起到检验作用。

DeFond 等（1994）将 Jones 模型从时间序列方法扩展为横截面方法，具体的估计方法与时间序列方法基本相同。Peasnell 等（2000）采用横截面数据，使用和 Dechow 等（1995）相似的方法评估了 Jones 模型及修正的 Jones 模型，发现采用横截面数据可以提高模型的检测能力。Bartova 等（2001）选择那些获得"不清洁"审计意见的公司作为检验样本，发现只有横截面 Jones 模型及横截面修正的 Jones 模型能够检测到盈余管理。

虽然其后的学者对 Jones 模型及修正的 Jones 模型进行了许多修订和扩展，如 Kang 和 Sivaramkrishnan（1995），Jeter 和 Shivakumar（1999）等，但是其检验结果的可行性没有得到验证，因此，运用的广泛性均不如 Jones 模型及修正的 Jones 模型。

在中国，陆建桥（1999）认为上述模型没有考虑无形资产和其他资产对应计利润的影响，因此其对 Jones 模型进行扩展，其模型的适用性和可靠性得到了国内众多学者的认可和使用。

因此本书选择修正的 Jones 模型和陆建桥扩展的 Jones 模型进行财务重述样本公司和非财务重述配比组公司的盈余管理对比检验。

具体公式如下：

$$\frac{TA_{it}}{A_{it-1}} = \alpha_i \frac{1}{A_{it-1}} + \beta_{1i}\left(\frac{\Delta REV_{it}}{A_{it-1}} - \frac{\Delta REC_{it}}{A_{it-1}}\right) + \beta_{2i}\frac{FA_{it}}{A_{it-1}} + \varepsilon_{it} \tag{4.3}$$

$$\frac{TA_{it}}{A_{it-1}} = \alpha_i \frac{1}{A_{it-1}} + \beta_{1i}\left(\frac{\Delta REV_{it}}{A_{it-1}} - \frac{\Delta REC_{it}}{A_{it-1}}\right) + \beta_{2i}\frac{FA_{it}}{A_{it-1}} + \beta_{3i}\frac{IA_{it}}{A_{it-1}} + \beta_{4i}\frac{OA_{it}}{A_{it-1}} + \varepsilon_{it}$$

$$\tag{4.4}$$

其中，TA_{it} 是 i 公司第 t 年的应计利润总额；A_{it-1} 是 i 公司第 $t-1$ 年的资产总额；ΔREV_{it} 是 i 公司第 t 年的营业收入变动额；ΔREC_{it} 是 i 公司第 t 年的应收账款变动额；FA_{it} 是 i 公司第 t 年的固定资产原值；IA_{it} 是 i 公司第 t 年的无形资产原值；OA_{it} 是 i 公司第 t 年其他长期资产的总和。ε_{it} 代表公司的操纵性应计利润，ε_{it} 越大说明公司的盈余管理越严重，会计盈余质量越差。

2. 财务重述与盈余管理的多元回归模型

本书参考已有相关研究（DeFond & Subramanyam，1998；Becker et al.，1998；Reynolds et al.，2000；Chung et al.，2003；李建然等，2004；刘启亮，2006；包世泽，2008），建立多元回归模型，以多变量回归分析的方式，在控制相关因素的影响下，检验财务重述和公司盈余管理之间的关系。具体回归模型如下：

$$|DA| = \alpha + \beta_{1i}DUMMY + \beta_{2i}LEV + \beta_{3i}GROWTH + \beta_{4i}ROA + \beta_{5i}SIZE + IND + YEAR + \varepsilon_{it}$$

$$\tag{4.5}$$

①被解释变量。盈余管理（$|DA|$）：借鉴国内外已有文献的做法（Warfield et

al.，1995；Francis et al.，1999；Davis et al.，2002；Meyers et al.，2003），本书以操纵性应计利润的绝对值代表公司的盈余管理程度，$|DA|$ 越大，说明公司的盈余管理越严重。

②解释变量。财务重述（$DUMMY$）：如果公司为财务重述公司则取值为1，为配比组的非财务重述公司则取值为0。本书认为由于中国缺乏明确的规定及具体操作规范，财务重述仍然是上市公司进行盈余管理的手段之一，因此财务重述公司的盈余管理程度更严重，财务重述的预期符号为正。

③控制变量。资产负债率（LEV）：资产负债率代表了公司的债务风险，高资产负债率公司面临更多的融资约束和存在更高的财务危机，因此公司有动机进行高报盈余的盈余管理活动。Press 和 Weintrop（1990）的研究发现违反债务契约或存在财务危机的公司其负债比例通常较高，为避免违反债务契约或产生财务危机，管理当局通常会通过操控操纵性应计利润，以提高公司的盈余水平。DeFond 和 Jiambalvo（1994）以及 Warfield 等（1995）的研究也表明面临强制性债务契约的公司具有较高的操纵性应计利润。因此，资产负债率越高的上市公司进行盈余管理的可能性越大，本书选择资产负债率作为控制变量，预期符号为正。

增长率（$GROWTH$）：国外的研究表明，增长率高的公司的操纵性应计利润的绝对值较大（Ghosh & Moon，2003）。因为高增长率公司较为激进，进行盈余管理的可能性更大。因此，本书选择营业收入增长率作为控制变量，预期符号为正。

资产收益率（ROA）：选择资产收益率作为控制变量，主要是考虑中国上市公司的许多监管政策均与资产收益率相关，比如 ST、PT 的规定，以及在融资、再融资等上市公司各种活动中均有关于资产收益率的相关规定。因此，投资者、监管部门、上市公司本身都对此指标十分关注，上市公司存在通过这个指标进行盈余管理的强烈动机，已有的国内学者的研究也表明，上市公司的资产收益率和盈余管理相关。因此，本书选择资产收益率作为财务重述和上市公司盈余管理的控制变量。

规模（$SIZE$）：Becker 等（1998）认为，公司规模可能代表许多遗漏变量（Omitted Variable），因此考察公司的盈余管理行为时必须控制规模的影响，以增加模型设定（Model Specification）的正确性。关于公司规模和盈余管理之间关系的研究并没有得到一致结论。一部分研究认为公司规模越大，公司可以对盈余进行调整的范围就更广泛

(Watts & Zimmerman，1990)，管理层能从盈余管理活动中获得的收益就越大，因此大规模公司管理层进行盈余管理的动机越强烈。而从另外一个角度考虑，大规模公司受到更多的政府监管部门、机构投资者、证券分析师和其他利益相关者等的监督和关注，因此，Rajan 和 Zingdes（1998）的研究认为大规模公司更倾向于向外界提供更多的信息，外部投资者和公司之间的信息不对称程度较低。此外，大规模公司的内部治理等各方面更健全，信息的披露也更完善，这些都加大了大股东和管理层实施盈余管理的难度和成本，因此，大规模公司相对于小规模公司而言实施盈余管理的可能性更小。不同的研究结论使得公司规模与盈余管理之间的符号尚不确定，有待实证检验。

行业（IND）和年度（YEAR）：由于中国上市公司行业经营特征等方面的异质性与中国股市的波动性，本书认为行业和年度也是影响上市公司盈余管理行为的因素之一。

具体变量定义见表 4 - 2。

表 4 - 2　财务重述与盈余管理多元回归模型变量的定义

变量	预期符号	变量定义
|DA|		横截面 Jones 模型以及陆建桥扩展的横截面 Jones 模型的回归的残差 ε_{it} 的绝对值，代表公司的操纵性应计利润，DA 的值越大说明公司的盈余管理越严重
DUMMY	+	财务重述虚拟变量，如果公司为财务重述公司则取值为 1，为配比组的非财务重述公司则取值为 0
LEV	+	公司资产负债率，计算方法：总负债/总资产
GROWTH	+	公司的营业收入增长率，计算方法：（营业收入本期数 - 营业收入上期数）/资产合计期末数
ROA	+	公司的资产收益率，计算方法：净利润/［（资产合计期末余额 + 资产合计上期末余额）/2］，考察公司盈利能力的影响
SIZE		公司规模，取公司上年度总资产的自然对数，控制公司规模的影响
IND		20 个行业虚拟变量，控制行业差异影响，行业按照中国证监会发布的行业分类指引，制造业选择二级行业，其他行业则选择一级行业，以综合类行业为基准行业
YEAR		年份虚拟变量，控制宏观经济的影响，以 2005 年为基准年

4.2.3　实证结果及分析

4.2.3.1　会计盈余质量角度的检验结果

表 4 – 3 是盈余变量描述性统计结果，分为财务重述组 RES、配比组 COMP 和全样本组 ALL 的描述统计，从描述性统计结果可以看出三组的会计盈余在均值、中位数、最大值、最小值上并不存在实质性差别。财务重述组的 $t+1$ 期的盈余要低于配比组，说明财务重述公司的盈余相对较低。但是本书认为盈余的绝对数不是判断盈余质量的关键，盈余的持续性才是投资者能否利用盈余进行投资预测决策的关键，因此下文就盈余的持续性进行回归检验。

表 4 – 3　盈余变量描述性统计结果

	RES		COMP		ALL	
	$Earnings_{t+1}$	$Earnings_t$	$Earnings_{t+1}$	$Earnings_t$	$Earnings_{t+1}$	$Earnings_t$
均值	0.060	0.062	0.084	0.082	0.072	0.072
中位数	0.060	0.067	0.082	0.072	0.071	0.072
最大值	0.476	0.466	0.476	0.476	0.476	0.476
最小值	-0.515	-0.515	-0.505	-0.505	-0.505	-0.515
标准差	0.125	0.122	0.115	0.112	0.121	0.118
样本量	3 795		3 795		7 590	

表 4 – 4 是盈余持续性模型分组回归结果，（1）列为模型（4.1）未加入行业、年度控制变量的分组回归结果，财务重述组的模型拟合度方面差于配比组。财务重述组会计盈余对滞后一期盈余的回归系数 α_1 是 0.423，在 1% 水平上显著，而配比组的会计盈余对滞后一期盈余的回归系数 α_1 是 0.499，在 1% 水平上显著，因此，配比组的非财务重述公司的盈余持续性要高于财务重述组。（2）列为模型（4.1）加入行业影响的控制后的分组回归结果，财务重述组的盈余持续性回归系数为 0.402，在 1% 水平上显著，而配比组的盈余持续性回归系数为 0.481，在 1% 水平上显著，配比组的非财务重述公司的盈余持续性依然高于财务重述公司。因此本书根据分组回归的结果，可以初步判定财务重述公司的盈余持续性低于非财务重述公司。

表4-4 盈余持续性模型分组回归结果

	（1）		（2）	
	RES	COMP	RES	COMP
C	0.032 ***	0.043 ***	-0.019	0.006
	(13.92)	(16.83)	(-1.38)	(0.53)
$Earnings_t$	0.423 ***	0.499 ***	0.402 ***	0.481 ***
	(17.16)	(21.36)	(16.63)	(20.92)
IND			controlled	controlled
$YEAR$			controlled	controlled
F 值	294.62	456.20	28.38	42.83
Adj. R^2	0.172	0.236	0.199	0.267
N	3 795		3 795	

注：＊＊＊表示在1%水平上显著，＊＊表示在5%水平上显著，＊表示在10%水平上显著，下同。

表4-5是盈余持续性模型（4.2）的总体回归结果，（1）列为模型（4.2）未控制年度与行业影响的回归结果，会计盈余对滞后一期盈余的回归系数 α_1 是0.499，该值越高表明盈余的持续性越强，投资者可以根据已有盈余预测将来盈余的可靠性更强，盈余质量越高。财务重述的虚拟变量与盈余的交互项的回归系数 α_2 是 -0.075，在5%水平上显著，该回归系数 α_2 是考察财务重述对盈余持续性的影响，结果表明财务重述公司的盈余持续性比非财务重述公司低7.5百分点。

表4-5 盈余持续性模型（4.2）的总体回归结果

	（1）		（2）	
Variable	Coefficient	t-Statistic	Coefficient	t-Statistic
C	0.043 ***	16.83	-0.001	-0.05
$Earnings_t$	0.499 ***	21.36	0.476 ***	20.79
$DUMMY$	-0.011 ***	-2.95	-0.011 ***	-3.18
$DUMMY \times Earnings_t$	-0.075 **	-2.32	-0.069 **	-2.21
IND			controlled	
$YEAR$			controlled	
F 值	672.08		65.74	
Adj. R^2	0.210		0.233	
N	7 590		7 590	

考虑盈余情况会受到行业差异的影响，不同的行业受到行业竞争环境、国家经济政策、经营特性等行业特征的影响，盈余的持续性可能存在差异。因此表4-5中（2）列为模型（4.2）加入行业和年度控制变量的回归结果，结果基本不变，财务重述的虚拟变量与盈余的交互项的回归系数 α_2 是 -0.069，在5%水平上显著，说明控制行业和年度影响后，财务重述公司的盈余持续性依然比非财务重述公司低6.9百分点。因此实证检验的结果符合本书的预期假设，财务重述公司盈余持续性较差，会计盈余质量低于配比组的非财务重述公司。

4.2.3.2　盈余管理角度的检验结果

表4-6是修正的 Jones 模型和陆建桥扩展的 Jones 模型的分组回归结果。总体上看，各模型对盈余管理都具有较强的统计解释能力，说明本书选择的模型从整体上能够识别以操纵性应计利润为代表的公司盈余管理行为。陆建桥扩展的 Jones 模型中"其他资产"这个自变量的回归效果并不理想，均未通过 t 检验，说明其他资产变量与总的应计利润关系不大。这一方面可能是由于中国上市公司中其他资产本身绝对量和相对比重都非常低，因此它们对应计利润总额的影响也就微乎其微；也可能是由于中国上市公司很少利用其他资产的摊销进行盈余管理活动。从分组回归结果来看，财务重述公司的 F 值和 Adj. R^2 都低于配比组，说明在使用同样的模型进行检验时，财务重述公司存在更多未被模型解释的操纵性应计利润。因此可以初步判断财务重述公司相比配比组的非财务重述公司存在更多的操纵性应计利润，存在以操纵性应计利润为表现的盈余管理的可能性更大。

表 4 - 6 盈余管理模型分组回归结果

T_a/A	修正 Jones(1)		修正 Jones(2)		扩展 Jones(1)		扩展 Jones(2)	
	RES	COMP	RES	COMP	RES	COMP	RES	COMP
$1/A$	-4 480 234.376***	69 904 236.547***	-4 459 205.227***	69 953 120.332***	-4 633 135.782***	69 560 134.307***	-4 630 321.128***	69 601 725.543***
	(-18.54)	(77.51)	(-18.10)	(78.82)	(-20.43)	(71.58)	(-20.26)	(72.67)
$RECREV/A$	0.725***	0.051	0.726***	0.057	1.814***	0.306***	1.811***	0.318***
	(3.91)	(1.31)	(3.93)	(1.49)	(4.12)	(4.27)	(4.13)	(4.08)
FA/A	-2.798***	-0.180***	-2.802***	-0.198***	-1.932***	-0.183***	-1.936***	-0.203***
	(-4.17)	(-3.33)	(-4.18)	(-3.88)	(-6.33)	(-3.14)	(-6.33)	(-3.74)
IA/A					2.706***	0.305***	2.704***	0.311***
					(5.94)	(2.69)	(5.96)	(2.66)
OA/A					0.097	0.078	-0.045	-0.066
					(1.32)	(1.05)	(-0.67)	(-0.84)
IND			controlled	controlled			controlled	controlled
$YEAR$			controlled	controlled			controlled	controlled
F 值	129.23	296.16	388.37	418.16	182.99	320.84	34.17	394.81
Adj. R^2	0.755	0.982	0.756	0.982	0.910	0.982	0.910	0.982
N				3 795				

本书以修正的 Jones 模型和陆建桥扩展的 Jones 模型回归的残差 ε_{it} 的绝对值 $|DA|$ 代表公司的操纵性应计利润，ε_{it} 的绝对值越大说明公司的盈余管理越严重，会计信息质量越差。表 4-7 是操纵性应计利润描述性统计结果。在描述性统计中不管是使用修正的 Jones 模型还是使用陆建桥扩展的 Jones 模型，财务重述公司的操纵性应计利润的均值均大于配比组的非财务重述公司。在中位数方面，加入行业、年度影响控制的修正的 Jones 模型和陆建桥扩展的 Jones 模型的财务重述公司的中位数也高于配比组的非财务重述公司，因此可以初步判断财务重述公司存在的盈余管理现象更严重，信息质量差于配比组的非财务重述公司。本章的假设 2 可以得到初步证实。

表 4-7 操纵性应计利润描述性统计结果

	修正 Jones（1）		修正 Jones（2）		扩展 Jones（1）		扩展 Jones（2）	
	COMP	RES	COMP	RES	COMP	RES	COMP	RES
均值	0.048	0.051	0.034	0.041	0.048	0.051	0.036	0.043
中位数	0.034	0.034	0.029	0.037	0.033	0.033	0.028	0.035
最大值	0.332	0.332	0.321	0.354	0.324	0.324	0.320	0.331
最小值	0.000	0.000	0.000	0.000	0.000	0.000	0.000	0.000
标准差	0.053	0.058	0.015	0.012	0.052	0.058	0.017	0.012

表 4-8 是操纵性应计利润方差分析结果。首先从均值的检验结果分析，各个不同回归模型得到的财务重述公司的操纵性应计利润均值均显著高于配比组的非财务重述公司。其次从中位数的检验结果来看，虽然未加入行业影响控制的修正的 Jones 模型和陆建桥扩展的 Jones 模型的中位数要低于配比组的非财务重述公司，但是未通过 Chi-square 检验，可能是由于未考虑行业影响因素。在加入行业因素后，在中位数的比较上，财务重述公司的操纵性应计利润也高于配比组的非财务重述公司。因此，根据方差分析的结果，本章的假设 2 基本得到证实，财务重述公司的盈余管理程度大于非财务重述公司，且财务重述公司的会计盈余质量差于非财务重述公司。

表4-8　操纵性应计利润方差分析结果

	修正 Jones（1）	修正 Jones（2）	扩展 Jones（1）	扩展 Jones（2）
	RES – COMP	RES – COMP	RES – COMP	RES – COMP
均值（T-test）	0.003 ** (2.07)	0.007 *** (4.15)	0.003 ** (2.04)	0.007 *** (4.20)
中位数（Chi-square）	0.002 *** (6.72)	0.008 *** (5.23)	0.003 *** (6.49)	0.007 *** (5.01)

　　表4-9为盈余管理与财务重述回归模型各变量相关系数。从表中可以看出，公司的盈余管理和财务重述正相关，和公司的资产负债率、增长率、资产收益率均正相关，和规模负相关。基于修正的 Jones 模型和陆建桥扩展的 Jones 模型计算出来的以操纵性应计利润为衡量的盈余管理的计量较为接近，两个变量之间的相关系数达到 0.965，且在1%水平上显著，说明以这两种方法估计的盈余管理程度比较接近。在控制其他变量以前，盈余管理和财务重述之间存在正相关关系，和之前的理论预期一致，说明财务重述公司存在的盈余管理更严重，但是不显著。当然这个结论仍需要更多的证据支持，后文将继续进行多元回归分析。同时根据相关系数的分析结果，各个自变量之间的相关性较低，相关系数绝对值的最大值小于 0.5，说明各个自变量之间相关程度低，如果把所有的变量放到同一个模型中，模型变量之间不存在严重多重共线性问题。

表4-9　盈余管理与财务重述回归模型各变量相关系数

	|DA| （修正 Jones）	|DA| （扩展 Jones）	DUMMY	LEV	GROWTH	ROA	SIZE
|DA| （修正 Jones）	1.000						
|DA| （扩展 Jones）	0.965 ***	1.000					
DUMMY	0.013	0.014	1.000				
LEV	0.109 ***	0.107 ***	0.112 ***	1.000			
GROWTH	0.022 *	0.018	− 0.084 ***	− 0.059 **	1.000		

（续上表）

	|DA| （修正 Jones）	|DA| （扩展 Jones）	DUMMY	LEV	GROWTH	ROA	SIZE
ROA	-0.017	-0.024 **	-0.141 ***	-0.422 ***	0.371 ***	1.000	
SIZE	-0.066 ***	-0.064 ***	-0.007 **	0.307 ***	0.190 ***	0.011	1.000

　　表4-10为财务重述和盈余管理的多元回归结果。从回归结果分析，修正的 Jones 模型和陆建桥扩展的 Jones 模型计算出来的公司盈余管理程度均与财务重述虚拟变量显著正相关。说明财务重述公司相比配比组的非财务重述公司存在更严重的以操纵性应计利润为衡量的盈余管理行为。其他控制变量回归结果与理论预期基本一致，资产负债率、增长率和盈余管理程度正相关，公司规模和盈余管理程度负相关。经计算，两个模型各个变量之间的 VIF 值，最大为4.32，意味着不存在严重的多重共线性。因此，根据多元回归的结果，中国财务重述公司的盈余管理更严重，本章的研究假设2得到经验数据的证实。

表4-10　财务重述和盈余管理的多元回归结果

	修正 Jones		扩展 Jones	
	Coefficient	t-Statistic	Coefficient	t-Statistic
DUMMY	0.003 **	2.15	0.003 **	2.28
LEV	0.034 ***	6.66	0.031 ***	11.19
GROWTH	0.016 ***	6.35	0.016 ***	10.51
ROA	0.010	0.80	0.009	0.95
SIZE	-0.006 ***	-6.44	-0.006 ***	-10.75
IND	controlled		controlled	
YEAR	controlled		controlled	
F 值	24.72		24.91	
Adj. R^2	0.108		0.108	
N	7 590		7 590	

4.3 本章小结

上市公司年度报告作为上市公司对外信息披露的最主要形式，是投资者进行投资预测决策的重要依据，其真实可靠性至关重要，决定了市场资源配置的正确流向。频繁地更正和补充之前的财务报告，使人们有理由怀疑财务重述公司的会计信息质量。会计盈余是会计信息中最直观反映公司一定时期经营成果的指标，由此，会计盈余质量成为一个被普遍接受的会计信息质量衡量标准。盈余持续性与盈余质量呈显著的正相关关系，因此本章首先对财务重述公司的盈余持续性进行检验。此外盈余形成过程中的人为操纵现象也严重影响会计信息质量，由于资本市场的压力和管理者薪酬契约等各方面的动机使得利用财务重述进行盈余管理成为财务重述的可能原因之一，因此，本章对财务重述公司和非财务重述公司的盈余管理行为进行对比分析。经过本章的理论分析和经验数据检验，发现财务重述公司的盈余持续性低于配比组的非财务重述公司，盈余持续性低意味着投资者能够利用盈余信息进行投资决策的可靠性下降；同时，财务重述公司的操纵性应计利润的绝对值高于非财务重述公司，财务重述公司存在盈余管理行为的可能性更大。此外，在控制资产负债率、增长率、资产收益率和公司规模等影响因素后，多元回归的结果表明，财务重述公司存在更严重的以操纵性应计利润为衡量的盈余管理行为。因此，本章得出结论：财务重述公司的会计盈余质量差于非财务重述公司。那么财务重述究竟会给市场和上市公司带来怎样的经济后果，本书将在后续章节进行财务重述经济后果的研究。

5 财务重述经济后果——市场反应

经济主体的任何经济行为都会产生相应的经济后果，财务重述作为上市公司的信息披露行为，必然产生一定的经济后果。对财务重述经济后果的实证研究，将为规范监管财务重述提供经验证据。投资者对公司财务重述报告的反应是财务重述最直接的经济后果，也应该是产生其他后续影响的原因所在。因此本章就市场层面的财务重述经济后果进行研究，探讨投资者对财务重述公司盈余的信心与依赖度。

5.1 理论分析

信息在资本市场中处于枢纽和核心定位，资本市场的不确定性决定了信息的重要性，对于投资者来说，他们的根本目标就是作出投资决策以便在将来获得收益。而投资者对上市公司的预期与信心是其决策的重点，其对上市公司的信心是建立在对上市公司对外信息披露重要形式的财务报告的信心之上的。因此，GAO（2002）的研究报告指出，投资者等社会公众对财务报告的信心是证券市场有效运作的重要保证。但是频繁发生的财务重述使得投资者产生了怀疑，上市公司年报中宣称的真实性、准确性和完整性何在？为何上市公司的报告总是出现问题需要更正或者补充？审计师也对大部分的财务重述公司的财务报告发表了无保留审计意见，那么为什么还会有如此众多的财务重述？财务重述的内容无所不有，既有重大会计差错也有微小的文字错误，这些使得投资者开始思考与质疑，对上市公司的会计信息质量甚至经营质量逐渐失去信心。

财务重述报告公布后对公司价值的负面影响基本得到了国内外研究者的一致认同。GAO（2002）通过对1997—2002年689家财务重述公司进行分析发现，在财务重述报告发布的3个交易日内，财务重述公司股价平均下跌大约10%，市值损失高达1 000亿美元。Palmrose等（2004）的研究表明，在财务重述报告发布的3天的事件窗口内，财务重述报告与上市公司的市场收益负相关。Desai 等（2006）的研究也发现财务重述影响上市公司的市场价值。此后，学者们还发现财务重述的发起方不同、产生的原因不同，所引起的市场反应程度也不相同。但是总体结论都是财务重述确实影响了上市公司的市场价值，正如 SEC 前主席 Alritt（2000）所说，"财务重述毁灭了无数投资者的财富"。

那么财务重述为何会产生如此影响呢？这似乎是更应该关注的重点。GAO（2002）以问卷调查的方式考察投资者对财务重述公司的反应，发现投资者的乐观指数同比大幅下降。Anderson 和 Yohn（2002）比较财务重述报告公布前后市场的盈余反应系数（Earnings Response Coeffecient，简称 ERC）发现，在财务重述报告公布后，公众对财务重述公司的盈余依赖度明显下降。Wu（2002）的研究结论认为投资者对此类公司的不信任会持续到第二个季度的盈余公告。Wilson（2006，2008）的研究结果认为投资者对公布会计差错更正公告的公司的盈余信任度下降，他比较财务重述报告公布前 4 个季度和公布后 6 个季度公众的盈余反应系数，发现公众的盈余反应系数呈 U 形变化，这说明投资者短期内对公司信息质量的信心会下降，但是长期看这种不良影响会慢慢减弱。Almer（2007）发现财务重述后，公司的财务报告的可信度大大降低。Ran 和 Jian（2009）的最新研究结果则指出，和非财务重述的公司相比，投资者对财务重述公司的经营质量更关注，修改预测信息也会对投资者产生影响。因此比短期的市场价值受损更可怕的是投资者对财务重述公司的信任度大打折扣，对整个资本市场的信心下降。

发展中的中国资本市场是否会对财务重述作出反应？中国学者也对财务重述报告公布后的短期市场反应进行研究。陈凌云（2006）根据补充、更正公告的内容及出具动机将公告进行分类检验发现，主动补充更正型公告有正向的短期市场反应，而监管型公告的短期市场反应则显著为负。周洋和李若山（2007）根据财务重述报告信息的性质和可能对股价产生的影响将报告分为好消息型、坏信息型、不确定型和无影响型，研究发现，好消息型和坏信息型的财务重述报告将分别带来显著正向和负向的影响，表明财务重述报告具有明显的信息含量。魏志华等（2008，2009）的研究发现财务重述报告整体而言具有微弱的负面市场反应。李世新与刘兴翠（2012）研究了发布财务重述报告的上市公司在公告日前后的市场反应，对比分析了不同类型财务重述报告引发的市场反应的差异，在此基础上检验了财务重述报告的行业传递效应。张程睿和林锦梅（2016）发现财务重述的弱市场反应规律已被上市公司利用，以在较长时期内对年度报告信息的披露进行安排。马秀君（2015）发现财务重述期间平均超额收益率显著为负，市场投资者并没有因为上市公司的"积极"修正财务报告而提高对公司财务报告的信任，反而视其为上市公司进行盈余管理的一种伎俩，在财务重述发生之后，对财务报告信息信任度降低，转而选择诸如现金流量等不易被操纵的指标。为什么中国的投资者会出现如此的反应？投资者对财务重述公司的信心是否会受到影响？国内已有文献较少涉及。

近年来连续曝光的一系列会计造假等上市公司丑闻，使得中国投资者对上市公司的信心严重不足，进而质疑上市公司的诚信。就中国投资者对上市公司的原本微弱的信心而言，频繁的财务重述无疑是"雪上加霜"。中国投资者的信息来源渠道十分有限，因此无论财务重述报告的具体内容如何，投资者对上市公司财务信息披露系统的信任度与依赖度都将可能下降。盈余反应系数是投资者对上市公司盈余的反应程度，是衡量投资者对上市公司盈余的信心与依赖度，基于上述分析，财务重述将导致投资者对公司盈余的信心与依赖度下降，本书认为财务重述公司的盈余反应系数应低于非财务重述公司。

由此，提出本章的研究假设：财务重述使财务重述公司盈余反应系数降低。

5.2 研究设计

5.2.1 盈余反应系数影响因素

1. 账面市值比（*MB*）

账面市值比与公司未来的盈余水平或盈余持续性正相关，因为公司的账面市值比代表公司的增值潜力，比值大，说明公司的增长潜力好，能创造更多的财富，也就是在未来能给投资者带来更多的投资回报。另外，比值大说明公司的未来发展潜力好，能持续目前的盈利能力，具有良好的持续性。因此，Collins 和 Kothari（1989）的研究认为公司的账面市值比越高，公司的预期盈余增长率越高，盈余与股票回报之间的关系就越强，则盈余反应系数越高。而账面市值比也可能受到公司风险的影响，公司的账面市值比越高，公司的风险越高，这将减弱公司盈余与股票回报之间的关系，因此相互抵消两方面的作用，使得公司的账面市值比与盈余反应系数的关系有待实证检验。

2. 公司 *BETA* 系数

公司 *BETA* 系数越高，盈余反应系数可能越低。Collins 和 Kothari（1989）及 Easton 和 Zmijiewski（1989）的实证研究证实了这一结论。从风险角度考虑，公司 *BETA* 系数越高，说明未来的风险越大，对规避风险的投资者来说，公司的价值就越低，投资者对给定数额的盈利的反应就会越小。另外从持续性的角度考虑，公司 *BETA* 系数越高，说明未来的不确定性越大，公司的持续经营风险大，具有较低的盈余反应系数。因此，公司 *BETA* 系数的符号预期为负。

3. 公司资产负债率（*LEV*）

更高的资产负债率使公司承担更高的破产或者陷入财务困境的风险，盈利的持续性将受到威胁，因此其具有较低的盈余反应系数。Dhaliwa、Lee 和 Fargher（1991）的实证研究已证明高资产负债率公司的盈余反应系数较低。但是从另外的方面解释，高资产负债率使得公司受到更多债权人的监控，其内部控制、信息披露各方面可能更完善，因此高资产负债率公司的盈余反应系数可能高于其他低资产负债率公司，所以资产负债率与公司盈余反应系数之间的关系有待证实。

4. 规模（*SIZE*）

Atiase（1985），Freeman（1987），Fan P 和 T. J. Wong（2002），王化成等（2002）认为公开的信息披露和非盈余信息是公司规模的增函数，投资者与大规模公司之间的信息不对称程度较低，因此大规模公司的盈余反应系数更高，公司规模的预期符号为正。

5. 行业（*IND*）和年度（*YEAR*）

由于中国上市公司行业经营特征等方面的异质性与中国股市的波动性，本书认为行业和年度也是影响上市公司盈余反应系数的因素。

5.2.2　会计信息市场反应角度模型

本书采用由 Easton 和 Harris 在 1991 年提出的报酬模型作为基本的检验模型，由于其能更好地消除规模和异方差的影响，因此其成为检验会计信息价值相关性的标准模型之一。Hyan（1995）也将盈余反应系数定义为单位盈余与调整后股价的相关程度，其度量了公司盈余质量的社会认可程度。

$$R_{i,t} = \beta_0 + \beta_1 EPS_{i,t}/P_{i,t-1} + \varepsilon \qquad (5.1)$$

$R_{i,t}$ 为第 i 个公司 t 年 5 月至 $t+1$ 年的股票回报率（由于年度报告通常在次年 4 月份左右公布，为了使盈余信息充分反映在股价中，所以选择 t 年 5 月至 $t+1$ 年的股票回报率）；EPS 为每股盈余；$P_{i,t-1}$ 为年底最后一个交易日考虑分红、配股等时间后的股票调整价格；β_1 为市场反应系数，β_1 估计值越大，市场对公司盈余反应的程度越高，说明公众越相信公司的盈余信息。

为考察财务重述对公司盈余反应系数的影响，本书在模型（5.1）中加入财务重述虚拟变量，即

$$R_{i,t} = \beta_0 + \beta_1 EPS_{i,t}/P_{i,t-1} + \beta_2 DUMMY + \beta_3 DUMMY \times EPS_{i,t}/P_{i,t-1} + \varepsilon \qquad (5.2)$$

$DUMMY$ 为财务重述虚拟变量，如果公司为财务重述公司则取值为 1，为非财务重述公司则取值为 0。该模型用以验证市场对公司盈余的反应程度，盈余的回归系数 β_1 估计值越大，市场对公司盈余反应的程度越高，说明公众越相信公司的盈余信息。本书预计财务重述公司盈余的反应低于非财务重述公司，财务重述公司的回归系数应较非财务重述公司低，所以 β_3 的预期符号为负。

为控制盈余反应系数公司特征等各个影响因素的影响，本书在上述基本模型中加入账面市值比、公司 $BETA$ 系数、公司资产负债率、规模、行业和年度等控制变量。

$$\begin{aligned} R_{i,t} = {} & \beta_0 + \beta_1 EPS_{i,t}/P_{i,t-1} + \beta_2 DUMMY + \beta_3 DUMMY \times EPS_{i,t}/P_{i,t-1} + \beta_4 MB + \\ & \beta_5 BETA + \beta_6 LEV + \beta_7 SIZE + IND + YEAR + \varepsilon \end{aligned} \qquad (5.3)$$

具体各变量定义见表 5 - 1。

表 5 - 1　盈余反应系数模型各变量定义

变量	预期符号	变量定义
$R_{i,t}$		公司 t 年 5 月至 $t+1$ 年的股票回报率（由于年度报告通常在次年 4 月份左右公布，为了使盈余信息充分反映在股价中，所以选择 t 年 5 月至 $t+1$ 年的股票回报率）
$EPS_{i,t}/P_{i,t-1}$	+	EPS 为每股盈余，$P_{i,t-1}$ 为年底最后一个交易日考虑分红、配股等时间后的股票调整价格。其回归系数为公司的市场盈余反应系数
$DUMMY$		财务重述虚拟变量，如果公司为财务重述公司则取值为 1，为配比组的非财务重述公司则取值为 0
$DUMMY \times EPS_{i,t}/P_{i,t-1}$		财务重述虚拟变量与每股盈余/股价的交乘项，考察财务重述对公司市场盈余反应系数的影响
MB	？	$MB = \dfrac{每股价格 \times 流通股份数 + 每股净资产 \times 非流通股份数 + 负债账面价值}{资产总额}$
$BETA$	？	公司 $BETA$ 系数，代表公司风险水平，选择剔除财务杠杆影响的公司 $BETA$ 系数
LEV	？	公司资产负债率，计算方法：LEV = 总负债/总资产
$SIZE$	+	公司规模，取公司上年度总资产的自然对数，控制公司规模影响
IND		20 个行业虚拟变量，控制行业差异影响，行业按照中国证监会发布的行业分类指引，制造业选择二级行业，其他行业则选择一级行业，以综合类行业为基准行业
$YEAR$		年份虚拟变量，控制宏观经济的影响，以 2005 年为基准年

5.2.3　盈余反应系数的检验结果

表 5 - 2 为盈余反应系数模型各个变量的描述性统计结果，分为三组，财务重述组、配比组及全样本组。从描述性统计结果看，财务重述组的股票回报率略低于配比组，财务重述组股票回报率均值为 0.387，配比组为 0.398。财务重述组的账面市值比均值为 2.103，略低于配比组的账面市值比均值 2.153。而在公司 $BETA$ 系数和

资产负债率两变量均值上，财务重述组稍高于配比组，两组的规模不存在明显差异。从总体而言，两组公司的数据不存在明显差异。

表 5 - 2　盈余反应系数模型各变量的描述性统计结果

变量	均值			中位数			最小值			最大值			标准差		
	RES	COMP	ALL	RES	COMP	ALL	RES	COMP	ALL	RES	COMP	ALL	RES	COMP	ALL
$R_{i,t}$	0.387	0.398	0.393	0.258	0.315	0.294	-0.722	-0.722	-0.722	3.418	3.418	3.418	0.796	0.782	0.789
$EPS_{i,t}/P_{i,t-1}$	0.012	0.017	0.014	0.009	0.017	0.013	-0.295	-0.295	-0.295	0.375	0.375	0.375	0.059	0.045	0.053
MB	2.103	2.153	2.128	1.367	1.504	1.441	0.231	0.231	0.231	11.45	11.45	11.45	2.150	2.035	2.093
$BETA$	1.082	1.091	1.087	1.083	1.083	1.083	0.409	0.409	0.409	1.678	1.678	1.678	0.228	0.216	0.222
LEV	0.515	0.458	0.486	0.512	0.452	0.483	0.047	0.047	0.047	1.467	1.467	1.467	0.260	0.236	0.250
$SIZE$	21.640	21.670	21.650	21.540	21.550	21.540	18.900	18.900	18.900	27.120	27.150	27.150	1.245	1.258	1.252

表 5 - 3 为各变量的相关系数分析结果，从表中可以看出，公司的股票回报率与账面市值比和资产负债率显著正相关，与公司 $BETA$ 系数显著负相关，而与公司规模的相关系数关系不显著。在控制其他变量以前，财务重述和盈余反应系数存在显著的负相关关系，和之前的理论推导一致，说明财务重述降低了公司的盈余反应系数，当然这个结论仍需要更多的证据支持，后文将继续进行多元回归分析。同时根据相关系数的分析结果，各个自变量之间的相关性较低，如果把所有的变量放到同一个模型中，模型变量之间不存在严重多重共线性问题。

表 5 - 3　盈余反应系数模型各变量相关系数分析结果

	$R_{i,t}$	$EPS_{i,t}/P_{i,t-1}$	$DUMMY$	$DUMMY \times EPS_{i,t}/P_{i,t-1}$	MB	$BETA$	LEV	$SIZE$
$R_{i,t}$	1.000							
$EPS_{i,t}/P_{i,t-1}$	0.104 ***	1.000						
$DUMMY$	-0.007	-0.156	1.000					
$DUMMY \times EPS_{i,t}/P_{i,t-1}$	-0.055 ***	0.789 ***	-0.001	1.000				

（续上表）

	$R_{i,t}$	$EPS_{i,t}/P_{i,t-1}$	DUMMY	$DUMMY \times$ $EPS_{i,t}/P_{i,t-1}$	MB	BETA	LEV	SIZE
MB	0.346 ***	0.034 ***	-0.011	0.043 ***	1.000			
BETA	-0.117 ***	0.019 **	-0.021 **	0.042 ***	-0.167 ***	1.000		
LEV	0.003	-0.330 **	0.114 ***	-0.283 ***	-0.273 ***	-0.071 ***	1.000	
SIZE	-0.041 ***	0.174 ***	-0.051 **	-0.014 ***	0.113 ***	-0.401 ***	0.111 ***	1.000

表 5 – 4 为盈余反应系数模型（5.1）分组回归结果。各个自变量之间的 VIF 值为 0.98，最大值为 2.02，因此模型各变量之间不存在严重的多重共线性问题。

分组回归结果中列（1）为未加入其他控制变量的回归结果，财务重述组盈余反应系数为 1.041，而配比组盈余反应系数为 2.458，均在 1% 水平上显著，因此在未加入其他控制变量时，财务重述组的盈余反应系数低于配比组。列（2）是加入公司的账面市值比、公司 BETA 系数、公司资产负债率和公司规模这些控制变量后的回归结果，公司账面市值比与公司股票回报率显著正相关，公司 BETA 系数则与公司股票回报率显著负相关，公司资产负债率和公司规模对公司股票回报率的影响显著正相关。分组回归的结果显示财务重述组的盈余反应系数为 1.106，明显低于配比组的盈余反应系数 2.901。由于行业特征的差异，投资者可能对不同行业的盈余的信任度不同，因此列（3）加入行业与年度控制变量，分组回归的结果表明财务重述组的盈余反应系数为 1.052，依然低于配比组的 1.970。因此根据分组回归的结果，财务重述公司的盈余反应系数明显低于配比组的非财务重述公司，本章的假设得到初步证实。为了获得更确切的证据，下文将财务重述作为解释变量加入盈余反应系数模型中检验财务重述对公司盈余反应系数的影响。

表5-4　盈余反应系数模型（5.1）分组回归结果

Variable	(1)		(2)		(3)	
	RES	COMP	RES	COMP	RES	COMP
C	0.387***	0.357***	-1.379***	-0.682***	-0.825***	-0.988***
	(33.84)	(29.88)	(-5.91)	(-3.03)	(-4.12)	(-4.84)
$EPS_{i,t}/P_{i,t-1}$	1.041***	2.458***	1.106***	2.901***	1.052***	1.970***
	(6.23)	(11.13)	(5.13)	(11.46)	(6.75)	(9.84)
MB			0.150***	0.155***	0.089***	0.098***
			(14.12)	(14.92)	(10.48)	(10.84)
$BETA$			-0.227***	-0.139**	0.043	0.131***
			(-3.92)	(-2.54)	(0.94)	(2.85)
LEV			0.340***	0.512***	0.092**	0.262***
			(4.74)	(6.36)	(2.05)	(5.08)
$SIZE$			0.070***	0.028***	0.023**	0.022**
			(6.44)	(2.75)	(2.50)	(2.50)
IND					controlled	controlled
$YEAR$					controlled	controlled
F 值	38.76	123.90	56.08	87.48	161.52	134.04
Adj. R^2	0.006	0.020	0.150	0.164	0.610	0.558
N	3 795					

表5-5 为盈余反应系数模型（5.2）的总体样本回归结果。模型中各个变量之间的 VIF 值为 0.89，最大值为 3.71，因此各变量之间不存在严重的多重共线性问题。

表5-5　盈余反应系数模型（5.2）的总体样本回归结果

Variable	(1)		(2)		(3)	
	Coefficient	t-Statistic	Coefficient	t-Statistic	Coefficient	t-Statistic
C	0.357***	29.88	-1.042***	-6.63	-0.946***	-6.62
$EPS_{i,t}/P_{i,t-1}$	2.458***	11.13	2.664***	11.29	1.778***	9.45
$DUMMY$	0.030***	1.70	0.017	1.03	0.016	1.34
$DUMMY \times EPS_{i,t}/P_{i,t-1}$	-1.417***	-5.11	-1.372**	-4.74	-0.571***	-2.57

（续上表）

Variable	(1)		(2)		(3)	
	Coefficient	t-Statistic	Coefficient	t-Statistic	Coefficient	t-Statistic
MB			0. 151 ***	18. 38	0. 092 ***	14. 16
BETA			− 0. 177 ***	− 4. 56	0. 095 ***	2. 97
LEV			0. 417 ***	6. 83	0. 171 ***	4. 54
SIZE			0. 049 ***	6. 58	0. 023 ***	3. 67
IND					controlled	
YEAR					controlled	
F 值	54. 42		94. 49		271. 32	
Adj. R^2	0. 013		0. 156		0. 583	
N	7 590					

表 5 – 5 中的 （1） 列未加入其他控制变量，直接考察财务重述对盈余反应系数的影响，模型的 Adj. R^2 为 0. 013，F 值为 54. 42，说明模型的拟合度适合，而财务重述对盈余反应系数产生显著的负面影响，系数为 – 1. 417，在 1% 水平上显著。说明在未控制其他影响因素时，财务重述显著降低了财务重述公司的盈余反应系数，投资者对财务重述公司的盈余信心与依赖度显著下降。

表 5 – 5 中的 （2） 列加入了公司账面市值比、公司 BETA 系数、公司资产负债率和公司规模控制变量，控制公司特征对盈余反应系数的影响。模型的 Adj. R^2 为 0. 156，F 值为 94. 49，说明模型有较好的解释力度。财务重述对盈余反应系数产生显著的负面影响，系数为 – 1. 372，在 5% 水平上显著，说明财务重述显著降低了财务重述公司的盈余反应系数。公司的账面市值比反映公司的成长性，账面市值比与公司的股票回报率显著正相关。公司的成长性代表公司的增值潜力，账面市值比比值越大，说明公司具有良好的增长潜力，将能够为投资者创造更多的财富，从另一方面，也可以说明公司的未来发展潜力好，能持续现在的这种盈余能力，具有良好的持续性，投资者对账面市值比高的公司的盈余更加信任与依赖，因此，公司的账面市值比与公司的盈余反应系数正相关。公司 BETA 系数与盈余反应系数显著负相关，说明公司 BETA 系数越高，盈余反应系数则越低，这与 Collins 和 Kothari （1989） 及 Easton 和 Zmijiewski （1989） 的研究结论一致。另外，公司资产负债率与公司规模对盈余反应系数的影响显著正相关。

表5-5中的（3）列加入了行业和年度控制变量，控制宏观经济变化与行业因素的影响，结果基本不变，财务重述与公司的盈余反应系数显著负相关，财务重述降低了公司的盈余反应系数，而且在控制行业影响后，公司股票回报率和公司资产负债率显著正相关，说明在同行业中，投资者会考虑公司的资本结构。因此根据盈余反应系数多元回归的结果，财务重述与公司盈余反应系数显著负相关，本章的研究假设得到验证。

5.3　本章小结

会计信息的决策有用性取决于投资者对会计信息的信任与信心，上市公司财务报告作为上市公司对外信息披露的最主要也是最重要的形式和途径，投资者等社会公众对财务报告的信心是市场有效运作的重要保证。但是频繁发生的财务重述使得投资者质疑上市公司年报中宣称的真实性、准确性和完整性。国外的一系列研究表明财务重述损害了公司价值，其原因在于投资者对财务重述公司的会计信息质量甚至经营质量产生怀疑，投资者对财务重述公司的盈余信任度和依赖性下降，因此财务重述公司的盈余反应系数下降。中国上市公司的财务重述现象也不容乐观，近年来连续曝光的一系列会计造假等上市公司丑闻，使得中国投资者对上市公司的信心严重不足，进而质疑上市公司的诚信。在投资者对中国上市公司信息的信任度本来就不高的基础上，频繁的财务重述行为无疑是"雪上加霜"。国内已有的财务重述短期市场反应研究也说明中国的财务重述对上市公司的短期价值产生影响，但是对于为何会产生如此影响，投资者对财务重述公司的信心如何，中国已有研究较少涉及。因此本章主要检验财务重述报告对财务重述公司的盈余反应系数的影响，首先进行财务重述组和配比组的盈余反应分组回归，分组回归结果初步表明财务重述公司的盈余反应系数低于配比组的非财务重述公司。其次在控制盈余反应系数的一系列影响因素的基础上，通过多元回归模型的检验结果发现财务重述和公司的盈余反应系数显著负相关，财务重述降低了公司的盈余反应系数。因此本章通过理论分析与实证数据检验得出结论：财务重述使得公司的盈余反应系数下降，投资者对财务重述公司的信息质量甚至经营质量产生怀疑，对财务重述公司盈余的信心与依赖度下降。

6　财务重述经济后果——公司融资

信息影响资本市场的资源配置流向，上市公司作为资本市场上的资金需求方，其信息披露行为必然影响其融资活动。财务重述作为一种上市公司临时信息披露行为，其对公司的融资活动会产生怎样的影响？国外已有的研究表明，财务重述会提高公司的股权融资成本和降低公司的债务期限结构，那么在中国制度背景下，财务重述会对公司融资产生怎样的影响，国内目前未有相关文献涉及。因此本章结合中国的制度背景，从财务重述对公司融资活动的影响角度研究财务重述的经济后果。股权融资和银行贷款融资是中国上市公司融资的重要方式，所以本章从上市公司股权融资成本及贷款债务期限结构两个角度对财务重述的经济后果进行探讨。

6.1　基于中国制度背景的理论分析

资本市场是为解决资本供求矛盾而产生的，为各种资本的交换、融通提供桥梁，资本市场的根本目标就是实现有限资源的有效配置，而资源的有效配置是以信息为基础的。Healy 和 Palepu（2001）详细分析了信息流、资本流在资本市场上的运转与流通。

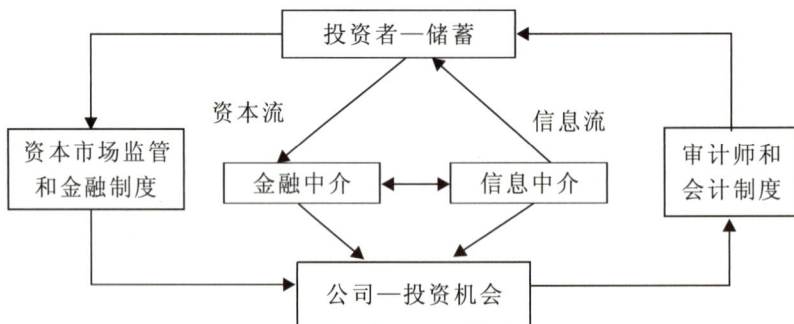

信息流、资本流与资本市场图

资料来源：HEALY P M, PALEPU K. Information asymmetry, corporate disclosure, and the capital markets: a review of the empirical disclosure literature ［J］. Journal of accounting and economics, 2001, 31: pp. 405 - 440.

　　如上图所示，一方面，拥有闲置储蓄的投资者来到资本市场上寻找优良的投资项目以实现资本的保值增值。理性的投资者在进行投资决策时，需要评估期望收益和风险的相关信息，因此对公司经营状况、财务成果、现金流量以及风险的了解是理性投资者评估投资价值并进行投资决策的关键，相关信息决定着资本的流向和流量。另一方面，作为资金需求者的公司需要向潜在的投资者传递自己公司的信息，希望能以更低的成本吸引更多的资金。因此，资金的供求双方都需要信息。可见，信息和资本是资本市场的两大基本要素，资本市场提供了一种储蓄—投资的转化机制。通过完成从储蓄到投资的转化进行资源配置，是资本市场最基本的也是最重要的功能。而信息在促进这种转化和资源配置中具有决定性作用，它帮助投资者作出正确的投资决策。因此，Healy 和 Palepu（1993，1995）指出：由于信息的不对称，对于期望发行股票、举借债务或者实施并购的公司管理者而言，投资者的认知是至关重要的。公司在进行权益融资或者债务融资时，由于信息不对称，新的投资者可能会要求由于信息不对称所承担的信息风险溢价，并要求更高的回报率，因此公司的资本成本将提高（Barry & Brown，1985，1986）。Bushman 和 Smith（2001）认为公司财务会计信息至少可以从以下三个渠道影响公司的资本成本：首先，信息可以帮助管理层和投资者鉴别投资项目的质量好坏，同时减少投资者对投资项目的估计风险，从而降低相应的额外风险收益的要求，进而降低公司的资本成本；其次，信息通过减少投资者之间的信息不对称，减少逆向选择和流动性风险，从而降低公司的资本成本；最后，信息可以监督约束管理层和大股东对外部不知情投资者的掠夺，促使其按照投资者利益最大化目标进行有效的项目选择，改善公司的治理机制，降低公司的代理成本，从而降低公司的资本成本。

　　高质量财务报告能减少投资者与公司的信息不对称，降低公司融资成本。Botosan（1997，2000）及 Botosan 和 Plumlee（2002）认为，信息披露的资本市场效应最终将归结为股权资本成本的降低，高质量的信息一方面能够降低投资者的估计风险水平，从而降低资本成本。另一方面，高质量的信息披露能够减少公司与投资者之间的信息不对称，使潜在投资者更愿意投资于公司，提高股票的流动性，降低交易成本，增加股票需求，从而降低股权资本成本。随后众多的经验证据也证实了信息对资本成本的作用。①

水能载舟，亦能覆舟，高质量的信息能够降低资本成本，低质量的信息则会加剧投资者与公司之间的信息不对称，提高投资者对股票的估计风险水平，从而导致公司资本成本的上升。财务重述表明先前财务报告的低质量和不可信（Anderson & Yohn，2002），因此财务重述可能会扭曲会计信息的定价和治理功能，可能引起公司资本成本的上升，进而影响公司价值。Hribar 和 Jenkins（2004）以 GAO（2002）发布的 1997 年 1 月到 2002 年 3 月 292 家财务重述公司数据作为研究样本研究财务重述对公司资本成本的影响，发现财务重述降低了投资者对公司盈余质量的预期，提高了投资者要求的必要报酬率，增加了公司股权资本成本。财务重述报告公布后，资本成本平均上升 7% ~ 19%，随着时间的推移，资本成本将会有所降低，但仍上升 6% ~ 15%。财务重述加大了公司的信息不对称程度，提高了公司信息风险，降低了投资者对公司的信心。Kravet 和 Shevlin（2009）同样利用 GAO（2002）的数据，使用 Fama-French 的三因素模型，检验了信息风险定价与财务重述之间的关系，认为在财务重述报告公布后的短期内，信息风险定价将显著增加，导致公司资本成本的上升。

上述研究都是建立在西方完善资本市场的背景之上的，中国的实际情况又如何呢？这需要结合中国上市公司融资发展历程来考量。中国上市公司的融资渠道主要有三种：内源性融资、债务融资以及股权融资，其中股权融资和债务融资占主导地位。中国上市公司与西方上市公司相比，存在明显的股权融资偏好。股权融资与再融资是中国资本市场的重要功能，其对上市公司的发展产生了较大的推动作用，中国资本市场的融资功能越来越受到各个方面的重视。自中国资本市场建立发展以来，各种融资制度都是在随后的各个阶段逐步建立和完善的，在不同的发展阶段，信息披露发挥着不同的作用。总体而言，中国资本市场信息披露与融资、再融资的关系先后经历了以下三个阶段：

第一阶段是 1998 年以前。中国资本市场成立初期，市场规模很小，1991 年底，上海证券交易所共有 8 只上市股票，25 家会员；深圳证券交易所只有 6 只上市股

---

① 详见前文 2.3 节"会计信息质量和股权资本成本文献回顾"部分。

票，15 家会员。1992 年，国务院发布了《关于进一步加强证券市场宏观管理的通知》，对于股票发行规模控制实行"总量控制，分配额度"办法。1996 年，中国证监会颁布的《关于股票发行工作若干规定的通知》指出，为扩大上市公司的规模，提高上市公司的质量，新股发行采取"总量控制，限报家数"的管理办法。因此，在中国资本市场发展初期，中国资本市场的股票供给规模十分有限，上市公司成为资本市场的稀缺资源。

从投资者角度来看，由于投资渠道单一，上市公司股票作为稀缺的投资资源，成为投资者眼中的香饽饽，甚至出现投资者竞相争夺股票的情形。投资者购买股票多属于投机活动，在一级市场上购买某个公司的股票之后，在二级市场上的交易能使投资者获得较高的资本利得，较高的二级市场溢价足以满足投资者所要求的回报率，此时投资者并不关注上市公司的信息质量，只关心股票的溢价收益。

从监管者角度来看，由于资本市场处在初期的试点发展阶段，各方面制度规定尚未建立健全，此时监管部门的主要职责也是对额度进行控制审核，对于信息披露的关注较少，这一期间在中国证监会相关的融资规定中并没有发现关于信息披露的硬性规定。1994 年 9 月 28 日，中国证监会发布的《关于执行〈公司法〉规范上市配股的通知》中出现关于公司在最近三年内财务会计文件无虚假记载或重大遗漏的规定。[①]

此时期的上市公司是"皇帝的女儿不愁嫁"，获得股权融资的成本很低，其缺少改善信息披露的动力。当时中国资本市场股权再融资的手段只有配股一种方式。由于不涉及新老股东之间的利益协调，不需要吸引外部投资者，上市公司加强会计信息披露的意愿较低。

因此，在中国资本市场发展的初期，信息披露和上市公司的融资行为之间并不存在必然联系，信息披露质量和融资成本之间并不存在密切的关系。

第二阶段是 1998 年至 2005 年。这一阶段，早期的行政干预审批制度逐渐表现出种种弊端，监管部门开始推动新股发行的审批制度向审核制度转变。1999 年 7 月 1 日，正式实施的《证券法》明确提出公司股票发行实行核准制，为核准制的实行

---

① 本章节所涉及的主要规章制度详见附录一。

奠定了法律基础。在该阶段，中国资本市场再融资进入市场化试点阶段。为了改变之前配股包打天下的单一再融资局面，中国资本市场在 1999 年开始公开增发与可转债的试点工作，特别是在公开增发定价过程中市场化趋势明显。由于公开增发相对于配股而言引入了新的股东，有询价的基础，新股公开增发成为进行价格发行机制市场化改革的最佳载体，从确定公开增发的额度到确定增发筹集资金的规模、从对老股东的配售到对其的优先认购权、从竞价到询价，这一方式实现了与国际惯例的接轨，中国资本市场的融资、再融资行为逐渐市场化。

此阶段，中国证监会陆续发布了一系列有关信息披露的制度以及法规政策，中国上市公司信息披露制度开始得到发展和完善。在关于上市公司融资和再融资的相关规定中，监管部门也开始关注信息披露问题。1999 年，中国证监会发布的《关于上市公司配股工作有关问题的通知》以及 2000 年发布的《上市公司向社会公开募集股份暂行办法》中都将"公司在最近三年内财务会计文件无虚假记载或重大遗漏"作为公司配股和公开募集股份的条件之一。2001 年，中国资本市场正式实行核准制度，并确立了以强制信息披露为核心的事前问责、依法披露和事后追究的责任机制。2001 年，中国证监会发布的《上市公司新股发行管理办法》规定：公司在最近三年内财务会计文件有虚假记载、误导性陈述或重大遗漏；公司缺乏稳健的会计政策；公司最近一年内因违反信息披露规定及未履行报告义务受到中国证监会公开批评或证券交易所公开谴责等关于信息披露的违规行为都成为上市公司发行新股的限制条件。同年，《上市公司发行可转换公司债券实施办法》也将信息披露存在虚假记载、误导性陈述或重大遗漏的行为作为公司发行可转换债券的限制条件。

但是由于股权分置和分拆上市等历史原因，黄少安、张岗（2001）的研究指出，此时中国上市公司具有一股独大和关联交易严重的鲜明特点，因此上市公司在增发时一般遵循高价增发，并采取各种形式实施利益输送，达到"圈钱"的目的。所以，此时中国上市公司的股权融资成本依然偏低。这一时期，虽然中国资本市场开始建设信息披露等相关制度，但是由于历史原因等各方面因素的影响，上市公司融资成本依然偏低，投资者对上市公司信息质量的关注不够，信息披露质量和上市公司股权融资成本之间的关系依然不明确。

第三阶段是 2005 年至今。中国的资本市场经过近 20 年的发展，信息披露制度已经较为完善，基本上形成了较为完整的信息披露体系。从监管角度来看，为了保证资本市场的公平、公正、公开，维护市场的健康发展，保护广大投资者利益，监管者着力于完善信息披露制度建设。2005 年，中国证监会对信息披露制度进行了修订、补充和完善，基本上形成了较为完整的信息披露体系。2006 年，中国证监会发布的《上市公司证券发行管理办法》中对公司公开发行股票、可转换债券以及非公开发行股票等融资行为进行规范管理，将最近三年及一期财务报表未被注册会计师出具保留意见、否定意见或无法表示意见的审计报告；被注册会计师出具带强调事项的无保留意见审计报告的，所涉及的事项对发行人无重大不利影响或者在发行前重大不利影响已经消除；上市公司最近 36 个月内财务会计文件无虚假记载等信息披露相关规定作为上市公司证券发行的一般规定。

从上市公司角度来看，2006 年上市公司股权分置改革取得阶段性成果。上市公司为适应市场竞争与监管等多方面的要求，注意改善公司治理结构，提高上市公司质量，并开始注重通过完善信息披露向投资者传递良好的信息。

从投资者角度来看，一方面，投资者的投资渠道不断拓宽，投资者的投资方式不断多元化，不再局限于上市公司。另一方面，经过中国股市几番熊市和牛市之间的不断迂回与波折①，投资者不再像从前一样满怀希望，投资意愿被慢慢削弱，而且 2010 年中国上市公司的数量已经超过 2 000 家，投资者能够在相当数量的上市公司之间进行投资选择。因此，上市公司质量成为投资者关注的焦点，而信息作为投资者了解上市公司的重要途径就显得至关重要。此外，2001 年以后，以开放式基金为代表的机构投资者进入蓬勃发展时期。与中小投资者相比，机构投资者更加强调对上市公司质量的关注，对上市公司的信息披露也会进行更专业的判断与分析。

因此，总体而言，随着中国股票市场供给方、需求方和监管部门的不断发展与变化，2001 年以后，中国股票市场已经逐步具备信息披露质量影响股权融资成本的条件（曾颖、陆正飞，2006）。此时，会计信息作为投资者信息来源的重要渠道，

---

　① 中国股市经历了 1993 年的短暂牛市，然后进入 1994—1996 年熊市，再进入 1997—2000 年牛市，之后又经历 2001—2005 年漫长熊市，再又经历 2006—2007 年大牛市，最后是 2007—2008 年大熊市。摘自：邵志高. 股权再融资中大股东产权侵占问题研究 [D]. 武汉：华中科技大学，2010.

其重要性日益凸显，信息披露与上市公司资本成本之间的联系不断加强。在这样的制度背景下，研究信息披露与公司股权资本成本之间的关系成为可能。

在理论研究上，国内关于信息披露与资本成本的关系也取得了一些经验证据。汪炜、蒋高峰（2004）通过对临时报告和季报数量的研究，发现自愿信息披露水平指数较高的样本公司当年的股权资本成本较低。他们还对通信产业专门进行了检验，发现以上关系更加显著。但是他们仅衡量了信息披露的数量，对于披露质量并没有提及。黄娟娟和肖珉（2006）考察上市公司增发配股前三年的平均收益激进度、收益平滑度以及总收益不透明度对公司股权资本成本的影响，研究发现，收益质量指标和总收益不透明度指标与公司股权资本成本呈显著的负相关关系，公司增发配股时股权资本成本不仅仅受到前一年度的信息披露质量的影响，增发配股前四年信息披露质量也仍然在发挥影响作用。但该文在收益平滑度指标的计算、样本选取、制度背景描述、行文严谨方面还存在可改进之处（童盼，2006）。曾颖和陆正飞（2006）的研究发现信息披露质量较高的公司边际股权融资成本较低，说明中国上市公司的信息披露质量，尤其是盈余平滑度和披露总体质量会对其股权融资成本产生积极影响。李明毅和惠晓峰（2008）的研究发现，对于采取保守盈余政策的公司，盈余保守度与资本成本显著负相关，而对于采取激进盈余政策的公司，盈余激进度与资本成本没有显著关联。

但是目前国内研究较少涉及财务重述这一特殊的会计信息披露形式对公司资本成本的影响。韩少真等（2015）发现财务重述产生了消极的经济后果，财务重述公司比对照组公司面临更高的融资约束；金融发展程度较高地区，公司整体面临较低的融资约束，但财务重述公司比对照组公司面临显著更高的融资约束；金融发展程度较低地区，公司整体面临较高的融资约束，但财务重述公司与对照组公司的融资约束不存在显著差异。钱爱民和朱大鹏（2017）实证检验财务重述对供应商向企业提供商业信用融资规模的影响，研究结果表明财务重述引起了供应商对目标企业会计信息质量的关注，导致企业商业信用融资规模减小，并且在非国有企业、市场地位低的企业以及金融生态环境较差的地区企业中更为显著。本书之前的理论分析和实证检验表明财务重述公司确实存在会计信息质量问题，其会计盈余的持续性低于非财务重述公司，因此投资者利用现有盈余预测将来盈余的可靠性下降，上市公司的信息不对称加剧，未来的不确定性增加，故投资者对上市公司的信心下降，这将提高投资者对公司股票投资的最低报酬率的要求。

由此，提出本章的研究假设1：财务重述会提高财务重述公司股权资本成本。

资本市场上信贷交易双方存在明显的委托代理关系，作为贷款人的银行是委托人，而作为借款人的公司是代理人，与股票市场一样，信息不对称会造成代理人的机会主义行为，且同样存在签订贷款协议前的逆向选择问题和签订协议后的道德风险问题。因此要缓解信贷交易中的逆向问题选择和道德风险问题，可靠完整的信息显得至关重要。蔡祥等（2003）指出会计信息的决策辅助作用功能还体现在信贷、债券的评级以及为财务分析师的盈利预测提供数据支持上。会计信息对于信贷交易的作用，体现在贷款合约签订前后，其综合反映了公司的财务状况、经营成果和现金流量情况，是银行评价了解公司偿债能力和盈利能力的重要渠道，有助于降低债务契约的监督成本和执行成本。因此，会计信息对公司的债务成本存在一定影响，银行会利用会计信息保护自身的利益。在西方的制度背景下，学者关于会计信息和银行贷款决策的研究也得出了有意义的结论。Goncharov 和 Zimmermann（2007）验证了俄罗斯银行是基于会计信息作出信贷决策的。Bharath 等（2008）通过研究发现会计信息质量影响债务契约内容的设计：较低会计信息质量的公司的借款利率较高、期限较短，而且更有可能被要求提供抵押。对于财务重述这一特殊的会计信息披露形式，Graham 等（2008）的研究发现财务重述报告增加了财务重述公司的信息不对称程度和贷款的交易成本，因此银行债权人使用贷款合约来抵减因财务重述带来的信息风险，具体表现在财务重述后签订的贷款合同与财务重述前签订的贷款合同相比有着显著的高展期和更短的到期日，以及需要更多的担保和条款限制，同时每笔贷款的贷款人减少，财务重述公司还需要支付更多的头期还款和年费。

那么中国的情况又如何呢？中国公司的融资长期以来一直是以间接融资渠道为主，主要依靠银行贷款，金融机构贷款在中国社会融资总量中占据绝对优势，所占比重始终维持在90%以上（闫屹，2010）。在中国经济转轨的制度环境下，银行和公司之间的信息不对称程度很高，银行与公司之间的信贷交易存在诸多的不确定性。此时，会计信息的重要性尤显重要，但是在现实中公司的会计信息能否影响银行的信贷决策呢？进而言之，中国上市公司的财务重述这一信息披露行为又是否会影响银行对其的贷款呢？

首先，在制度背景方面，在计划经济时期，中国的银行主要是执行政府的行政职能，是财政大出纳的角色，银行信贷管理主要通过行政计划完成，不存在风险的概念，更没有信贷风险防范机制。此时公司的会计信息在银行的贷款决策中的作用几乎可以忽略不计。

从 1997 年开始，经过亚洲金融危机的冲击考验，中国政府开始关注商业银行的风险问题，加强对商业银行的监管，并致力于不断推进商业银行的改革。此外，2001 年中国加入 WTO，作为入世承诺，中国需要在 2006 年底全面开放银行业及整个金融业，中国银行业将直接面对国外优势银行的竞争与冲击。因此，中国银行业的商业化改革势在必行。此后，从整体的银行体制结构的改变到银行内部治理结构的不断完善，中国商业银行逐步推进其商业化改革进程，其中最为重要的是通过信贷管理模式的转变实现控制银行信贷风险、保证银行资产质量的目的。在国家法规政策层面上，政府颁布了一系列法律法规①，从法律的角度规范商业银行的业务经营，防范信贷风险。而在银行内部，也开始不断完善银行治理结构，包括引进海外战略投资者以及自身在海外上市等举措，使中国商业银行从战略上开始转向商业化运作发展。② 在具体的经营模式和内部管理上，中国商业银行业也注重实现商业化经营。这些改革的根本目的都在于提高中国商业银行的经营效率与资产质量，完善银行的信贷管理制度，控制银行的信贷风险。在这之中最直接的环节就是银行加强贷款管理，对企业贷款的信用风险进行评级，根据风险评级的结果发放贷款。虽然各个银行的风险评价方法各不相同，但是其中对借款人财务状况的审查和对借款人财务报表质量的审核是银行信用风险评级不可或缺的重要部分。③ 因此，在制度安

① 主要的法律法规包括：1995 年国务院颁布实施的《中国人民银行法》（2003 年 12 月 27 日修订）和《商业银行法》，1996 年颁布的《贷款通则》；2004 年 7 月，银监会颁布的《商业银行授信工作尽职指引》；2006 年 12 月，银监会颁布的《商业银行小企业授信工作尽职指引（试行）》。

② 从 2004 年 8 月汇丰银行投资 144.61 亿元入股交通银行开始，建设银行、中国银行、工商银行等也相继引入外国战略投资者。2005 年 6 月，交通银行率先登陆香港股市，之后建设银行、中国银行、工商银行，以及农业银行都相继在香港上市，并逐步回归 A 股。

③ 详细的信用风险评级步骤方法参见：张炜. 商业银行企业贷款风险评价方法 [D]. 长春：吉林大学，2006：26.

排上，为财务报表信息影响银行信贷提供可能，财务报表信息以及财务报表质量在银行的贷款决策中起到十分重要的作用。

因此，随着中国银行的商业化改革的深入，银行的贷款风险意识不断加强，银行有需求与动力防范贷款风险，银行会考察贷款人的财务状况与违约风险。而降低贷款风险十分重要的手段之一就是充分关注贷款人的会计信息和会计信息质量，降低银行与贷款人之间的信息不对称。因此，中国开始逐渐具备了财务信息影响银行信贷决策的制度背景与商业环境。

其次，在理论研究方面，中国学者已有的研究也表明会计信息会影响中国商业银行的贷款决策。饶艳超和胡弈明（2005）认为会计信息是贷款人实施贷款监控、减少信息不对称一种十分重要的工具，并通过对银行的问卷调查证实了这一分析。廖秀梅（2007）的研究结果表明，会计信息可以降低信贷决策中的信息不对称程度，从而提高信贷决策正确的机会比例。孙铮、李增泉、王景斌（2006）发现，会计信息对公司的贷款行为有重要的影响，当然这种会计信息的债务契约有用性受到公司产权性质的影响。叶志锋（2009）的研究表明银行会给予那些业绩操纵公司较严格的债务期限。陶晓慧和柳建华（2010）认为公司的会计稳健性会影响公司的债务获得。张亮亮等（2014）认为我国上市公司会计信息债务契约结构具有有用性。尤莘（2015）认为与货币政策紧缩时期相比，货币政策宽松时期的会计信息在信贷决策过程中的有用性较为显著；所有权性质差异并未在货币政策宽松时期起到影响会计信息的作用；货币政策紧缩时期，与国有企业相比，非国有企业融资压力加剧造成会计信息的人为扭曲，使得会计信息在银行信贷决策过程中的有用性被显著削弱。

由于中国的信贷长期受到中央银行对贷款利率管制的区间限制，在利率市场化程度不够的情况下，狭小的浮动区间使得公司的经营状况与风险对银行贷款利率的影响作用十分有限。因此，中国信息披露对公司债务融资成本的影响更多地体现在债务融资的另外一方面，即债务期限结构（叶志锋，2008）。债务期限在贷款合约中十分重要：贷款合约的期限越长，不确定性越大，债权人对债务人违约行为的考察成本就越高，债务人违约的可能性也越大；短期债务时间短，债务人生产经营发生巨大变动的可能性小，不确定性降低，作为债权人的银行能及时、经常地获得有关债务人生产经营等各方面信息，因此短期债务有利于债权人对偿债风险的掌握。因此，从债务期限结构角度考察中国的信息披露对公司债务的影响更具现实意义。

中国上市公司频繁的财务重述行为表明公司的会计信息可能存在问题，作为公开披露的临时报告形式出现的财务重述报告也理应是银行关注公司的财务状况或者财务报表质量的信息来源之一，财务重述报告会使银行更多关注公司的经营质量与会计信息质量。而在中国贷款利率浮动区间有限的前提下，为降低放款给财务重述公司的贷款风险，缩短债务期限是中国商业银行防范债务人违约风险的可能选择之一。

由此，提出本章的研究假设2：财务重述会缩短财务重述公司的债务期限结构。

6.2　财务重述公司股权资本成本实证分析

6.2.1　变量选择与模型设计

1. 公司股权资本成本的衡量

公司股权资本成本的估计方法有许多种。[①] 已有研究主要有以下方面的衡量：

利用平均已经实现的回报来估计测算股权资本成本。但是 Botosan（1997）指出以平均已经实现的回报估计股权资本成本存在较大的噪音。为何早期的许多研究并未发现信息披露和股权资本成本之间的关系，他认为其中一个重要原因就是他们估计股权资本成本的方法可能存在误差。Lakonishok（1993）也认为如果要利用平均已经实现的回报来估计股权资本成本至少应该有70年的数据。因此，此方法在中国资本市场的研究的适用性基本可以排除。

利用传统的资产定价（CAPM）模型来计算股权资本成本。但是根据 CAPM 模型的假设，股权资本成本仅受公司 *BETA* 系数等的差异所影响，这与本书研究会计信息质量对股权资本成本的影响的假设前提不一致。Easley 等（2002，2004）的研究表明，信息风险也是决定资产回报的可能因素之一。因此，何玉和张天西

---

① 详见附录三"各种资本成本计算方法分析比较"。

（2006）指出在研究信息披露对股权资本成本的影响时，不能使用传统的 CAPM 模型来估计股权资本成本。

那么究竟使用哪种估计方法计算股权资本成本更有效呢？Botosan 和 Plumlee（2005）对文献中经常使用的股权资本成本的五种估计方法（即 r_{DIV}、r_{GLS}、r_{GORDON}、r_{OJN} 以及 r_{PEG}）进行了评估。他们按照三个步骤评价这些估计方法的检验效果：首先，从理论分析方面说明股权资本成本和公司 BETA 系数之间正相关，而股权资本成本和权益市场规模之间负相关。其次，实证检验股权资本成本的不同估计方法和这两个因素之间的关系。最后，将实证证据和理论分析进行比较，评价各种股权资本成本估计方法的实证效度。研究结果表明，不同的股权资本成本估计方法之间存在高度的相关性，其中，使用 r_{DIV} 和 r_{PEG} 估计股权资本成本的效度最高。

在中国使用 r_{DIV} 和 r_{PEG} 估计股权资本成本是否可行呢？由于 r_{DIV} 本质上是有限期经典股利折现模型，所以需要使用股利数据，同时采用目标价格方法计算的股权资本成本需要利用盈余预测数据。由于中国的股利发放不稳定，同时盈余预测数据缺失较多，为了保证样本量与数据的可得性，本书采用 r_{PEG} 估计股权资本成本。计算方法为：$r_{PEG} = \sqrt{\dfrac{eps_2 - eps_1}{p_0}}$，其假设股票的异常盈余可以保持下去。

2. 股权资本成本影响因素

股权资本成本是投资者所要求的最低报酬率，由于不可能事先约定收益，只能根据投资项目的风险程度以及未来的收益状况予以确定，因此投资者要求的最低报酬率也是不确定的，受到各种因素的影响。

财务重述（DUMMY）：公司发布财务重述报告，表明其之前的财务报告存在错误或者遗漏，投资者因此会对财务重述公司的信息质量产生怀疑。财务重述公司的信息不对称程度扩大，存在着更多的不确定性与风险，投资者可能会要求更高的回报率，因此财务重述虚拟变量的预期符号为正。

公司 BETA 系数：根据资产定价理论，投资者所要求的预期收益率与所面临的风险密切相关，公司 BETA 系数衡量了公司股票的收益相对于市场平均股票收益的变动程度，代表了股票的风险程度。几乎所有的国内外股权资本成本研究都采用了公司 BETA 系数作为控制变量，并且研究结果也证实了公司 BETA 系数与股权资本成本之间呈正相关。股票的风险程度越高，投资者要求的报酬率越高，因此本书也将公司 *BETA* 系数作为影响公司股权资本成本的解释因素，其预期符号为正。

财务杠杆（*DFL*）：根据 MM 理论，股权资本成本应该与杠杆率成正比。Fama 和 French（1992）的研究也证实杠杆率与股权资本成本成正比的结果。在中国的制度背景下同样得出相同的结论，唐国正和刘力（2005）、曾颖和陆正飞（2006）的研究均发现杠杆率与股权资本成本成正比。因此本书引入财务杠杆作为控制变量，预期符号为正。

增长率（*GROWTH*）：公司的营业收入增长率越高，投资者将来可能获得的收益越高，投资者要求的必要报酬率越低，因此公司增长率的预期符号为负。

流动性（*LIQUID*）：流动性对股票收益有较大影响，因为投资者投资任何一种资产都必须通过变现来实现，流动性较强的股票可以帮助投资者解决资金需求。流动性强的股票其交易成本和风险都较低，投资者要求的预期报酬也较低，因此，流动性的预期符号为负。对于流动性的衡量包括基于股票价格、交易量、交易时间等众多的流动性指标，鉴于数据的可得性等方面的考虑，本书借鉴国内众多学者（李一红、吴世农，2003；吴文峰，2007）的做法，选择日换手率对流动性指标进行衡量。日换手率即日成交股数与总流通股本的比值，日换手率越高，说明股票流动性越强；反之，日换手率越低，说明股票流动性越差。

账面市值比（*MB*）：Fama 和 French（1992）的研究认为账面市值比高的公司，其股价可能被低估，存在更多的增长空间，因此投资者倾向于投资高账面市值比公司，以期未来获取更多的收益，因此其要求的投资回报率较低。但是账面市值比较高的公司都是新兴公司，面临较高的系统风险，因此投资者可能会要求更高的投资回报率。所以，账面市值比与股权资本成本之间的关系有待检验。

资产收益率（*ROA*）：Lang 和 Lundholm（1993）的研究发现那些信息披露评级较高的公司当期的资产收益率也往往较高。因此在研究信息对股权资本成本的影响时，应该将资产收益率作为控制变量，其预期符号为负。

规模（*SIZE*）：大规模公司发展良好，信息披露制度一般比较完善，市场关注度高，因此大规模公司的信息不对称程度较低。投资者对大规模公司比较了解，倾向于投资大规模公司，因此，大规模公司更容易获得股权资本，且融资成本较低，所以公司规模的预期符号为负。

行业（*IND*）和年度（*YEAR*）：行业经营特征和宏观经济形势的变化也会影响公司的股权资本成本。

鉴于上述分析，本书主要采用模型（6.1）展开研究，以分析财务重述对公司股权资本成本的影响。具体的变量定义见表6-1。

$$r_{PEG} = \beta_0 + \beta_1 DUMMY + \beta_2 BETA + \beta_3 DFL + \beta_4 GROWTH + \beta_5 LIQUID +$$

$$\beta_6 MB + \beta_7 ROA + \beta_8 SIZE + IND + YEAR + \varepsilon \qquad (6.1)$$

表6-1　股权资本成本模型各变量定义

变量	预期符号	变量定义
r_{PEG}		公司的股权资本成本，计算方法：$r_{PEG} = \sqrt{\dfrac{eps_2 - eps_1}{p_0}}$
DUMMY	+	财务重述虚拟变量，如果公司为财务重述公司则取值为1，为配比组的非财务重述公司则取值为0
BETA	+	公司 *BETA* 系数，代表公司风险水平，选择剔除财务杠杆影响的公司 *BETA* 系数
DFL	+	公司的财务杠杆，计算方法：（利润总额＋财务费用）/利润总额
GROWTH	-	公司的营业收入增长率，计算方法：（营业收入本期数－营业收入上期数）/资产合计期末数
LIQUID	-	公司流动性，以公司股票的日换手率为代表
MB		$MB = \dfrac{每股价格 \times 流通股份数 + 每股净资产 \times 非流通股份数 + 负债账面价值}{资产总额}$
ROA	-	公司资产收益率，计算方法：净利润/［（资产合计期末余额＋资产合计上期末余额）/2］，考察公司盈利能力的影响
SIZE	-	公司规模，取公司上年度总资产的自然对数，控制公司规模的影响
IND		20个行业虚拟变量，控制行业差异影响，行业按照中国证监会发布的行业分类指引，制造业选择二级行业，其他行业则选择一级行业，以综合类行业为基准行业
YEAR		年份虚拟变量，控制宏观经济的影响，以2005年为基准年

6.2.2 实证结果分析

1. 描述性统计结果

表6－2为各变量描述性统计结果。全样本的股权资本成本的均值为0.162，中位数为0.144，这个结果高于国内某些学者的计算结果，如曾颖和陆正飞（2006）研究的计算结果。这既有计算方法不同的原因也有样本选择的问题，曾颖和陆正飞（2006）的样本是2002年、2003年具有股权再融资资格的深圳绩优股，而本书的样本区间为2005—2015年，样本选择为深沪两市财务重述公司及其配比组公司，随着时间推移及样本的不同，股权资本成本升高情有可原，但是本书的计算结果基本和国内采用相同计算方法的学者的研究结果接近，如李明毅、惠晓峰（2008）。

表6－2　股权资本成本模型各变量描述性统计

变量	均值	中位数	最小值	最大值	标准差
r_{PEG}	0.162	0.144	0	0.475	0.061
$DUMMY$	0.500	0.500	0	1.000	0.500
$BETA$	1.087	1.083	0.409	1.678	0.222
DFL	1.474	1.096	−0.885	8.915	1.374
$GROWTH$	0.174	0.085	−0.382	2.540	0.409
$LIQUID$	0.616	0.499	0.033	2.737	0.458
MB	2.128	1.441	0.231	11.45	2.093
ROA	0.029	0.031	−0.293	0.206	0.070
$SIZE$	21.650	21.540	18.900	27.150	1.252

表6－3为股权资本成本的分组方差分析结果。财务重述公司的股权资本成本均值为0.164，高于配比组的非财务重述公司的0.159；财务重述公司的股权资本成本的中位数为0.144，高于配比组的非财务重述公司的0.132。通过均值差异的T检验和中位数的Chi-square检验显示差异显著。从分组比较的结果上看，本书可以初步判定财务重述公司的股权资本成本高于非财务重述公司。但是股权资本成本受到各种因素的影响，单变量方差分析的结果并不稳健，因此下文将控制影响因素进行多元回归分析。

表 6-3 股权资本成本的分组方差分析

	r_{PEG}			
	RES	COMP	差异	方差检验
均值	0.164	0.159	0.005	3.33*** (T-test)
中位数	0.144	0.132	0.012	4.09*** (Chi-square)

表 6-4 为股权资本成本模型各变量相关系数分析结果。财务重述虚拟变量和股权资本成本显著正相关，相关系数为 0.038，与前文的理论分析结果一致，财务重述导致公司的股权资本成本上升。公司 BETA 系数和公司规模与股权资本成本呈正相关，而公司账面市值比、财务杠杆、增长率、流动性、资产负债率与股权资本成本呈显著负相关，说明公司成长性越高、流动性越强、盈利能力越好，则公司的股权资本成本越低，与前文的理论分析结果相同。本章的假设 1 在单变量的相关性分析中基本得到证实，财务重述导致公司股权资本成本上升，但是确切的证据仍需要进一步的多元回归分析。

表 6-4 股权资本成本模型各变量相关系数分析结果

	r_{PEG}	DUMMY	BETA	DFL	GROWTH	LIQUID	MB	ROA	SIZE
r_{PEG}	1.000								
DUMMY	0.038***	1.000							
BETA	0.053***	-0.021*	1.000						
DFL	-0.077***	0.053***	-0.005	1.000					
GROWTH	-0.038***	-0.070***	-0.018	-0.072***	1.000				
LIQUID	-0.104***	-0.050***	0.112***	-0.061***	0.261***	1.000			
MB	-0.186***	-0.012	-0.167***	-0.150***	0.109***	0.308***	1.000		
ROA	-0.112***	-0.120***	-0.016	-0.051***	0.255***	0.034***	0.152***	1.000	
SIZE	0.134***	-0.014	0.112***	0.106***	0.071***	-0.230***	-0.402***	0.099***	1.000

2. 多元回归结果

表 6-5 为股权资本成本多元回归分析结果。表 6-5 中的（1）列为模型（6.1）股权资本成本的多元回归结果。财务重述虚拟变量与公司股权资本成本呈正相关，与

前文的预期符号一致，并且在 1% 水平上显著，说明财务重述确实导致公司股权资本成本上升，这与国外已有的 Kravet 和 Shevlin（2009）的理论分析相符，也与 Hribar 和 Jenkins（2004）的实证分析结果一致。财务重述表明财务重述公司之前的财务信息的不可靠与不可信，加剧了投资者和公司之间的信息不对称程度，加大了投资者的投资风险，因此投资者对财务重述公司的信心下降，可能要求更多的投资回报率，因此导致财务重述公司的股权资本成本上升。（1）列中股权资本成本其他影响因素的回归结果与前文的理论预期和现有的相关研究结果基本一致。*BETA* 系数代表公司的市场风险与股权资本成本呈显著正相关，与预期符号相同，说明公司的市场风险越高，投资者要求的投资回报率越高，公司的股权资本成本上升。公司财务杠杆与股权资本成本呈显著负相关，这与 MM 理论以及已有的研究结果一致，杠杆率越高说明公司的风险越大，投资者要求的投资回报率也高，因此公司的股权资本成本升高。公司账面市值比与股权资本成本呈正相关，但是影响不显著，具有较高账面市值比的公司都是新兴公司，面临较高的系统风险，因此投资者可能会要求更高的投资回报率。公司增长率与股权资本成本呈显著正相关，即公司成长性越高，风险越大，导致股权资本成本也较高。公司流动性与股权资本成本呈显著负相关，与理论预期和已有的研究结果基本一致，公司的流动性越强，交易成本越低，投资者要求的投资回报率将越低，因此，公司的流动性越强，股权资本成本越低。公司的资产收益率与股权资本成本呈显著负相关，即公司的盈利能力越强，投资者对公司的预期与信心越好，要求的投资回报率下降。公司规模与股权资本成本呈正相关，说明投资者对大规模公司要求的投资回报率相对较高。模型各个变量之间的 *VIF* 值为 0.75，最大值为 2.01，因此各变量之间不存在严重的多重共线性。

表 6-5 中的（2）列为模型（6.1）加入行业与年度控制变量的多元回归结果，结果基本不受影响，说明在控制行业和年度的影响后，财务重述与公司的股权资本成本依然呈显著正相关，财务重述会导致公司股权资本成本上升。其他控制变量的回归结果也基本不变。

表6-5 股权资本成本多元回归分析结果

Variable	(1)		(2)	
	Coefficient	t-Statistic	Coefficient	t-Statistic
C	0.080***	5.13	-0.057***	-3.10
$DUMMY$	0.004***	2.59	0.004***	3.04
$BETA$	0.007*	1.95	-0.004	-1.22
DFL	-0.005***	-8.07	-0.005***	-8.23
$GROWTH$	0.001***	0.26	-0.002	-1.45
$LIQUID$	-0.006***	-4.22	0.006***	3.30
MB	-0.004***	-11.20	-0.001	-0.58
ROA	-0.088***	-5.09	-0.104***	-6.33
$SIZE$	0.004***	6.33	0.011***	14.20
IND	controlled			
$YEAR$	controlled			
F值	56.38		68.29	
Adj. R^2	0.064		0.130	
N	7 590		7 590	

理论分析与多元回归的结果证明，财务重述与公司股权资本成本呈显著正相关，本章的假设1得到验证，财务重述导致公司股权资本成本上升。

6.3 财务重述公司债务期限结构实证分析

6.3.1 变量选择与模型设计

自20世纪70年代以来，国外学者有关公司债务期限结构的研究大体可以分为两个时期，传统的研究主要关注公司特征与债务期限结构的关系，主要分为四大类：①代理理论认为与债务相关的代理成本导致最优债务期限结构的存在，债务可以缓解投资不足问题（Myers，1997），抑制过度投资（Jensen，1986），减轻资产替代现象（Jensen-Meckling，1976），同时行业管制（Smith，1986）和公司规模（Jalilv & Harris，1984）也影响债务期限；②信息不对称理论，信息不对称导致交易成本（Flannery，1986）、公司价值（Kale-Noe，1990）和清算风险（Diamond，1991）不同，从而使公司债务期限不同；③期限匹配理论强调公司债务期限应该与公司的资产期限匹配（Morris，1976；Myers，1977；Emery，2001）；④税收理论认为公司应考虑债务的税盾收益以确定最优债务期限结构（Brick，Ravid，1985；Scholes-Wolfson，1992；Kane，1985；Sarkar，1999）。后续的研究用数据经验证实了上述理论，大多数的实证文献为代理理论、信息不对称理论及期限匹配理论提供了证据，而与债务期限结构的税收理论相一致的实证结论较少，例如 Barclay 和 Simth（1995）等的实证检验证实了代理理论，Stohs 和 Mauer（1996）等则检验证实了信息不对称理论，Kim 等（1995）证明了税收理论等。后期扩展的研究探讨了外部的制度环境对公司内部治理因素的影响，即外部法律、法规等正式制度和政治关系等非正式制度均会对公司债务期限结构产生影响（Demirguc-Kunt & Maksimovic，1999；Giannetti，2003；Fan，2006；Facci，2006；Charumilind，2006）。

最近几年，国内学者也从不同角度研究了公司债务期限结构的问题。这些研究基本按照国外学者对债务期限结构的理论分析展开，主要有以下几个部分：基于代理理论的研究最多，刘志远等（2008）在代理理论框架下，基于中国政府干预的背景进行实证研究，发现国有公司性质的终极控制人所控制的上市公司的长期负债比例偏高，而且终极控制人的行政级别越低，公司的长期负债比例越高。王泽填等（2008）发现由于代理成本，中国 A 股上市公司第一大股东持股比例与债务期限结构呈显著的 U 形曲线关系，说明当第一大股东持股比例较低的时候，大股东会通过使用短期债务显示自己减少代理成本的决心，但当第一大股东持股比例较高时，股权集中度与债务期限结构呈正相关，国有股比例尤其是国家股比例与债务期限结构呈显著正相关。肖作平（2007）通过对中国上市公司债务期限结构特征进行实证检验发现，中国受管制行业的债务期限结构相对高于其他行业，不同行业和不同地区之间的债务期限结构存在显著差异。江伟、李斌（2006）的研究发现相对于民营公司，国有上市公司更能获得国有银行的长期贷款，而在政府干预程度比较低和金融发展水平比较高的地区，国有银行对不同产权性质公司的差别贷款行为有所减弱。肖作平（2010）采用面板数据，应用 Logit 模型和排序选择模型进行检验发现，中国上市公司的公司治理影响债务期限结构，治理水平高的公司，其内部人（管理层和股东）受到更严格的监督，银行债权人更愿意提供长期贷款。杨胜刚、杨雪松、何靖（2007）则通过对分别以债务期限和债务杠杆为因变量的联立方程模型进行检验发现，由于中国上市公司的管理层持股比例普遍较低，管理层与公司股东之间的利益相关性远远未达到一致，因此，随着管理层持股比例的提高，管理者更关注公司的流动性风险，从而提高上市公司的债务期限。陶晓慧（2009）从资产替代角度出发，将过度投资作为资产替代行为的替代变量，发现过度投资的严重程度同债务期限结构呈正相关，说明短期债务通过增加还本付息的压力以及启动重新谈判的机制来抑制股东（管理层）通过资产替代侵害债权人利益的行为。

　　基于信息不对称理论的研究有：胡元木、王琳（2008）利用 1997—2005 年沪市 A 股上市公司的数据检验 Flannery 和 Diamond 的模型，发现总体看来，信息不对称程度较高时，低风险和高风险上市公司均选择短期债务，中等风险公司则选择长期债务，与理论模型预期一致。但是当信息不对称程度降低后，上述两个模型均未得到数据结果的支持。杨兴全、宋惠敏（2006）对债务期限结构的影响因素进行实证研究发现，公司的资产负债率与债务期限结构存在显著正相关关系，资产期限长的公司债务期限更长，这为清算假说和匹配假说提供了支持。袁卫秋（2005）认为公司的债务期限结构是公司权衡短期债务的优势与缺陷后的结果，是公司在财务实力基础上权衡债务成本和财务灵活性后的理性选择，因此其认为尽管中国上市公司短期债务比例偏高，却是其理性选择的结果。孙铮、刘凤委和李增泉（2005）的研究表明，公司所在地的市场化程度越高，政府对公司的干预程度越低，则公司长期债务的比重越低，因此他们认为在司法体系不能保证长期债务契约得以有效执行的情况下，政府关系是一种重要的替代机制。刘国亮、李斌（2009）则从区域金融发展的角度进行研究，发现公司所在地金融体系发展得越好，其短期债务比例越高，金融体系的发展与地区差异使得公司融资行为的理性表现呈现出某些特殊性，债务期限结构表现为以短期债务为主。李健和陈传明（2013）以上市公司为对象的面板数据实证结果表明，企业家政治关联对企业债务期限结构具有显著正向影响，但细分政治关联层级之后发现，企业家地方政治关联对企业债务期限结构的正向影响要显著强于中央政治关联。王汀汀等（2015）发现生命周期对债务期限结构有重要影响，长期负债占比在企业初创期和成长期不断上升，在企业成熟期逐渐下降。资产期限、公司规模和杠杆率与债务期限呈正相关，自由现金流量与债务期限呈显著负相关。张长海等（2016）以我国 2001—2011 年 A 股房地产上市公司为样本，研究了货币政策、区域金融发展与企业债务期限结构的关系。研究结果发现：宏观货币政策和地区金融发展水平对企业债务期限结构具有显著影响；在宽松的货币政策下，企业的短期债务越多，企业的短期债务水平与区域金融发展水平呈显著正相关；但地区金融发展水平不但没有放大货币政策对债务期限结构的影响，反而削弱了货币政策的影响，从而与货币政策存在替代效应。徐晨阳和王满（2017）的研究表明客户集中度与债务期限结构呈显著正相关，即客户集中度高的公司会更多地选择长期债务融资；客户关系改变了公司债务期限结构选择行为，扭曲了债务期限结构的治理功能。

这些研究虽然未对中国上市公司的债务期限结构决定因素得出一致结论，但是根据这些理论与经验证据，本书选择以下影响公司债务期限结构的因素：

财务重述（DUMMY）：财务重述代表公司的信息质量可能存在问题，会加剧银行与公司间的信息不对称程度，因此银行可能会对财务重述公司的贷款更加谨慎，预期符号为负。

规模（SIZE）：大规模公司破产违约的可能性小、信誉相对较高，而且公司的信息披露制度相对较为完善，因此银行贷款安全性相对小规模公司要高，预期符号为正。

资产期限结构（FA）：固定资产可以作为公司的抵押资产，一旦公司破产，公司无法偿还债务时，债权人只能从抵押资产清算中获得补偿。公司的固定资产比例越高，抵押资产就越多，公司的清算价值将越高。因此，在其他条件相同的情况下，银行将会更倾向于贷款给抵押资产高的公司，特别是长期贷款，由于期限长，风险更大，其比短期贷款更加依赖于预期的抵押资产，故资产期限结构的预期符号为正。

资产收益率（ROA）：具有良好盈利能力的公司破产风险小，违约的可能性低，因此盈利能力高的公司更容易获得银行的长期贷款，预期符号为正。

资产周转率（TURNOVER）：根据饶艳超等（2005）的问卷调查，银行信贷人员在进行信贷决策时，除了关注公司的偿债能力外，还比较关注公司的盈利指标和资产管理效率指标。因此，本书选择资产周转率衡量公司的资产管理效率。公司的资产管理效率较高，银行可能给予其更长的债务期限结构，因此资产周转率预期符号为正。

账面市值比（*MB*）：账面市值比高的公司多属于新兴行业，经营上存在较大风险，因此难以获得足够的银行贷款，特别是长期贷款。但是从另外一个角度理解，账面市值比高代表公司未来的增长能力强，账面市值比高的公司可能由于政策支持等各方面的原因能够获得更多的银行长期贷款，所以账面市值比的预期符号有待检验。

资产负债率（*LEV*）：公司的资产负债率高，代表公司的自有资本比例低，缺乏来自资本市场的长期资金支持，因此可能需要在借贷市场上获得更多的长期贷款（孙铮等，2005），故其预期符号为正。

公司实际控制人类型（*OWNER*）：中国银行在进行贷款决策时可能存在"身份歧视"。一方面，国有银行可能出于政治目的而非盈利考虑贷款给国有上市公司；另一方面，国有上市公司通常比民营公司存在更为软化的预算约束，降低了国有上市公司长期债务的违约可能。因此，银行更愿意为国有上市公司提供更多的长期贷款。国内学者孙铮等（2006）发现作为反映政府与公司关系的主要变量，所有权性质会降低会计信息在公司债务契约中的作用。廖秀梅（2007）的研究也发现，会计信息的信贷决策有用性在所有权层面被削弱，主要原因在于上市公司和银行终极所有人均为政府时，银行缺乏对债务人进行调查监督的动力。方军雄（2007）以1996—2004年的工业公司为研究对象，对比国有公司和"三资"工业公司的负债情况发现，相对于"三资"工业公司，银行发放给国有工业公司的贷款更多、期限较长的贷款比重较高。因此，本书引入公司实际控制人类型控制上市公司产权性质对债务期限结构的影响，公司实际控制人类型的预期符号为正。

行业（*IND*）和年度（*YEAR*）：行业经营特征和宏观经济形势的变化也会影响公司的债务期限结构。

鉴于上述分析，本书主要采用模型（6.2）展开研究，以分析财务重述对公司债务期限结构的影响。具体的变量定义见表6–6。

$$DEBTTIME = \beta_0 + \beta_1 DUMMY + \beta_2 SIZE + \beta_3 FA + \beta_4 ROA + \beta_5 TURNOVER +$$
$$\beta_6 MB + \beta_7 LEV + \beta_8 OWNER + IND + YEAR + \varepsilon \qquad (6.2)$$

表6-6　公司债务期限结构模型各变量定义

变量	预期符号	变量定义
DEBTTIME		由于中国上市公司的应付债券、长期应付款以及其他长期负债的数量很少，所以本书主要研究的是银行借款期限结构，计算公式为：长期借款／（短期借款＋一年内到期的长期借款＋长期借款）
DUMMY	－	财务重述虚拟变量，如果公司为财务重述公司则取值为1，为配比组的非财务重述公司则取值为0
SIZE	＋	公司规模，取公司上年度总资产的自然对数，控制公司规模的影响
FA	＋	公司资产期限结构，计算方法：固定资产合计/资产总额
ROA	＋	公司资产收益率，计算方法：净利润／［（资产合计期末余额＋资产合计上期末余额）／2］，考察公司盈利能力的影响
TURNOVER	－	公司资产周转率，计算方法：营业收入／［（资产合计期末余额＋资产合计上期末余额）／2］
MB		$MB = \dfrac{每股价格 \times 流通股份数 + 每股净资产 \times 非流通股份数 + 负债账面价值}{资产总额}$
LEV	＋	公司资产负债率，计算方法：总负债/总资产
OWNER	＋	公司实际控制人类型，如果公司实际控制人为国有性质则取值为1，如果为非国有性质则取值为0
IND		20个行业虚拟变量，控制行业差异影响，行业按照证监会发布的行业分类指引，制造业选择二级行业，其他行业则选择一级行业，以综合类行业为基准行业
YEAR		年份虚拟变量，控制宏观经济的影响，以2005年为基准年

6.3.2　实证结果分析

1. 描述性统计结果

表6-7为债务期限结构模型各变量描述性统计结果。从表中可知样本公司债务期限结构均值为0.259，说明样本公司的长期借款平均占到年初总资产的25.9%。而资产负债率均值为0.486，负债比重较高，其中的长期借款比例较低，这可能与中国上市公司存在的短债长借情况有关。公司实际控制人类型的均值为0.510，表明样本中有51%为国有公司。

表6-7　债务期限结构模型各变量描述性统计结果

	DEBTTIME	DUMMY	SIZE	FA	ROA	TURNOVER	MB	LEV	OWNER
均值	0.259	0.500	21.65	0.254	0.029	0.646	2.128	0.486	0.510
中位数	0.216	0.500	21.54	0.222	0.031	0.531	1.441	0.483	1.000
最小值	0	0	18.90	0.002	-0.293	0.038	0.231	0.047	1.000
最大值	1.000	1.000	27.15	0.784	0.206	2.738	11.45	1.467	0
标准差	0.282	0.500	1.252	0.181	0.0701	0.483	2.093	0.250	0.500

表6-8为债务期限结构的分组方差分析结果。财务重述公司的长期负债比例均值为25.1%，而配比组的长期负债比例均值为26.6%，高于财务重述公司1.5百分点。财务重述公司的长期负债比例中位数为19.7%，配比组的中位数为22.5%，同样高于财务重述公司。根据分组比较的结果，本章的假设2得到初步验证，财务重述公司长期负债比例低于配比组，但是方差分析的结果并不显著，因此本书需要进行进一步的多元分析以获得更科学的证据。

表6-8　债务期限结构的分组方差分析

	DEBTTIME			
	RES	COMP	差异	方差检验
均值	0.251	0.266	0.015 **	2.36（T-test）
中位数	0.197	0.225	0.028 ***	5.376（Chi-square）

表6-9为债务期限结构模型各变量相关系数分析结果。被解释变量债务期限结构和财务重述呈显著负相关关系，与前文的理论预期相符。由于相关系数分析为两两变量之间的初步相关性分析，未控制其他影响因素，下文将加入其他控制变量进行多元回归以检验本章的假设2。债务期限结构与其他控制变量的关系也基本呈显著的相关性，说明模型所选择的控制变量基本合理。这些控制变量与被解释变量之间的关系基本符合前文的理论预期。各个解释变量之间的相关程度较低，因此将这些自变量放进同一个模型中不会出现严重的多重共线性问题。

表6-9 债务期限结构模型各变量相关系数分析

	DEBTTIME	DUMMY	SIZE	FA	ROA	TURN-OVER	MB	LEV	OWNER
DEBTTIME	1.000								
DUMMY	-0.027**	1.000							
SIZE	0.325***	-0.014	1.000						
FA	0.110***	0.017	0.128***	1.000					
ROA	0.067***	-0.120***	0.099***	-0.146***	1.000				
TURN-OVER	-0.186***	-0.061***	0.098***	0.035***	0.127***	1.000			
MB	-0.131***	-0.012	-0.402***	-0.210***	0.152***	-0.099***	1.000		
LEV	0.082***	0.114***	0.187***	0.106***	-0.424***	0.083***	-0.274***	1.000	
OWNER	0.086***	0.015	0.194***	0.177***	-0.059***	0.078***	-0.074***	0.122***	1.000

2. 多元回归结果

表6-10为债务期限结构模型多元回归分析结果。表6-10中的（1）列为未控制年份、行业的总体回归结果，财务重述和公司债务期限结构呈显著负相关关系，说明财务重述公司的债务期限结构短于配比组的非财务重述公司，这也说明银行在进行信贷决策时关注了公司的财务重述情况。因此银行在签订信贷合约时，倾向于向财务重述公司提供相对较短的债务期限结构，以规避财务重述可能潜在的违约风险。

其他控制变量的回归结果与前文的理论预期和已有的研究结果基本一致。公司规模、资产期限结构、资产收益率和公司债务期限结构呈正相关，即公司规模越大，固定资产比例越大，以及公司的盈利能力越好则公司的债务期限结构越长。公司资产周转率和债务期限结构呈显著负相关，公司资产周转率越高，债务期限结构越长，这可能与公司的债务需求有关。公司账面市值比和债务期限结构呈负相关，但是结果不显著。公司资产负债率和债务期限结构呈正相关。公司实际控制人类型和债务期限结构呈正相关，且在5%水平上显著，说明国有公司债务期限结构长于非国有公司，与孙铮等（2006）、江伟和李斌（2006）、廖秀梅（2007）、方军雄（2007）的研究结论相同，即中国银行在发放长期贷款时对不同性质的公司存在着"身份差别"，公司的产权性质影响会计信息在贷款决策中的有用性。经计算，各个变量之间的 *VIF* 值为 2.44，最大值为 3.17，因此模型各个变量之间不存在严重的多重共线性问题。

表 6 - 10 中的（2）列为控制年度和行业后的回归结果，结果与（1）列基本一致。财务重述与公司债务期限结构呈负相关，且在 1% 水平上显著。因此本章的研究假设 2 获得了经验数据的有力支持，从总体样本看，财务重述会显著影响公司的债务期限结构，不论对贷款存量还是对新增贷款结构均存在明显影响。究其原因可能在于财务重述作为一种临时公告形式出现会传递企业的风险信号，银行在进行信贷决策时会考虑其信息含量，因而在放贷时提供较短的债务期限。已有的研究表明中国上市公司存在有目的地选择财务重述报告公布时间的现象，谢雨婷（2009）的研究表明中国上市公司存在早公布好消息，滞后公布坏消息的情况，存在财务重述报告公布时间的选择问题。因此不排除上市公司为了获得贷款推迟公布财务重述报告以消除财务重述报告的不良影响，甚至也不排除财务重述公司为了获得贷款而故意错述公司年报，在获得贷款之后再进行财务重述的可能。已有的研究表明银行进行信贷决策时会关注公司的财务信息，特别是一些财务指标（饶艳超、胡弈明，2005；廖秀梅，2007），因此上市公司存在为了获得更长期贷款而对这些财务指标进行造假的动机（叶志锋，2009）。同时，中国上市公司的财务重述很多涉及核心会计指标的更正（李常青等，2008），因此，不排除上市公司故意利用财务重述修正或者掩饰之前的造假行为的可能。

表 6 - 10　债务期限结构模型多元回归分析结果

Variable	(1)		(2)	
	Coefficient	t-Statistic	Coefficient	t-Statistic
C	- 1. 206 ***	- 15. 09	- 1. 185 ***	- 12. 92
DUMMY	- 0. 020 ***	- 3. 14	- 0. 018 ***	- 2. 95
SIZE	0. 067 ***	18. 29	0. 064 ***	15. 09
FA	0. 127 ***	4. 45	0. 086 ***	2. 79
ROA	0. 466 **	8. 44	0. 325 ***	6. 04
TURNOVER	- 0. 143 ***	- 14. 82	- 0. 121 ***	- 12. 92

（续上表）

Variable	(1)		(2)	
	Coefficient	t-Statistic	Coefficient	t-Statistic
MB	− 0.001	− 0.70	0.002	1.37
LEV	0.095 ***	5.34	0.055 ***	3.10
OWNER	0.016 **	2.05	0.006	0.80
IND			controlled	
YEAR			controlled	
F 值	84.23		56.75	
Adj. R^2	0.172		0.231	
N	7 590		7 590	

由本书第 4 章的研究结论可知，财务重述公司存在更严重的以操纵性应计利润为代表的盈余管理。那么银行是否会对这些盈余管理行为严重的财务重述公司的债务期限结构进行调整呢？

3. 稳健性检验

由本书第 4 章的研究发现，财务重述公司存在更严重的以操纵性应计利润为代表的盈余管理，因此本书在模型（6.2）的基础上加入盈余管理虚拟变量 EM，考察银行能否对财务重述样本中存在严重盈余管理的公司的债务期限结构进行控制。

$$DEBTTIME = \beta_0 + \beta_1 EM \times DUMMY + \beta_2 DUMMY + \beta_3 SIZE + \beta_4 FA + \beta_5 ROA +$$
$$\beta_6 TURNOVER + \beta_7 MB + \beta_8 LEV + \beta_9 OWNER + IND + YEAR + \varepsilon$$

$$(6.3)$$

EM：盈余管理虚拟变量，以本书第 4 章修正的 Jones 模型计量的 |DA| 作为盈余管理的衡量，如果样本处于财务重述样本中 |DA| 的前 25% 分位上则取值为 1，否则为 0。EM 预期符号为负。其他变量定义同模型（6.2）。

债务期限结构模型（6.3）多元回归结果见表 6 - 11。表 6 - 11 中的（1）列为未加入行业和年度控制变量的回归结果。EM × DUMMY 的系数为 − 0.026，在 10% 水平上显著。表 6 - 11 中的（2）列为加入行业和年度控制变量的回归结果，结果和（1）列基本相同。*EM × DUMMY* 的系数为 − 0.030，在 5% 水平上显著。因此，多元回归结果说明在财务重述样本中，盈余管理严重的公司债务期限结构明显短于其他公司，银行对于存在严重盈余管理行为的财务重述公司会控制其债务期限结构。

其他控制变量的回归结果与模型（6.2）的结果基本相同，在此不再重复说明。

表 6 – 11　债务期限结构模型（6.3）多元回归结果

Variable	(1)		(2)	
	Coefficient	t-Statistic	Coefficient	t-Statistic
C	− 1.237 ***	− 15.45	− 1.191 ***	− 12.99
EM × DUMMY	− 0.026 *	− 1.68	− 0.030 **	− 2.00
DUMMY	− 0.016 **	− 2.30	− 0.012 ***	− 1.93
EM	0.074 ***	6.19	0.054 ***	4.74
SIZE	0.069 ***	18.53	0.064 ***	15.09
FA	0.120 ***	4.26	0.080 ***	2.60
ROA	0.465 ***	8.48	0.329 ***	6.12
TURNOVER	− 0.141 ***	− 14.71	− 0.120 ***	− 12.86
MB	− 0.002	− 0.93	0.002	0.95
LEV	0.081 ***	4.54	0.047 ***	2.64
OWNER	0.016 **	2.08	0.007	0.84
IND			controlled	
YEAR			controlled	
F 值	74.84		55.00	
Adj. R^2	0.179		0.234	
N	7 590		7 590	

6.4　本章小结

财务报告的首要目标就是为现在和潜在的投资者、债权人以及其他信息使用者提供其作出理性投资、信贷和相似决策所需的有用信息。因此，财务报告信息对公司的融资行为会产生重要影响。

从股权融资角度看，高质量的会计信息能够降低投资者和上市公司之间的信息不对称程度，降低投资者对股票的估计风险水平，提高股票的流动性，降低交易成本，增加股票需求，从而降低投资者要求的投资回报率，降低上市公司股权资本成本；相反，低质量的会计信息则会加剧投资者与上市公司之间的信息不对称程度，提高投资者对股票的估计风险水平，从而导致公司股权资本成本上升。财务重述表明先前财务报告的低质量和不可信（Anderson & Yohn，2002）。因此财务重述可能扭曲会计信息的定价和治理功能，会引起公司股权资本成本的上升。随着中国股票市场供给方、需求方和监管部门等的不断发展与变化，2001 年以后，中国股票市场已经逐步具备信息披露质量影响股权资本成本的条件。学者们的经验数据研究也证实中国上市公司的信息披露影响其股权资本成本。但是对于财务重述这一特殊的会计信息披露形式对公司股权资本成本的影响研究，目前国内的研究尚未涉及。

上市公司融资的另外一个重要渠道债务融资也对会计信息质量提出高要求，债务契约签订双方存在信息不对称，需要高质量的会计信息保障债权人的权益。随着中国银行商业化改革的深入，银行的贷款风险意识不断加强，银行有需求与动力防范贷款风险。银行会考察贷款债务人的财务状况与违约风险，而降低贷款风险十分重要的手段之一就是充分关注债务人的会计信息以及会计信息质量，以降低银行与债务人之间的信息不对称。因此，中国开始逐渐具备了财务信息影响银行的信贷决策的制度背景与商业环境。中国上市公司频繁的财务重述行为表明公司的会计信息可能存在问题，作为公开披露的以临时报告形式出现的财务重述报告也理应是银行债权人关注公司的财务状况或者财务报表质量的信息来源之一。财务重述报告会使银行债权人更多关注公司的经营质量与会计信息质量。而在中国贷款利率浮动区间有限的前提下，为降低放款给财务重述公司的贷款风险，缩短债务期限是中国商业银行防范债务人违约风险的可能选择之一。

因此，本章在结合中国制度背景进行理论分析的基础上提出两个研究假设，即财务重述导致公司股权资本成本上升以及财务重述会影响公司的债务期限结构。首先，本章利用经验数据检验财务重述对公司股权资本成本的影响，具体采用 r_{PEG} 方法计算公司股权资本成本，并将财务重述公司和非财务重述公司的股权资本成本进行方差分析，初步发现财务重述公司股权资本成本高于非财务重述公司的证据。随后考虑控制公司股权资本成本的各个影响因素后的多元回归分析结果表明，财务重述确实和公司的股权资本成本呈显著正相关关系，财务重述公司股权资本成本高于非财务重述公司，本章的假设 1 获得经验数据的支持。

本章还对中国上市公司另外一个重要的融资渠道银行贷款进行研究，以债务期限结构作为研究对象，通过单变量分析和多元回归分析发现财务重述公司的债务期限结构短于配比组的非财务重述公司，回归分析结果也支持了前文的理论预期，因此从财务重述总体样本来看，本章的假设 2 也获得了确切的数据支持。此外，加入盈余管理虚拟变量的回归结果显示银行会缩短存在较严重的盈余管理行为的财务重述公司的债务期限结构。

7 财务重述经济后果——行业效应

财务重述作为上市公司的信息披露行为，必然会产生相应的经济后果，前文已对财务重述对公司自身的经济后果进行了理论分析与实证研究。根据产业组织理论和信息理论，一个行业内的公司的信息披露行为也会对行业内其他公司产生影响，关于财务重述这一信息披露行为会对行业内其他公司产生怎样的影响，存在信息传递效应和竞争效应两种观点。究竟在中国制度背景下，财务重述的行业效应如何，已有研究尚未给出答案。因此，本章就行业层面的财务重述经济后果进行研究，探讨财务重述对行业资源配置的影响。

7.1 理论分析

根据产业组织理论和信息理论，公司的财务重述也可能给行业内的其他公司带来影响，从而影响整个行业的资源配置。关于财务重述对行业的影响，在理论上存在两种不同的说法，一种认为财务重述有信息传递作用。财务重述说明公司先前的盈余质量存在问题，使人们对财务重述公司的管理水平、盈利能力特别是会计信息质量产生怀疑。那么作为同一行业的其他公司，它们所面临的环境相似，是否也存在会计信息质量问题呢？因此，信息的传递作用会使投资者对财务重述公司所处的整个行业的会计信息质量产生怀疑，使整个行业的公司价值受到损害。另一种与信息传递效应相反的理论认为，由于竞争效应，财富在行业内重新分配。财务重述是由于财务重述公司自身的特殊原因导致的，财务重述使公司在行业中的竞争地位下降，投资者对财务重述公司未来盈余的信心下降，但提高了投资者对同行业其他公司的盈余预期，因此，财务重述给同行业其他公司带来了公司价值上升的利好消息。

那么究竟是哪种效应在起作用呢？Tan 等（2006）使用 GAO（2002）的 845 家财务重述公司进行财务重述的行业效应研究，对比财务重述报告公布前后一天公司的累计超常收益率（CAR）和其所处行业股票的累计平均超常收益率（CAAR）发现，CAAR 与财务重述公司的 CAR 呈同向变化，由此本书认为信息传递效应超过了竞争效应。由于投资者对财务重述公司及其行业的未来短期盈余的预期发生变化，所以财务重述公司及其行业的股票出现了 CAR 的同向变化。Akhigbe 和 Madura（2008）也支持财务重述的行业信息传递效应，其更细致地研究了财务重述公司特征及行业特征，认为如果财务重述是盈余下降的财务重述，财务重述并非由于公司欺诈，或者财务重述发生在行业泡沫破灭时期，以及财务重述发生在安然事件之后，则会加重财务重述在行业内的传递作用。在行业特征方面，盈余相似度高，高水平的应计和无形资产，低销售增长率和高股价波动也会加重财务重述的信息传递效应。Gleason 等（2008）的实证研究也得出了相同的结论，其认为产业中相对较大规模公司的财务重述以及产业中高水平的应计会引起产业内的信息传递作用，若使用相同的外部审计师，则这种信息传递作用更明显。

现实经济生活中财务重述现象在中国普遍存在，但其似乎尚未引起中国学术界的足够关注，关于财务重述经济后果的研究相对较少，已有的实证研究更多集中于财务重述公司自身的市场反应，考察财务重述对上市公司自身的市场价值影响。

陈凌云（2006）根据补充、更正公告的内容及出具动机将公告进行分类检验，发现主动补充更正型公告有正向的短期市场反应，而监管型公告的短期市场反应则显著为负。周洋和李若山（2007）根据财务重述报告信息的性质和可能对股价产生的影响将报告分为好消息型、坏信息型、不确定型和无影响型，研究发现，好消息型和坏信息型的财务重述报告将分别带来显著正向和负向的影响，表明财务重述报告具有明显的信息含量。魏志华等（2008，2009）的研究发现财务重述报告整体而言具有微弱的负面市场反应，但不同类型财务重述报告的市场反应各异，投资者关注财务重述报告的焦点在于财务重述是否影响公司价值判断。李世新和刘兴翠（2012）基于事件研究的方法发现，财务重述具有显著的负面市场反应，且不同类型的财务重述报告市场反应各异，由收入问题引发的财务重述负面反应最为明显。可见，尽管分类标准、样本范围选择不一，但国内研究在财务重述报告影响上市公司市场价值上得到了基本一致的结论。

关于财务重述报告对行业的影响，基于西方市场环境和制度背景得出的研究结论并不一定适用于中国，中国上市公司发布财务重述报告是否会对其所处行业产生影响，如果有影响，其具体的影响如何，是存在信息传递效应还是竞争效应，国内目前尚未发现有相关研究。因此，本章选择上市公司年报财务重述的行业效应问题进行研究。

7.2　研究设计

7.2.1　上市公司年报财务重述市场反应的计量

1. 上市公司年报财务重述公告的短期市场反应

本书采用事件研究法计量上市公司年报财务重述公告的短期市场反应。

①事件窗口的选择。本书将对公司年报财务重述公告的短期市场反应进行研究，因此集中事件窗口于年报财务重述公告日附近，以降低信息噪声的影响。本书以上市公司发布年报补充或更正公告当天或其后的第一个交易日作为事件日，选取公告日期前后 3 个交易日（-3，+3）作为事件窗口进行考察。

②估计窗口的选择。估计窗口时间的选择一方面需要纳入尽可能多的观察值以提高回归估计的准确度，另一方面所选取交易日跨度也不应过大，以免所估计出的关系不再适用于公司目前的情况。参考国内外学者（Strong，1992；Campbell et al.，1997；魏志华等，2009）相关研究主题的理论分析与实证方法，本书选取公告事件前（-186，-6）共 180 个交易日作为估计窗口。

③个股超常收益率的估计。学术界估计正常收益率的模型有均值调整法、市场调整法和市场模型法等，不同的计算方法在累计超常收益率计算结果的量上可能存在一定差异，但是不会改变累计超常收益率的方向，因此本书采用市场模型作为个股正常收益率的预测模型，$R_{compit} = \alpha_i + \beta_i R_{mt} + \varepsilon_{it}$，其中，日个股收益率 R_{compit} 是考虑了现金分红、送股、配股等因素后的收益率；市场指数收益率 R_{mt}，沪市样本选择上证指数（000001），深市样本选择深证综指（399106）。首先，根据上述方程估计出 α 和 β，并将市场收益率代入，可得个股正常收益率期望值，即 $E(R_{compit}) = \alpha + \beta R_{mt}$；其次，计算个股在事件窗口内各个交易日的超常收益率即 $AR_{compit} = R_{it} - E(R_{it})$；最后计算累计超常收益率，即 $CAR_{compit} = \sum AR_{compit}$。

2. 财务重述公司所处行业的短期市场反应

本书选择证监会公布的行业分类标准，并细化至三级大类分类代码。①财务重述公司所处行业对财务重述报告的短期市场反应，本书同样选择上述的事件研究法进

---

① 具体分类标准详见 2001 年中国证监会发布的《上市公司行业分类指引》。本书所指行业分类均按照证监会公布的行业分类标准，并细化至三级大类。

行计量，CAR_{ind} 估计与公司 CAR_{comp} 估计的方法相同，对于市场指数收益率选择行业指数收益率进行计算。

7.2.2 研究模型与变量定义

对于上市公司年报财务重述的行业效应检验，本书主要参考 Gleason 等（2008）和 Akhigbe 等（2008）的做法，考察财务重述报告事件窗口内公司的 CAR 和行业的 CAR 之间的相关关系。上市公司年报财务重述行业效应的检验模型如下：

$$CAR_{ind} = a_0 + a_1 CAR_{comp} + a_2 Control\ variable + \varepsilon_i$$

CAR_{ind} 代表财务重述公司所处行业事件窗口内的累计超常收益率，CAR_{comp} 代表财务重述公司事件窗口内的累计超常收益率，$Control\ variable$ 为与 CAR_{ind} 和 CAR_{comp} 有关的控制变量。对于控制变量的选择主要基于以下考虑：

1. 财务重述报告性质与内容方面的控制变量

信息本身的内容与性质会影响投资者对信息的判断与反应。人们在获取信息时，常常会将信息按一定的序列排序，有时会给予排列中最先到来者以优势地位（称为首位效应，见李心丹，2004）。因此，同行业中首个发布财务重述报告的上市公司可能会得到投资者更多的关注，对行业的影响更为显著（Akhigbe et al.，2008），故本书选择是否为行业内首家发布财务重述报告的 *FIRST* 变量作为影响财务重述行业效应的控制变量，预期符号为正。

市场上的投资者对于信息的处理存在时序性，如果披露的相关信息是关于 2006 年以前年度的，则存在严重的信息滞后性，市场上有更多更新的公司或行业信息披露，此信息与财务重述公司所处行业的相关性与及时性大大减弱。由于时效性的散失，投资者可能对此类信息反应较为"冷淡"，因此本书选择财务重述内容是否关于 2006 年以前年度的 *FORM* 变量作为控制变量，预期符号为负。

中国的财务重述报告形式多样，涉及三大主要报表[①]、报表附注及年报中的其他内容。在数量繁多的年报信息中，投资者相对更关注三大报表中的信息，因此，本书选择财务重述内容是否涉及主要财务报表的 *MAIN* 变量作为控制变量之一，预

---

① 本书以 2007 年发布财务重述报告的上市公司为样本，2007 发布的财务重述报告主要是关于 2006 年年报内容的补充、更正、修改，因此适用 2002 年颁布的《企业会计准则》，主表为三大主要报表。

期符号为正。

2. 公司特征控制变量

自 1999 年我国监管机构提出"超常规发展机构投资者"的决断后，我国机构投资者得到迅速的发展。截至 2006 年底，机构投资者入市规模已占 A 股流通市值的 30% 左右。国内外的研究也表明机构投资者能够提高公司的信息质量，并减少财务重述（Gazzar，1998；崔学刚，2004；程书强，2006；姚瑶等，2010）。那么机构投资者持股对行业的信息传递作用是否存在影响？因此本书选择机构投资者持股的 FUND 变量作为影响行业效应的公司特征控制变量之一，预期符号为负。

Akhigbe 等（2008）认为大规模公司受到市场更多的关注，信息透明度更高，由于大规模公司的财务重述报告可能部分被事前预测到了，大规模公司的财务重述报告的行业信息传递效应较小。因此本书选择财务重述公司在行业中的相对规模 SIZE 变量作为控制变量之一，预期符号为负。

由于我国证券市场的发展历史原因，我国股市分为沪、深两市，两市定位不同，上市公司特点也有所区别，沪市有较多的大盘蓝筹股，深市主要面对中小企业。由于公司所处证券交易所不同，当发布财务重述报告时，其在行业中的信息传递效应将存在差异。因此本书选择上市公司所在证券交易所的 EXCHANGE 变量作为控制变量之一。

3. 行业特征控制变量

行业性质不同，投资者对信息的关注度不同，借鉴 Lang 和 Stulz（1992），Laux 等（1998）及 Akhigbe 等（2008）的关于行业信息传递效应的研究，本书选择 Herfindahl 指数作为衡量行业集中度和竞争情况的标准[①]。当行业可容纳的公司数目一定时，Herfindahl 指数越小，则一个产业内相同规模的公司就越多，行业内公司之间的竞争越激烈，公司行为的相互影响程度越大。因此，Herfindahl 指数越小，市场竞争强度越大；反之，Herfindahl 指数越大，市场竞争强度越小，公司行为的行业效应将降低。因此，本书选择 Herfindahl 指数作为控制变量之一，其预期符号为负。

---

① Herfindahl 指数计算公式：$HHI = \sum_{i=1}^{n} (x_i/x)^2 = \sum_{i=1}^{n} S_i^2$。$x$ 代表行业的总规模，取行业中全部企业的年个股总市值之和；x_i 代表 i 企业的规模，选择企业年个股总市值；$S_i = x_i / x$，代表 i 企业的市场占有率；n 代表该行业内的企业数。

具体的变量定义与计量见表 7 – 1。

表 7 – 1 变量定义与计量

变量类型	变量名称		变量	变量描述
因变量	行业累计超常收益率		CAR_{ind}	财务重述公司所处行业在事件窗口内的累计超常收益率
解释变量	财务重述公司累计超常收益率		CAR_{comp}	财务重述公司在事件窗口内的累计超常收益率
控制变量	财务重述报告性质与内容	是否为行业内首家发布财务重述报告的公司	$FIRST$	为行业内首家公布财务重述公告的公司取 1，否则取 0
		财务重述内容是否关于 2006 年以前年度	$FORM$	财务重述内容关于 2006 年以前年度的取 1，否则取 0
		财务重述内容是否涉及主要财务报表	$MAIN$	财务重述内容涉及主要财务报表取 1，否则取 0
	公司特征	机构投资者持股	$FUND$	上市公司的基金公司持股数量若在所有样本公司中处于前四分之一的取 1，否则取 0
		公司相对规模	$SIZE$	公司市值/公司所处行业总市值，处于行业前四分之一的取 1，否则取 0
		所在证券交易所	$EXCHANGE$	当公司在上海证券交易所上市时取 1，在深圳证券交易所上市时取 0
	行业特征	行业竞争度	HHI	公司市值的 Herfindahl 指数

7.3 实证研究结果

7.3.1 上市公司年报财务重述市场反应的描述性统计

表7-2 财务重述公司财务重述报告披露前后三天的超常收益率

	样本数	均值	标准差	上四分位	中位数	下四分位
平均超常收益率						
AR_{-3}	3 795	−0.002 5	0.011 3	−0.012 1	−0.000 1	0.004 4
AR_{-2}	3 795	−0.006 8	0.011 4	−0.016 4	−0.004 3	0.000 2
AR_{-1}	3 795	−0.004 5	0.010 2	−0.009 8	−0.002 4	0.000 4
AR_0	3 795	−0.003 5	0.010 2	−0.008 7	−0.001 3	0.001 5
AR_{+1}	3 795	−0.005 3	0.009 9	−0.010 5	−0.003 4	−0.001
AR_{+2}	3 795	−0.003 2	0.009 9	−0.008 4	−0.001 3	0.001 1
AR_{+3}	3 795	−0.004 5	0.010 2	−0.009 6	−0.001 6	0.000 8
累计超常收益率						
$CAR_{(-1,+1)}$	3 795	−0.015 4	0.050 4	−0.031 7	−0.011 5	0.005 1
$CAR_{(-2,+2)}$	3 795	−0.018 7	0.050 5	−0.035 1	−0.014 8	0.001 8
$CAR_{(-3,+3)}$	3 795	−0.016 8	0.050 4	−0.033 1	−0.012 9	0.003 7

不同于国外学者得到的财务重述事件窗口前后几日约有 −10% 的市值波动（GAO，2002；WU，2002；Palmrose，et al.，2004；Scholz，2008），国内已有研究发现虽然市场对财务重述报告存在一定反应，但是反应较弱（陈凌云，2006；周洋、李若山，2007；魏志华等，2009）。本书的研究得到与国内学者基本一致的结果，即在上市公司发布财务重述报告的短事件窗口内，市场对财务重述报告总体存在一定负面反应，但是反应相对较弱，在（−1，+1）窗口内约有 −1.5% 的累计超常收益率，在（−2，+2）窗口内约有 −1.9%，在（−3，+3）窗口内则约有 −1.7%。

7.3.2 上市公司年报财务重述行业效应的描述性统计

表 7-3 财务重述公司财务重述报告披露前后三天所处行业的累计超常收益率

累计超常收益率	样本数	均值	标准差	上四分位	中位数	下四分位
$CAR_{(-1,+1)}$	3 795	-0.006 1	0.028 2	-0.018 5	-0.004 2	0.007 2
$CAR_{(-2,+2)}$	3 795	-0.006 6	0.028 3	-0.019 1	-0.004 7	0.006 7
$CAR_{(-3,+3)}$	3 795	-0.004 9	0.027 6	-0.016 5	-0.003 4	0.007 4

由于市场对财务重述公司本身的负面反应并不十分强烈，在行业当中由于上市公司发布财务重述报告引起了一定的波动，但是这个波动相对微弱。

7.3.3 上市公司年报财务重述行业效应的回归结果

表 7-4 上市公司年报财务重述行业效应的回归结果

	(1)	(2)	(3)
	$CAR_{(-3,+3)}$	$CAR_{(-1,+1)}$	$CAR_{(-2,+2)}$
CAR_{comp}	0.549 0***	0.545 7***	0.523 1***
	(4.63)	(4.57)	(3.47)
$FIRST \times CAR_{comp}$	0.169 9***	0.160 2***	0.165 5***
	(5.58)	(5.46)	(5.52)
$FORM \times CAR_{comp}$	-0.084 6***	-0.086 7***	-0.085 7***
	(-3.10)	(-3.23)	(-3.15)
$MAIN \times CAR_{comp}$	0.240 7***	0.239 8***	0.240 5***
	(6.03)	(6.17)	(6.01)
$FUND \times CAR_{comp}$	-0.082 7***	-0.082 7***	-0.082 4***
	(-5.90)	(-5.96)	(-5.84)
$SIZE \times CAR_{comp}$	0.019 2	0.015 5	0.017 5
	(0.96)	(0.78)	(0.86)
$EXCHANGE \times CAR_{comp}$	-0.218 0***	-0.219 4***	-0.218 7***
	(-3.66)	(-3.71)	(-3.69)

（续上表）

	（1）	（2）	（3）
	$CAR_{(-1,+1)}$	$CAR_{(-2,+2)}$	$CAR_{(-3,+3)}$
$HHI \times CAR_{comp}$	-0.1936^{***} (-6.08)	-0.1900^{***} (-6.23)	-0.1918^{***} (-6.14)
C	0.0025 (0.88)	0.0062^{*} (1.89)	0.0052^{*} (1.75)
YEAR	Yes	Yes	Yes
INDUSTRY	Yes	Yes	Yes
N	3 795	3 795	3 795
Adj. R^2	0.955	0.954	0.953

由表 7 - 4 实证结果可见，财务重述公司和行业股票的超常收益率呈同方向的相关变化，由此可见在中国财务重述信息存在信息传递效应，这与国外研究结论一致（Tan et al.，2006；Akhigbe & Madura，2008；Gleason et al.，2008）。财务重述报告表明先前财务报告的低质量与不可信，给财务重述公司本身带来总体负面的市场反应。由于同行业公司的同质性，投资者对财务重述公司所处行业也会产生怀疑，因此也给其所处的行业带来负面效应。

同时，回归结果表明不同性质的财务重述报告所带来的行业效应不同。行业内首家发布财务重述报告的公司会引起投资者更大的反应，其行业效应越显著，实证结果符合前期预期，FIRST 控制变量与行业效应呈正相关。财务重述报告的内容也会对投资者的信息反应产生影响，更早年份的财务重述报告由于时效性不够，会减弱财务重述报告的传递效应，FORM 控制变量和行业效应呈负相关。相对于年报其他内容的财务重述报告，人们更多关注关于三大报表的财务重述报告，MAIN 控制变量与行业效应呈正相关，主要报表财务重述的行业效应更显著。

公司特征是影响财务重述行业效应的重要因素，FUND 控制变量与行业效应呈负相关。本书认为可能的解释是基金持股公司会计信息质量相对较高，因此其发布财务重述报告不会使投资者对公司的会计信息质量产生怀疑，其行业效应较弱。公司相对规模控制变量与行业效应不显著正相关，说明规模越大的上市公司发布财务重述报告，其行业效应越明显，这与 Akhigbe 和 Madura（2008）的研究结论不一致。本书认为可能的解释是在中国资本市场信息不够透明和投资者不够理性的氛围下，存在跟风的投机行为。大规模公司可能起到行业的风向标作用，其发布财务重述报告会使投资者继而怀疑行业内其他公司的信息质量，因此大规模公司财务重述报告的行业效应更明显。*EXCHANGE* 控制变量显著为负，沪市与行业效应呈负相关。这与两家上市公司的特点有关，在上海证券交易所上市的公司多为大盘蓝筹股，存在一定垄断力量，行业的信息传递作用减弱。

行业的 *HHI* 控制变量与行业效应呈负相关，说明 *HHI* 指数较高的行业竞争小，可能存在垄断力量，因此上市公司财务重述报告的发布在行业中并不会产生更多的传递效应。

7.4 本章小结

根据产业组织理论和信息理论，公司的财务重述可能给行业内的其他公司带来影响，从而影响整个行业的资源配置。信息传递效应说认为财务重述说明公司先前的盈余质量存在问题，使人们对财务重述公司的管理水平、盈利能力特别是会计信息质量产生怀疑。作为同一行业的其他非财务重述公司，它们所面临的环境相似，可能也存在会计信息质量问题，信息的传递作用会使投资者对财务重述公司所处的整个行业的会计信息质量产生怀疑，使整个行业的公司价值受到损害。竞争效应说认为，财务重述是由于财务重述公司自身的特殊原因导致的，财务重述公司由于财务重述，其在行业中的竞争地位将下降，投资者对财务重述公司未来盈余的信心也将下降，但提高了投资者对同行业其他公司的盈余预期，因此，财务重述给同行业其他公司带来了公司价值上升的利好消息。在中国制度背景下，财务重述的行业效应如何，已有研究尚未有定论。

因此，本章选择从行业角度对财务重述的经济后果进行探讨。本章首先使用事件研究法对上市公司年报财务重述市场反应进行研究，通过计算事件窗口期的财务重述公司的个股超常收益率发现，在上市公司发布财务重述报告的短事件窗口内，市场对财务重述报告总体存在一定负面反应，但是反应相对较弱，在（-1，+1）窗口内约有 -1.5% 的累计超常收益率，在（-2，+2）窗口内约有 -1.9%，在

（－3，＋3）窗口内则约有－1.7%。这一结论与国内学者相关的研究结果基本一致。

对于上市公司年报财务重述的行业效应检验，本章主要考查财务重述报告事件窗口内公司的累计超常收益率和行业的累计超常收益率之间的相关关系。在控制财务重述报告性质与内容、公司特征、行业特征等影响因素后，研究结果表明不同性质的财务重述报告所带来的行业效应不同。行业内首家发布财务重述报告的公司会引起投资者更大的反应，其行业效应更显著。财务重述报告的内容也会对投资者的信息反应产生影响，更早年份的财务重述报告由于时效性不够，会减弱财务重述报告的传递效应。相对于年报其他内容的财务重述报告，人们更关注关于三大报表的财务重述报告，主要报表财务重述的行业效应更显著。在公司特征的影响方面，基金持股控制变量与行业效应呈负相关。本书认为可能的解释是基金持股公司会计信息质量相对较高，因此其发布重述报告不会使投资者对公司的会计信息质量产生怀疑，其行业效应较弱。沪市与行业效应呈负相关，这与两家上市公司的特点有关，在上海证券交易所上市的公司多为大盘蓝筹股，存在一定垄断力量，行业的信息传递作用减弱。行业的竞争指数控制变量与行业效应呈负相关，说明当行业竞争小，可能存在垄断力量时，上市公司财务重述报告的发布在行业中并不会产生更多的传递效应。

因此，本章的研究结果表明作为同一行业的公司，它们所面临的环境相似，信息的传递作用会使投资者对财务重述公司所处的整个行业的会计信息质量产生怀疑，使整个行业的公司价值受到损害。笔者翻阅了财务重述公告的具体内容发现，上市公司的财务重述报告内容琳琅满目，形式多种多样，有些财务重述报告的实际信息含量并不高，但是由于市场上信息的稀缺，投资者对这些财务重述报告依然关注。因此我们要对不规范的财务重述行为进行监管，提高资本市场的会计信息质量，维护投资者的权益。同时投资者也应进行理智投资，理性对待上市公司不同的财务重述报告，对其所处行业的价值也应进行理性分析，从而作出理性投资决策。

8 结论与启示

本章在对全书进行归纳总结的基础上，对规范中国财务重述行为提出相关建议，并指出本研究存在的局限和可能的后续研究方向。

8.1 研究总结与启示

8.1.1 研究总结

财务重述是指上市公司对存在虚假性信息、误导性信息或信息遗漏的历史财务报告进行事后补救的公告行为，是对历史财务报告包括年报、中报或季报的重新表述。近年来，财务重述现象在国内外呈现出"蔓延"局势，上市公司进行财务重述的数量与比例逐年攀升，使得财务重述成为学术界和监管部门关注的焦点。国外一系列研究表明，财务重述表明之前财务报告的不可靠与低质量，通常造成公司市场价值损失、资本成本上升等严重的经济后果。中国近年的财务重述情况也不容乐观，中国上市公司年报财务重述数量多、比例高，呈增长趋势，财务重述内容涉及范围广、影响大。由此引发了一系列问题：财务重述公司的会计信息质量如何？投资者对财务重述有何反应？财务重述会产生怎样的经济后果？虽然财务重述现象在中国具有普遍性，但其似乎尚未引起中国学术界的普遍重视，因此本书选择财务重述的盈余质量特征及其经济后果进行研究。

本书采用规范与实证相结合、以实证研究为主的方法，在对相关文献进行归纳总结的基础上，结合中国会计信息披露制度、上市公司财务重述制度以及上市公司股权、债权融资等制度环境，利用计量经济模型，选取 2005—2015 年发布年报财务重述公告的 A 股上市公司作为研究样本，并选取与财务重述公司处于相同年度、行业规模相近的公司作为配比组进行对比研究。本书对财务重述公司会计盈余质量特征进行理论分析和数据检验，并从投资者对财务重述公司的盈余依赖度与财务重述公司的股权资本成本和债务期限结构等角度对年报财务重述的经济后果进行了理论分析和实证检验。本书研究得到的主要结论与启示如下：

（1）通过全面梳理国内外相关文献发现：国外关于财务重述的研究已经取得了一定的成果。财务重述通常造成严重的市场价值损失，会导致投资者减持股票和减少交易，也可能导致代价高昂的诉讼和赔偿，还可能加剧市场信息的不对称程度，并导致公司资本成本显著增加等严重经济后果。

中国对财务重述的研究起步晚，从研究年报的会计差错更正"打补丁"现象开始，主要侧重理论分析，实证研究较少。在目前为数不多的实证研究中主要关注财务重述的短期市场反应，主要是应用事件研究法对财务重述报告事件短期市场反应进行研究，这些研究发现中国的财务重述报告在短期内会给财务重述公司带来负面效应。但是对于为何会产生这样的负面效应，财务重述公司的会计信息质量究竟如何以及财务重述会给公司带来怎样的更多的长远经济后果，目前的研究没有给出确切的答案，但这些问题的回答对上市公司规范财务重述行为，投资者进行投资判断决策和监管者确立监管重点具有重要意义。

因此，从财务重述公司会计信息质量特征、财务重述长期市场反应及长远经济后果等不同的角度完善中国已有财务重述研究十分必要，这也是本书所努力想达到的研究目的。

（2）中国上市公司年报财务重述存在一定的普遍性与随意性。根据以往学者以及笔者手工收集整理的统计数据，本书发现年报财务重述行为在中国上市公司中十分普遍。从时间分布来看，在本书的研究时间范围内，即2005—2015年间，各年份财务重述公司数量比例最高达到27.76%，平均财务重述比例达到19.49%，远远高于美国资本市场的平均数6.8%，这说明中国上市公司财务重述现象十分严重。从行业分布来看，各行各业均存在财务重述现象，可见财务重述在中国上市公司的普遍性。从内容上来看，根据笔者手工整理的财务重述报告具体内容可知，中国年报财务重述公告主要有更正公告、补充公告和补充更正公告三种形式，而公告的内容则琳琅满目：有四大或三大主表内容的财务重述也有会计报表附注内容的财务重述；有涉及核心财务指标的补充更正也有非核心财务指标的财务重述；有单纯的财务指标的财务重述，也有涉及公司生产经营和公司治理等方面的非财务指标的财务重述；有单纯的表达错误，也有严重的技术错误。

由此可见，中国财务重述现象既具备普遍性又有特殊性，因此对中国财务重述现象进行研究具有一定的研究意义。

（3）相比较于西方成熟与完善的财务重述制度，中国的财务重述制度尚待完善。随着中国资本市场的不断发展和完善，中国已建立了较为完善的会计信息披露制度。在此大环境下，在经历了1999—2003年中国财务重述制度的萌芽时期（会计差错信息及差错更正的出现）和2003—2007年中国财务重述制度的发展时期（会计差错信息以临时公告披露）之后，2007年中国财务重述制度基本确立。但是与国外成熟的财务重述制度相比，中国的财务重述制度仍处在尚待完善阶段，缺乏明确的规范和具体的报告标准，也缺乏强有力的法律责任追究和处罚制度的实施保障等。因此，结合中国的制度背景研究财务重述行为就显得至关重要。

（4）财务重述公司会计盈余质量低于非财务重述公司。财务重述表明先前财务报告的低质量和不可信（Anderson & Yohn，2002）。财务重述公司的盈余持续性应该受到人们的怀疑。DeFond和Jiambalvo（1991）将财务重述公司样本与非财务重述公司的控制样本相比，发现财务重述公司盈余增长较缓慢。在本书整理的2005—2015年年报财务重述公告中，不少上市公司属于年年财务重述，更有甚者属于同年多次财务重述，这些公司不断地更正和补充其财务报告，其更正和补充的内容不少涉及盈余变更。因此，中国财务重述公司的盈余持续性特征应该受到人们的怀疑。另外一方面，为何在美国资本市场严格的信息披露监管体制下，仍有那么多的上市公司愿意或者被迫进行财务重述？由于资本市场的压力和管理者薪酬契约等方面的动机而利用财务重述进行盈余管理也许是可能的原因之一。国外的经验数据研究也表明，财务重述公司存在盈余管理行为。而中国已有关于会计差错更正及会计估计变更的相关研究表明，这些行为与盈余管理存在一定关系。由于中国缺乏明确的具体操作规范，因此，本书认为财务重述仍然是上市公司进行盈余管理的手段之一。

本书的经验数据检验结果证实了理论假设，通过将财务重述公司与非财务重述公司进行配比研究发现，财务重述公司的会计盈余持续性低于配比的非财务重述公司，此外上市公司存在更严重的以操纵性应计利润为表现的盈余管理行为。

（5）财务重述降低财务重述公司的盈余反应系数。GAO（2002）的研究报告指出，投资者等社会公众对财务报告的信心是证券市场有效运作的重要保证，但是频繁发生的财务重述使得投资者产生了怀疑。国外相关研究表明财务重述损害了公司价值，其原因在于投资者对财务重述公司的会计信息质量甚至经营质量产生怀疑，投资者对财务重述公司的盈余信任度和依赖性下降，因此财务重述公司的盈余反应系数下降。中国已有的财务重述短期市场反应研究也说明中国的财务重述对上市公司的短期价值产生影响，但是对于为何会产生如此影响，投资者对财务重述公司的信心如何，中国已有研究较少涉及。

本书通过分组比较检验以及在控制盈余反应系数的一系列影响因素（公司账面市值比、市场风险、行业等）基础上，通过多元回归模型的检验结果发现财务重述和公司的盈余反应系数呈显著负相关，财务重述降低了公司盈余反应系数。由于发布财务重述公告，投资者对财务重述公司的会计信息质量甚至经营质量产生怀疑，因此投资者对财务重述公司的盈余的信心与依赖度下降。

（6）财务重述公司股权资本成本高于非财务重述公司。信息影响资本市场的资源配置流向，上市公司作为资本市场上的资金需求方，其信息披露行为必然影响其融资活动。国外的理论分析和数据经验表明财务重述降低投资者对公司盈余质量的预期，财务重述报告公布后的短期内信息风险定价显著增加，提高了投资者要求的投资回报率，导致公司股权资本成本的上升。

总体而言，随着中国股票市场供给方、需求方和监管部门的不断发展与变化，2001年以后，中国股票市场已经逐步具备信息披露质量影响股权融资成本的条件。学者们的经验数据研究也证实中国上市公司的信息披露影响其股权资本成本。但是对于财务重述这一特殊的会计信息披露形式对公司股权资本成本的影响研究，目前国内的研究尚未涉及。本书的理论分析和实证检验表明财务重述公司确实存在会计信息质量问题，其会计盈余的持续性低于非财务重述公司，因此投资者能够利用现有盈余预测将来盈余的可靠性下降，上市公司的信息不对称程度加剧，未来的不确定性增加，投资者对上市公司的信心下降，这将提高投资者对公司股票投资的最低报酬率的要求。因此，本书理论分析的结果认为财务重述将导致上市公司股权资本成本的上升。经验数据检验的结果也证实了本书的理论分析，财务重述确实与公司的股权资本成本存在显著的正相关关系，财务重述公司的股权资本成本高于配比的非财务重述公司。

（7）财务重述公司的债务期限结构与财务重述之间存在显著负相关关系。资本市场上信贷交易双方存在明显的委托代理关系，由于信息不对称产生的道德风险与逆向选择等代理问题，需要通过信息来缓解。会计信息对于信贷交易的作用，体现在贷款合约签订前后。会计信息是银行评价了解公司的重要渠道，有助于降低债务契约的监督成本和执行成本。会计信息对公司的债务成本存在一定影响，银行会利用会计信息保护自身的利益。西方学者关于会计信息和银行贷款决策的研究也得出了有意义的结论，即财务重述也会对公司的债务融资产生影响。Graham 等（2008）的研究发现财务重述报告增加了财务重述公司的信息不对称程度，因此增加了贷款的交易成本，银行债权人会使用贷款合约来减少因财务重述带来的信息风险。

而中国制度背景下的财务重述行为和公司债务融资行为之间存在怎样的关系呢？随着中国银行商业化改革的深入，银行的贷款风险意识不断加强，银行有需求与动力防范贷款风险。银行会考察贷款债务人的财务状况与违约风险，而降低贷款风险十分重要的手段之一就是充分关注贷款人的会计信息和会计信息质量，以降低银行与贷款人之间的信息不对称。因此，中国开始逐渐具备了财务信息影响银行的信贷决策的制度背景与商业环境。由于中国的信贷长期受到中央银行对贷款利率管制的区间限制，在利率非市场化的情况下，狭小的浮动区间使得公司的经营状况与风险对银行贷款利率的影响作用十分有限。因此，中国会计信息披露对公司债务融资成本的影响更多地体现在债务融资的另外一方面即债务期限结构。中国上市公司频繁的财务重述行为表明公司的会计信息可能存在问题，作为公开披露的以临时报告形式出现的财务重述报告也理应是银行债权人关注公司的财务状况或者财务报表质量的信息来源之一，财务重述报告会使银行债权人更多关注公司的经营质量与会计信息质量。而在中国贷款利率浮动区间有限的前提下，为降低放款给财务重述公司的贷款风险，缩短债务期限是中国商业银行防范债务人违约风险的可能选择之一。

总体样本实证检验的结果给本书关于财务重述和债务期限结构的分析带来更多证据，实证结果显示财务重述与公司的债务期限结构呈显著负相关。在加入盈余管理虚拟变量后回归结果显示，银行对存在严重盈余管理行为的财务重述公司的债务期限结构进行控制的表现更为明显。中国公司融资长期以来一直是以间接融资渠道为主，大量依靠银行贷款，金融机构贷款在中国社会融资总量中占据绝对优势，所占比重始终维持在90%以上（闫屹，2010）。本书关于财务重述和债务期限结构的理论分析在数据上得到了相应的支持，这在中国债务市场具有重要的参考意义，值得引起债权主体的关注。

（8）中国上市公司年报财务重述行为对行业内其他非财务重述公司存在信息传递效应。根据产业组织理论和信息理论，公司的财务重述也可能给行业内的其他公司带来影响，从而影响整个行业的资源配置。关于财务重述的行业效应存在信息传递效应与竞争效应两种争论。在中国制度背景下，财务重述的行业效应如何，已有研究尚未有定论。

本书首先使用事件研究法对上市公司年报财务重述市场反应进行研究，通过计算事件窗口期的财务重述公司的个股超常收益率发现，在上市公司发布财务重述报告的短事件窗口内，市场对财务重述报告总体存在一定负面反应，但是反应相对较弱。对于上市公司年报财务重述的行业效应检验，本书主要考察财务重述报告事件窗内公司的累计超常收益和行业的累计超常收益之间的关系。在控制财务重述报告性质与内容、公司特征、行业特征等影响因素后，研究结果表明不同性质的财务重述报告所带来的行业效应不同。行业内首家发布财务重述报告的公司会引起投资者更大的反应，其行业效应更显著。财务重述报告的内容也会对投资者的信息反应产生影响，更早年份的财务重述报告由于时效性不够，会减弱财务重述报告的传递效应。相对于年报其他内容的财务重述报告，人们更关注关于三大报表的财务重述报告，主要报表财务重述的行业效应更显著。在公司特征的影响方面，基金持股控制变量与行业效应呈负相关。本书认为可能的解释是基金持股公司会计信息质量相对较高，因此其发布重述报告不会使投资者对公司的会计信息质量产生怀疑，其行业效应较弱。沪市与行业效应呈负相关，这与两家上市公司的特点有关，在上海证券交易所上市的公司多为大盘蓝筹股，存在一定垄断力量，行业的信息传递作用减弱。行业的竞争指数控制变量与行业效应呈负相关，说明当行业竞争小，可能存在垄断力量时，上市公司财务重述报告的发布在行业中并不会产生更多的传递效应。

8.1.2 政策建议

针对本书的研究结论及相关的理论研究，本书认为应该从以下几个方面规范上市公司财务重述行为：

（1）加强公司治理，遏制财务重述增长需要治本兼治标。上市公司是资本市场发展的基石，公司治理的薄弱是上市公司频繁进行财务重述的根源。因此，应完善公司治理机制和内部审计制度，加强董事会、监事会和股东大会的监督作用，避免管理层为实现私利而利用财务重述进行盈余管理活动。财务报告相关编制人员要提高职业素质与道德修养，避免出现由于技术错误而进行财务重述，加强相关人员的责任和职业操守。树立上市公司的社会责任感，使得上市公司披露信息真正做到对保护投资者利益和维护资本市场正常秩序负责。

（2）提高外部审计质量。上市公司的年报需要经过会计事务所审计并出具审计意见后才能对外报送，因此外部审计是上市公司年报发布前的审核监督。上市公司频繁进行报告重述，对已公布的财务报告的差错遗漏进行补充更正，这说明外部审计未及时发现这些财务报告的错误或者遗漏。因此，应提高外部审计质量，增强会计师的责任感和独立性，对上市公司出具真实、可靠、负责的审计意见，减少上市公司错报漏报的机会，也减少上市公司进行财务重述的可能性。中国的财务重述报告尚未建立审计师审计责任追究制度，监管部门可考虑对于重大差错等影响投资者决策的财务重述报告建立审计师责任追究制度。另外由于中国季报、半年报的财务重述目前尚不需要经过外部审计，而季报和半年报重述的现象也比较普遍，因此是否需要建立除年报外的中期报告重述的外部审计制度也是监管者值得考虑的问题之一。

（3）提高投资者自身的素质。外部投资者处于信息不对称的弱势一方，由于中国目前信息渠道相对单一，投资者对于上市公司所披露的信息具有较强的依赖性。这就要求投资者要能读懂信息，对上市公司披露的各种信息区别对待，不盲目地投资，减少投机行为，进行真正的价值投资。

（4）加强银行等其他利益相关者对公司信息的关注程度。财务重述以临时公告的形式出现，银行等其他利益相关者对其关注度低于年报等信息，上市公司可能正是利用了利益相关者对这些财务重述报告信息的忽视而肆无忌惮地进行财务重述。因此，加强银行等利益相关者对财务重述信息的关注，提高上市公司财务重述的经济成本，也许正是从经济利益上制约上市公司频繁进行财务重述的重要因素。

（5）继续规范财务重述报告制度，加强相关制度的建设与监管。国外的资本市场已趋于成熟完善，有着比较完整和规范的制度规范与监管制度。中国的资本市场尚处于探索阶段，这对完善信息披露制度提出了更高要求。作为以临时信息披露形式出现的财务重述报告，监管部门应该更加重视，制定更为严谨、科学、细化的财务重述报告制度。具体而言，对会计前期差错内容、金额和性质以及披露形式、披露时间等方面加以明确界定，尽量使用具体的、量化的标准制定明确规定，不给上市公司留下利用财务重述进行盈余管理的空间与机会，保障资本市场信息的可靠、可信、可用，保证资本市场有序地运行和良好地发展。

（6）加强相关配套规章制度的建设。美国建立了保障财务重述得以有效遵循的完善支撑系统，相应的法律法规都强调了注册会计师、公司审计委员会、公司管理层对财务报告真实、完整所负的责任（刑事责任和民事责任），客观上促使他们有动力与责任发现并纠正财务报告中存在的问题；而中国虽有类似的法律法规，但这些条文规定简略，在实践中的可操作性差，过于模糊或者过低的惩罚都使中国的财务重述的违规成本较低。因此，中国应该借鉴美国等成熟资本市场的经验，建立明确、可操作性强的相关财务重述规章制度，提高上市公司不规范财务重述的违规处罚成本，使上市公司从经济人角度出发理性地选择财务重述。

8.2　研究局限与未来研究方向

做学问就是不断被推翻的过程，研究永无止境，本书是一个终点也是一个起点。本书存在许多局限性，希望能在将来的研究中不断完善、不断发展。

（1）本书的研究对象仅限于发布年报财务重述公告的上市公司，而没有对发布季报、半年报财务重述公告公司进行研究。随着投资者对上市公司的信息越来越关注，这些信息的完整性和准确性的重要性也日益凸显。上市公司对季报、半年报进行财务重述的现象并不少见，因此对季报、半年报财务重述公告进行研究是非常必要的。

（2）本书将财务重述作为全样本进行研究，研究财务重述样本公司整体的会计信息质量及财务重述的经济后果，没有考虑财务重述报告的特殊性，或许可以按照财务重述报告的具体内容进行细化的分类研究，区分不同类型的财务重述报告对公司及市场产生的经济后果。

（3）对财务重述公司长远的会计信息质量特征及经济后果缺少追踪研究，究竟在财务重述后，公司能否"知错就改"？是否注意改善会计信息质量？

（4）关于财务重述对公司股权资本成本的影响，本书仅从整体上进行研究，缺乏影响路径的研究，究竟财务重述是影响了公司的流动性还是风险抑或对两者均有影响？

（5）本书只考察了财务重述公司的特征，即只关注了"结果"，没有追究财务重述的具体原因。或许找出重述的根源，对投资者和监管者作出决策更有参考意义。

（6）本书研究发现财务重述存在行业信息传递效应，但是并没有研究为何会出现这样的行业效应，以及具体的行业特征和公司特征如何影响行业效应，行业内的竞争结构不同是否会影响研究结果，不同类型的财务重述是否存在不同的行业效应，这将是未来研究可能的方向。

（7）本书对公司会计信息质量、盈余管理、资本成本、债务期限等变量的衡量方法还不够精细，缺乏模型推导过程的分析研究，期望在今后的研究中能进一步细化，以提高研究的严谨性与结论的准确性。

附　录

附录一　中国证监会融资再融资相关制度中
关于信息披露的相关规定

颁布时间	废止时间	文件号	文件名	关于信息披露相关规定
1994 – 06 – 16	1999 – 12 – 21	证监发字〔1994〕79 号	关于做好上市公司送配股复核工作的通知	无
1994 – 09 – 28	1999 – 12 – 21	证监发字〔1994〕131 号	关于执行《公司法》规范上市配股的通知	上市公司向股东配股必须符合下列基本条件： 4. 公司在最近三年内财务会计文件无虚假记载或重大遗漏。
1999 – 03 – 17	2001 – 03 – 28	证监发〔1999〕12 号	关于上市公司配股工作有关问题的通知	一、上市公司配股的条件： （六）公司在最近三年内财务会计文件无虚假记载或重大遗漏。
2000 – 04 – 30	2001 – 03 – 28	证监公司字〔2000〕42 号	上市公司向社会公开募集股份暂行办法	第四条　上市公司公募增发，必须具备以下条件： （七）公司申报材料无虚假陈述，在最近三年内财务会计资料无虚假记载，属于本办法第三条第一项的公司应保证重组后的财务会计资料无虚假记载。

（续上表）

颁布时间	废止时间	文件号	文件名	关于信息披露相关规定
2001-03-28	2006-05-08	证监会令第1号	上市公司新股发行管理办法	第十条 上市公司有下列情形之一的，中国证监会不予核准其发行申请： （三）公司在最近3年内财务会计文件有虚假记载、误导性陈述或重大遗漏；重组中进入公司的有关资产的财务会计资料及重组后的财务会计资料有虚假记载、误导性陈述或重大遗漏。 （八）公司缺乏稳健的会计政策。 （十五）公司最近1年内因违反信息披露规定及未履行报告义务受到中国证监会公开批评或证券交易所公开谴责。
2001-04-26	2006-05-08	证监会令第2号	上市公司发行可转换公司债券实施办法	第五条 担任主承销商的证券公司应重点核查发行人的以下事项，并在推荐函和核查意见中予以说明。 （十）发行人近三年信息披露是否符合有关规定，是否存在因虚假记载、误导性陈述或者重大遗漏而受到处罚的情形。 第六条 发行人有下列情形之一的，中国证监会不予核准其发行申请： （三）信息披露存在虚假记载、误导性陈述或重大遗漏的。
2002-07-24	2006-05-08	证监发〔2002〕55号	关于上市公司增发新股有关条件的通知	为完善对上市公司增发新股行为的约束机制，现对上市公司增发新股的有关条件作出补充规定。上市公司申请增发新股，除应当符合《上市公司新股发行管理办法》的规定外，还应当符合以下条件：⑧最近一年及一期财务报表不存在会计政策不稳健（如资产减值准备计提比例过低等）或有负债数额过大、潜在不良资产比例过高等情形。

（续上表）

颁布时间	废止时间	文件号	文件名	关于信息披露相关规定
2006 - 05 - 08		证监会令第 30 号	上市公司证券发行管理办法	第八条 上市公司的财务状况良好，符合下列规定： （一）会计基础工作规范，严格遵循国家统一会计制度的规定。 （二）最近三年及一期财务报表未被注册会计师出具保留意见、否定意见或无法表示意见的审计报告；被注册会计师出具带强调事项段的无保留意见审计报告的，所涉及的事项对发行人无重大不利影响或者在发行前重大不利影响已经消除。 （四）经营成果真实，现金流量正常。营业收入和成本费用的确认严格遵循国家有关企业会计准则的规定，最近三年资产减值准备计提充分合理，不存在操纵经营业绩的情形。 （五）最近三年以现金或股票方式累计分配的利润不少于最近三年实现的年均可分配利润的百分之二十。 第九条 上市公司最近三十六个月内财务会计文件无虚假记载。

资料来源：中国证监会网站，经笔者整理。

附录二　企业会计准则第 28 号——会计政策、会计估计和差错更正

（财会〔2006〕第 3 号　2006 年 2 月 15 日颁布，自 2007 年 1 月 1 日起施行）

第一章　总则

第一条　为了规范企业会计政策的应用，会计政策、会计估计变更和前期差错更正的确认、计量和相关信息的披露，根据《企业会计准则——基本准则》，制定本准则。

第二条　会计政策变更和前期差错更正的所得税影响，适用《企业会计准则第 18 号——所得税》。

第二章　会计政策

第三条　企业应当对相同或者相似的交易或者事项采用相同的会计政策进行处理。但是，其他会计准则另有规定的除外。

会计政策，是指企业在会计确认、计量和报告中所采用的原则、基础和会计处理方法。

第四条　企业采用的会计政策，在每一会计期间和前后各期应当保持一致，不得随意变更。但是，满足下列条件之一的，可以变更会计政策：

（一）法律、行政法规或者国家统一的会计制度等要求变更。

（二）会计政策变更能够提供更可靠、更相关的会计信息。

第五条　下列各项不属于会计政策变更：

（一）本期发生的交易或者事项与以前相比具有本质差别而采用新的会计政策。

（二）对初次发生的或不重要的交易或者事项采用新的会计政策。

第六条　企业根据法律、行政法规或者国家统一的会计制度等要求变更会计政策的，应当按照国家相关会计规定执行。会计政策变更能够提供更可靠、更相关的会计信息的，应当采用追溯调整法处理，将会计政策变更累积影响数调整列报前期最早期初留存收益，其他相关项目的期初余额和列报前期披露的其他比较数据也应当一并调整，但确定该项会计政策变更累积影响数不切实可行的除外。

追溯调整法，是指对某项交易或事项变更会计政策，视同该项交易或事项初次发生时即采用变更后的会计政策，并以此对财务报表相关项目进行调整的方法。

会计政策变更累积影响数，是指按照变更后的会计政策对以前各期追溯计算的列报前期最早期初留存收益应有金额与现有金额之间的差额。

第七条　确定会计政策变更对列报前期影响数不切实可行的，应当从可追溯调整的最早期间期初开始应用变更后的会计政策。在当期期初确定会计政策变更对以前各期累积影响数不切实可行的，应当采用未来适用法处理。

未来适用法，是指将变更后的会计政策应用于变更日及以后发生的交易或者事项，或者在会计估计变更当期和未来期间确认会计估计变更影响数的方法。

第三章　会计估计变更

第八条　企业据以进行估计的基础发生了变化，或者由于取得新信息、积累更多经验以及后来的发展变化，可能需要对会计估计进行修订。会计估计变更的依据应当真实、可靠。

会计估计变更，是指由于资产和负债的当前状况及预期经济利益和义务发生了变化，从而对资产或负债的账面价值或者资产的定期消耗金额进行调整。

第九条　企业对会计估计变更应当采用未来适用法处理。会计估计变更仅影响变更当期的，其影响数应当在变更当期予以确认；既影响变更当期又影响未来期间的，其影响数应当在变更当期和未来期间予以确认。

第十条　企业难以对某项变更区分为会计政策变更或会计估计变更的，应当将其作为会计估计变更处理。

第四章　前期差错更正

第十一条　前期差错，是指由于没有运用或错误运用下列两种信息，而对前期财务报表造成省略或错报。

（一）编报前期财务报表时预期能够取得并加以考虑的可靠信息。

（二）前期财务报告批准报出时能够取得的可靠信息。

前期差错通常包括计算错误、应用会计政策错误、疏忽或曲解事实以及舞弊产生的影响以及存货、固定资产盘盈等。

第十二条　企业应当采用追溯重述法更正重要的前期差错，但确定前期差错累积影响数不切实可行的除外。

追溯重述法，是指在发现前期差错时，视同该项前期差错从未发生过，从而对财务报表相关项目进行更正的方法。

第十三条　确定前期差错影响数不切实可行的，可以从可追溯重述的最早期间开始调整留存收益的期初余额，财务报表其他相关项目的期初余额也应当一并调整，也可以采用未来适用法。

第十四条　企业应当在重要的前期差错发现当期的财务报表中，调整前期比较数据。

第五章　披露

第十五条　企业应当在附注中披露与会计政策变更有关的下列信息：

（一）会计政策变更的性质、内容和原因。

（二）当期和各个列报前期财务报表中受影响的项目名称和调整金额。

（三）无法进行追溯调整的，说明该事实和原因以及开始应用变更后的会计政策的时点、具体应用情况。

第十六条　企业应当在附注中披露与会计估计变更有关的下列信息：

（一）会计估计变更的内容和原因。

（二）会计估计变更对当期和未来期间的影响数。

（三）会计估计变更的影响数不能确定的，披露这一事实和原因。

第十七条　企业应当在附注中披露与前期差错更正有关的下列信息：

（一）前期差错的性质。

（二）各个列报前期财务报表中受影响的项目名称和更正金额。

（三）无法进行追溯重述的，说明该事实和原因以及对前期差错开始进行更正的时点、具体更正情况。

第十八条　在以后期间的财务报表中，不需要重复披露在以前期间的附注中已披露的会计政策变更和前期差错更正的信息。

附录三　各种资本成本计算方法分析比较

资本成本的测算方法主要可以分为两类：第一类方法包括资本资产定价模型、Fama-French 三因素模型以及套利定价模型。这些模型根据不同的影响因素计算收益率（投资者的期望报酬率）作为资本成本（孙士霞，2010）。假定平均已实现的收益率是对未来预期收益率的无偏估计，从而将已实现的资本成本作为未来资本成本的替代。这一类方法仍然存在着学术上的争议以及经验估计中的技术问题，因此在资本成本的测算中使用并不广泛。第二类方法包括股利折现模型、剩余收益折现模型（李明毅，2007；孙士霞，2010；Botosan，1997；Botosan，2000；Botosan & Plumlee，2002）。这些模型基于"公司资本成本就是使其未来现金流量的现值与股票价格相等的内含报酬率"的思想，根据市场价格和公司财务数据的折现模型计算资本成本。第二类方法克服了第一类方法的缺陷，使用较为广泛，但是在未来现金流量的确定等方面仍然存在诸多争议。

1. 资本资产定价模型

资本资产定价模型（Capital Asset Pricing Model，CAPM）由美国斯坦福大学威廉·夏普教授提出，揭示了在均衡状态下证券风险与报酬之间关系的经济本质，对"在一特定程度的风险下，投资者的必要报酬率水平"这一问题给出了答案。该模型认为，在一定的假设前提下，股权资本成本由公司的系统风险所决定，公式为：

$$K_E = E(R_i) = R_f + \beta_i [E(R_m) - R_f]$$

其中，$E(R_i)$ 指证券 i 的期望收益率；R_f 指无风险利率；R_m 指证券 i 的市场风险系数，度量公司股权收益率对市场收益率的敏感性；$[E(R_m) - R_f]$ 指市场风险溢价（MRP）。

根据公式，投资者的必要报酬率等于无风险报酬率与风险报酬率之和，这取决于以下三个因素：无风险报酬率、市场平均报酬率以及证券的风险程度即贝塔值。

此后，涌现出大量实证文献检验 CAPM 模型的适用性。Black、Jensen、Scholes

（1972），Fama、Macbeth（1973）的研究发现期望收益率与风险呈正相关关系，支持 CAPM 模型。但 Roll（1977）发现，市场投资组合的前提条件在现实中永远不可能存在，那么 CAPM 模型也就永远不可能被证实。也有学者认为 β 系数并非是决定期望报酬率的唯一因素。Banz（1981）认为公司规模对期望报酬率有重要影响。Fama 和 French（1992）认为公司账面市值比也能解释平均收益率在横截面上的变动。这为后期的三因素模型及套利定价模型的确立奠定了基础。

2. Fama-French 三因素模型

在 CAPM 模型中，股票投资者期望收益率只取决于欲投资股票相对于整个股票市场组合的报酬率波动的风险，即 β 值所反映的风险，因此 CAPM 模型又被称为单因素模型。1992 年，Fama 和 French 研究了 1963—1990 年美国三大证券交易所中的全部非金融类股票，认为影响投资者期望收益率的重要因素应该有三个：第一，市场因素，即公司相对于市场组合报酬的证券的风险补偿；第二，规模因素，即小型公司的股票组合与大型公司的股票组合之间报酬率的差异；第三，公司的股权资本的账面/市价比率因素，即高账面/市价比率的股票组合与低账面/市价比率的股票组合之间报酬率的差异，因而得到日后使用广泛的著名的 Fama-French 三因素模型，即

$$r_{it} = r_{ft} + b_{it}(r_{mt} - r_{ft}) + s_{it}SMB_t + h_{it}HML_t$$

陈展辉（2004）检验 Fama-French 三因素模型在中国股票市场上的适用性，发现中国股市受到公司规模因素和股东权益账面市值比两个因素的影响，期望收益率的高低与市场贝塔系数、流通股市值以及股东权益账面市值比有关，其认为 Fama-French 三因素模型基本上可以适用于中国 A 股市场。

3. 套利定价模型

Stephen Ross（1976）提出套利定价理论（Arbitrage Pricing Theory，APT）。与资本资产定价模型相比，套利定价模型是多因素定价模型，即假设资本成本（期望报酬率）受到多个因素的影响：

$$期望报酬率 = r_f + \beta_1(r_1 - r_f) + \beta_2(r_2 - r_f) + \beta_3(r_3 - r_f) + \cdots + \beta_n(r_n - r_f) + \varepsilon$$

其中 r_f 代表无风险利率，β_1 代表对应第一个因素的贝塔系数，β_2 代表对应第二个因素的贝塔系数，依此类推。括号内项目表示模型中每个因素的风险报偿，即承担这种类型风险所应得到的额外报酬。

虽然套利定价模型拓展了资本资产定价模型，但并没有具体说明哪些是系统性风险因素，因此也成为后期学者研究的一个热点问题。陈（1983），罗尔、罗斯（1983）认为系统性风险因素包括：①工业生产指数；②违约风险溢价的变化程度（AAA 级公司债券与 Baa 级公司债券承诺的到期报酬率之间的差额）；③收益曲线的扭曲程度（长期和短期政府债券承诺的到期报酬率之间的差额）；④未预期的通货膨胀率。

4. 股利折现模型

在 20 世纪 80 年代之前，股利折现模型（又称贴现现金流量模型）是美国估计股权资本成本最为主要的一种方法。股利折现模型的基本思想为：公司资本成本就是使未来现金流量的现值与股票价格相等所要求的内含报酬率。股票价格是股票的内在价值表现，表现为投资者未来收益的现值。

（1）经典股利折现模型。遵从公司持续经营的假设，假定股东能够无限期获得股利，并无限期持有该股票，因此模型可表示为：

$$p_0 = \sum_{i=1}^{\infty} \frac{E_0(dps_i)}{(1 + r)^i}$$

其中 p_0 为当前股价，dps_i 为第 i 年预期每股现金股利，r 为资本成本，E 表示期望算子。

该模型持有期无限的假定限制了该模型的实际使用，因此后期学者在此模型的基础上进行了一些改进，测算出资本成本进行实证研究。

（2）目标价格方法。Botosan，Plumlee（2001，2002）采用一个预测终值将经典股利折现模型在第 5 期截断，即为有限期的经典股利折现模型。其计算方法如下：

$$p_0 = \sum_{i=1}^{5} \frac{E_0(dps_i)}{(1 + r_{DIV})^i} + \frac{E_0(p_5)}{(1 + r_{DIV})^5}$$

其中 p_5 表示第 5 期期末股价，dps_i 表示第 i 年预期每股现金股利，r_{DIV} 表示采用目标价格方法计算的资本成本。p_5 采用历史市盈率与第 5 期预测每股盈利的乘积来估计。他们还比较了不同的资本成本估计模型的实证效度，验证了此方法下的股利折现模型（r_{DIV}）计算的股权资本成本是最可靠的。中国学者汪炜、蒋高峰（2004）取折现期限为 3 年，利用 3 年股利折现模型计算样本公司 2002 年的股权资本成本，研究公司信息披露水平与股权资本成本的关系。

（3）零增长模型。经典股利折现模型下，每期现金股利的预计数据在现实市场中往往难以获得，可靠性也值得考量。零增长模型对此进行简化，假设未来股利保持不变，维持在固定金额上，因此通过代数运算，经典股利折现模型可表示为：

$$r = \frac{D}{P_0}$$

其中 r 表示股权资本成本，D 表示固定股利，P_0 表示当期股价。

（4）戈登模型（也称固定增长模型）。类似于零增长模型，Gordon（1992，1993）提出的戈登模型也对未来股利进行假定，假设其按照固定的增长率增长，在这种假设下，对经典股利折现模型进行代数运算，投资者期望报酬率可按下式计算：

$$r = \frac{D_1}{P_0} + g$$

其中 D_1 为第 1 期期末的股利，投资者期望报酬率等于股利报酬率加上股利增长率。

（5）戈登有限增长模型。因为固定股利增长率的假设在现实中往往并不成立，因此 Gordon（1997）通过戈登有限增长模型克服了这一问题。在该模型中，第 1 期期末的股利为第 1 期的每股收益与股利发放率的乘积，股利增长率表现为资产收益率与收益留存率的乘积，即

$$r = \frac{E_t(x_{t+1}) \times (1 - RTR)}{P_t} + ROE \times RTR$$

假定公司未来各期的资产收益率与预期的资本成本相等，上式可简化为：

$$r = \frac{E_t(x_{t+1})}{P_t} \text{ 或者 } P_t = \frac{E_t(x_{t+1})}{r}$$

再将上式代入有限期的经典股利折现模型：

$$P_t = \sum_{\tau=1}^{T} (1 + r)^{-\tau} E_t(d_{1+\tau}) + (1 + r)^{-T} P_T$$

可以得到戈登有限增长模型：

$$P_t = \sum_{\tau=1}^{T} (1 + r)^{-\tau} E_t(d_{1+\tau}) + [r(1 + r)^{-T}]^{-1} E_t(x_{t+1+T})$$

股利折现模型是公认的最基本的公司股票价格的估价模型。但各模型中预期股利或者股利增长率的确定仍未得到一致的结论。一般的文献中，通过公司往年收入额、股利等财务指标的增长率来预测未来时期的增长率。

由于中国上市公司的股利支付存在较大的不稳定性，在实际中几乎不存在股利固定增长的情况。另外，各个公司的上市时间、所处行业以及所处的生命周期等各因素也各不相同，增长率的差异很大，导致很难确定增长率。股利折现模型在中国上市公司中的适用性受到众多的质疑。

5. 剩余收益折现模型

Ohlson（1985），Feltham 和 Ohlson（1995）指出：如果公司所有影响预期账面价值的因素都通过预期盈余反映出来，股利折现模型可以被改写为公司当前股价等于当前账面价值加上预期未来异常盈余的现值。因此股利折现模型可更改为：

$$P_t = B_t + \sum_{i=1}^{\infty} \frac{E_t(NI_{t+i} - r_e B_{t+i-1})}{(1 + r_e)^i}$$

其中 B_t 为第 t 期期末的所有者权益账面价值；E_t（·）为基于第 t 期的信息预测值；NI_{t+i} 为第 $t+i$ 期的净收益；ROE_{t+i} 为第 $t+i$ 期的净资产收益率。

在有限期限下，该模型可简化为：

$$P_t = b_t + \sum_{\tau=1}^{T} (1+r)^{-\tau} E_t(x_{t+\tau} - rb_{t+\tau-1}) + \left[(1+r)^{-T} \right] E_t(P_T - b_T)$$

Gebhardt，Lee 和 Swaminathan（2001）基于上述观念，以资产收益率和净资产账面价值的形式，引入了无限期剩余收益折现模型（简称 GLS 模型）来计算股权资本成本，并验证了该模型比传统的股权资本成本计算模型在预测能力方面更优。

无限期剩余收益折现模型可以表示如下：

$$P_t = b_t + \sum_{\tau=1}^{T} (1+r)^{-\tau} E_t \left[(ROE_{t+\tau} - r) b_{t+\tau-1} \right]$$

但是，Gebhardt，Lee 和 Swaminathan（2001）又认为，无限期剩余收益折现模型在现实中并不可取，应设定有限的预测期，并将预测期外的现金流以终值的形式来反映。他们认为预计期间应该在 12 期以上，前三年的数值以预测的利润与净资产账面价值求得，第 4 期至第 12 期的净资产收益率假定（向行业平均净资产收益率直线回归）与行业水平趋同，第 12 期之后的价值按照剩余收益的永续年金求得。因此模型可表示为：

$$P_t = b_t + \sum_{\tau=1}^{11} (1+r)^{-\tau} E_t(ROE_{t+\tau} - r) b_{t+\tau-1} + \left[r(1+r)^{11} \right]^{-1} E_t(ROE_{t+12} - r) b_{t+11}$$

许多国外的资本成本研究利用剩余收益折现模型计算资本成本（O'Hanlon & Steele，2000；Baginski & Wahlen，2003）。在中国的资本成本研究中，陆正飞等（2004）认为应该对剩余收益折现模型进行调整之后才能用于中国上市公司股权资本成本的估计。沈艺峰等（2005）、黄娟娟和肖珉（2006）、曾颖和陆正飞（2006）、陆颖丰（2007）均以有限期剩余收益折现模型（r_{GLS}）计算公司的股权资本成本，并进行相关的实证研究。李明毅、惠晓峰（2008）采用目标价格法 r_{DIV}、12 期剩余收益折现模型 r_{GLS}、r_{OJN} 以及 r_{PEG} 四种方法衡量公司资本成本，对上市公司信息披露与资本成本的相关性进行了实证检验，并认为有限期剩余收益折现模型体现出与主要经济理论预期的高度吻合。曹书军（2010）对陆正飞、叶康涛（2004）以及沈艺峰等（2005）的模型进行了调整，由下列公式计算股权资本成本：

$$P_t = B_t + \frac{FROE_{t+1} - r_e}{(1 + r_e)} B_t + \frac{FROE_{t+2} - r_e}{(1 + r_e)^2} B_{t+1} + \frac{FROE_{t+3} - r_e}{(1 + r_e)^3} B_{t+2} + TV$$

其中 P_t 为当年股价均值，B_t 为第 t 期的期初每股净资产，B_{t+1} 为第 t 期的期末每股净资产，eps_{t+1} 为第 t 期的每股净利润，dps_{t+1} 为第 t 期的每股股利，$FROE_{t+1}$ 为第 $t + i$ 期预测净资产收益率，由于中国预测数据缺失较多，因此曹书军以实际净资产收益率替代，即 $B_{t+2} = B_{t+1} + eps_{t+1} - dps_{t+2}$，$TV$ 为终值。其计算公式如下：

$$TV = \sum_{i=1}^{11} \frac{FROE_{t+i} - r_e}{(1 + r_e)^i} B_{t+i-1} + \frac{FROE_{t+12} - r_e}{r_e(1 + r_e)} B_{i+11}$$

6. OJN 方法

Ohlson 和 Juerrner-Nauroth（2005）将每股盈利以及增长引入股票定价模型中，并推导出股权资本成本的计算公式，Botosan 和 Plumlee（2005）对其公式进行修订后得到如下公式：

$$r_{OJN} = A + \sqrt{A^2 + \frac{eps_1}{P_0} \times \left[\frac{eps_2 - eps_1}{eps_1} - (\gamma - 1) \right]}$$

其中，$A = \frac{1}{2} \left[(\gamma - 1) + \frac{dps_1}{P_0} \right]$，$\gamma = 1 + r_f - 3\%$。

7. PEG 比率方法

Easton（2004）提出 PEG 比率方法，假设短期异常盈余的增长率可以设定为无限，计算公式为：

$$r_{PEG} = \sqrt{\dfrac{eps_1 - eps_2}{p_0}}$$

其中 r_{PEG} 为采用 PEG 比率方法计算的资本成本，可直接由该公式求得。

参考文献

中文部分

［1］安毓秀．银行债权保护与公司治理［D］．北京：中国政法大学，2016.

［2］巴曙松，刘孝红，牛播坤．转型时期中国金融体系中的地方治理与银行改革的互动研究［J］．金融研究，2005.

［3］包世泽．考虑委托代理冲突的公司治理与盈余管理研究［D］．大连：大连理工大学，2008.

［4］边泓．有限理性投资者对会计信息的使用模式研究［J］．财经研究，2007（10）.

［5］蔡祥，李志文，张为国．中国实证会计研究述评［J］．中国会计与财务研究，2003（2）.

［6］曹凤岐．中国商业银行的改革与创新［M］．北京：中国金融出版社，2006.

［7］曹书军．资本成本、现金持有与公司投资［D］．重庆：重庆大学，2010.

［8］曾颖，陆正飞．信息披露质量与股权融资成本［J］．经济研究，2006（2）.

［9］曾昭灶，李善民．控制权转移中的盈余质量实证研究［J］．会计理论与方法，2009（7）.

［10］陈春霞．我国信用制度变迁中的企业融资方式选择研究［D］．江西：江西财经大学，2004.

［11］陈耿，周军．公司债务融资结构研究［J］．财经研究，2004（2）.

［12］陈凌云．上市公司年报补充及更正行为研究［D］．厦门：厦门大学，2006.

［13］陈伟忠，吴磊磊．A 股公司财务重述的大股东自利动机——来自 2003—

2009 年的经验证据［J］. 财政研究，2011（4）.

［14］陈晓，陈小悦，刘钊. A 股盈余报告的有用性研究——来自上海、深圳股市的实证证据［J］. 经济研究，1999（6）.

［15］陈晓敏. 财务重述经济后果研究评述［J］. 外国经济与管理，2010（6）.

［16］陈晓敏. 中国上市公司年报财务重述的行业效应研究［J］. 改革与战略，2011（5）.

［17］程小可. 上市公司盈余质量分析与评价研究——基于中国资本市场环境的研究构架与经验证据［M］. 大连：东北财经大学出版社，2006.

［18］程迅. 商业银行信贷审批制度：理论与实证研究［D］. 杭州：浙江大学，2006.

［19］戴璐，汤谷良. 长期"双高"现象之谜：债务融资、制度环境与大股东特征的影响［J］. 管理世界，2007（8）.

［20］戴璐. 股权再融资后的"双高"现象研究：超额短期借款融资的视角［J］. 经济科学，2008（3）.

［21］戴亦一，潘越，刘思超. 媒体监督、政府干预与公司治理：来自中国上市公司财务重述视角的证据［J］. 世界经济，2011（11）.

［22］邓永勤. 证券市场盈余管理会计监管实证研究［D］. 长沙：中南大学，2008.

［23］董积生. 商业银行信用风险管理［D］. 武汉：华中科技大学，2005.

［24］董小红，李哲，王放. 或有事项信息披露、财务重述与企业价值［J］. 财贸研究，2017（5）.

［25］杜勇. 盈余持续性问题研究述评［J］. 经济问题探索，2008（3）.

［26］方军雄. 所有制、制度环境与信贷资金配置［J］. 经济研究，2007（12）.

［27］冯俊，袁志刚. 融资合同、信号机制与中国金融结构改革［J］. 中国社会科学，2005（6）.

［28］傅蕴英. 盈余管理与公司治理［D］. 重庆：重庆大学，2004.

［29］高峰. 上市公司盈余管理研究：中美比较的视角［D］. 北京：中国社会科学院，2002.

［30］高凤莲，王志强．"董秘"社会资本对信息披露质量的影响研究［J］．南开管理评论，2015（4）．

［31］韩慧博．公司治理、信息披露透明度与盈余管理［D］．长春：吉林大学，2007.

［32］韩少真，李辽宁，潘颖．财务重述、金融发展与融资约束——基于现金—现金流敏感性的分析［J］．投资研究，2015（11）．

［33］何贤杰，朱红军，陈信元．政府的多重利益驱动与银行的信贷行为［J］．金融研究，2008（6）．

［34］何玉，张天西．信息披露、信息不对称和资本成本：研究综述［J］．经济研究，2006（6）．

［35］贺向明．商业银行信贷行为研究［D］．成都：西南财经大学，2006.

［36］胡延杰，李琳．持续盈余与盈余质量的相关性研究［J］．财会通讯，2007（11）．

［37］胡奕明，林文雄，李思琦，谢诗蕾．大贷款人角色：我国银行具有监督作用吗？［J］．经济研究，2008（10）．

［38］胡奕明，唐松莲．审计、信息透明度与银行贷款利率［J］．审计研究，2007（6）．

［39］胡奕明，唐松莲．独立董事与上市公司盈余信息质量［J］．管理世界，2008（9）．

［40］胡奕明，谢诗蕾．银行监督效应与贷款定价［J］．管理世界，2005（5）．

［41］胡奕明，周伟．债权人监督：贷款政策与公司财务状况［J］．金融研究，2006（4）．

［42］黄娟娟，肖珉．信息披露、收益不透明度与股权资本成本［J］．中国会计评论，2006（1）．

［43］黄新建．中国上市公司股权融资中的盈余管理研究［D］．重庆：重庆大学，2003.

［44］季泽．企业盈余质量评价的实证研究［D］．泰安：山东农业大学，2008.

［45］江伟，李斌．制度环境、国有产权与银行差别贷款［J］．金融研究，

2006 （11）．

[46] 蓝文永．基于投资者保护的信息披露机制研究 ［D］．重庆：西南财经大学，2009．

[47] 雷东辉．信息不对称、股权资本成本与资本市场效率 ［D］．重庆：西南财经大学，2007．

[48] 雷敏，吴文峰，等．上市公司财务报告补充更正问题研究 ［J］．上海管理科学，2006 （4）．

[49] 李常青，张兆文．扣除非经常性损益后会计盈余指标的有用性 ［J］．厦门大学学报，2003 （2）．

[50] 李吉栋．上市公司盈余管理分析 ［M］．北京：经济管理出版社，2006．

[51] 李家军．信用风险控制及其博弈分析 ［D］．西安：西北工业大学，2005．

[52] 李健，陈传明．企业家政治关联、所有制与企业债务期限结构——基于转型经济制度背景的实证研究 ［J］．金融研究，2013 （3）．

[53] 李明毅，惠晓峰．上市公司信息披露与资本成本：来自中国证券市场的经验证据 ［J］．管理学报，2008 （1）．

[54] 李明毅．上市公司信息披露对资本成本的影响研究 ［D］．哈尔滨：哈尔滨工业大学，2007．

[55] 李旎，黎文靖．会计准则变更提高了母公司报表的信贷决策有用性吗——基于债务期限结构的视角 ［J］．当代财经，2012 （8）．

[56] 李青原，陈超，赵曌．最终控制人性质、会计信息质量与公司投资效率——来自中国上市公司的经验证据 ［J］．经济评论，2010 （2）．

[57] 李青原，赵艳秉．企业财务重述后审计意见购买的实证研究 ［J］．审计研究，2014 （5）．

[58] 李清．我国上市公司盈余管理的理论与实证研究 ［D］．武汉：武汉理工大学，2008．

[59] 李世新，刘兴翠．上市公司财务重述公告的市场反应与行业传递效应研究 ［J］．管理评论，2012 （5）．

[60] 李淑娟．中国企业债务融资结构研究 ［D］．苏州：苏州大学，2009．

［61］李爽．盈余反应系数的影响因素分析——基于盈余持续性的视角［D］．泉州：华侨大学，2009.

［62］李晓玲，牛杰．财务重述的市场反应研究——来自中国上市公司的经验证据［J］．财贸经济，2011（12）．

［63］李悦，熊德华，张峥，刘力．中国上市公司如何选择融资渠道——基于问卷调查的研究［J］．金融研究，2008（8）．

［64］李增泉，卢文斌．会计盈余的稳健性：发现与启示［J］．会计研究，2003（2）．

［65］李增泉，辛显刚，于旭辉．金融发展、债务融资约束与金字塔结构［J］．管理世界，2008（1）．

［66］李志强．现金流量信息含量与操纵［D］．成都：西南财经大学，2007.

［67］廖秀梅．会计信息的信贷决策有用性：基于所有权制度约束的研究［J］．会计研究，2007（5）．

［68］林念昕．中国上市公司盈余持续性的实证研究［D］．北京：中国人民大学，2008.

［69］林长泉，毛新述，刘凯璇，董秘．性别与信息披露质量——来自沪深A股市场的经验证据［J］．金融研究，2016（9）．

［70］刘大远．中国商业银行信贷制度研究［D］．成都：四川大学，2007.

［71］刘殿丽，麦飞．上市公司财务重述文献回顾［J］．财会通讯，2008（12）．

［72］刘方根．商业银行贷款违约风险和追偿风险影响因素实证研究［D］．杭州：浙江大学，2008.

［73］刘洪渭，荣蓬．公司治理对盈余质量的影响［J］．山东大学学报，2010（1）．

［74］刘启亮．不完全契约与盈余管理［D］．厦门：厦门大学，2006.

［75］刘善敏，林斌，聂毅俊．投资者关系管理与股权融资成本：来自公司网站投资者关系管理的实证发现［J］．财经研究，2008（5）．

［76］刘松．企业投资决策的实地调查研究综述［J］．经济问题探索，2009（3）．

［77］刘晓华．会计准则的国际协调与盈余质量［D］．广州：暨南大学，2009.

［78］柳木华. 上市公司盈余质量研究［M］. 上海：立信会计出版社，2008.

［79］陆宇建，叶洪铭. 投资者保护与股权资本成本的关系探讨［J］. 证券市场导报，2007（2）.

［80］陆正飞，高强. 中国上市公司融资行为研究——基于问卷调查的分析［J］. 会计研究，2003（10）.

［81］陆正飞，叶康涛. 中国上市公司股权融资偏好解析——偏好股权融资就是源于融资成本低吗？［J］. 经济研究，2004（4）.

［82］陆正飞，祝继高，孙便霞. 盈余管理、会计信息与银行债务契约［J］. 管理世界，2008（3）.

［83］马晨，张俊瑞，李彬. 财务重述影响因素研究［J］. 软科学，2012（8）.

［84］马晨，张俊瑞，杨蓓. 财务重述对会计师事务所解聘的影响研究［J］. 会计研究，2016（5）.

［85］马秀君. 上市公司财务重述短期市场反应研究［J］. 财会通讯，2015（18）.

［86］毛锦，肖泉，蔡淑琴. 基于信息不对称的银行贷款合约分析与设计［J］. 金融研究，2006（10）.

［87］毛志宏，荣华. 上市公司财务报告重述的经济后果研究［J］. 当代经济研究，2010（10）.

［88］彭韶兵，黄益建，赵根. 信息可靠性、企业成长性与会计盈余持续性［J］. 会计研究，2008（3）.

［89］彭韶兵，黄益建. 会计信息可靠性与盈余持续性——来自沪、深股市的经验证据［J］. 中国会计评论，2007（2）.

［90］彭一浩. 信用贷款、制度环境与会计信息质量［D］. 上海：复旦大学，2010.

［91］钱爱民，张晨宇. 政策不确定性、会计信息质量与银行信贷合约——基于民营企业的经验证据［J］. 中国软科学，2016（11）.

［92］邱月华. 会计制度变迁、盈余管理与盈余稳健性［D］. 厦门：厦门大学，2008.

［93］饶艳超，胡奕明. 银行信贷中会计信息的使用情况调查与分析［J］.

会计研究，2005（4）．

[94] 任春艳．上市公司盈余管理与会计准则制定 ［D］．厦门：厦门大学，2004．

[95] 任春艳．盈余管理研究评述 ［J］．经济管理，2005（12）．

[96] 荣华．上市公司财务报告重述及其经济后果研究 ［D］．长春：吉林大学，2010．

[97] 邵立明．基于盈余持续性角度的上市公司盈余质量评价研究 ［D］．沈阳：沈阳工业大学，2007．

[98] 沈洪涛，黄珍，郭肪汝．告白还是辩白——企业环境表现与环境信息披露关系研究 ［J］．南开管理评论，2014（17）．

[99] 沈艺峰，田静．我国上市公司资本成本的定量研究 ［J］．经济研究，1999（11）．

[100] 宋琳，刘百芳．从资本成本内涵的割裂看上市公司融资偏好的选择 ［J］．当代财经，2005（12）．

[101] 孙谦．盈余持续性研究综述及启示 ［J］．厦门大学学报，2010（1）．

[102] 孙士霞．信息披露与资本成本研究综述 ［J］．经济与管理研究，2008（11）．

[103] 孙士霞．中国上市公司信息披露与资本成本关系研究 ［D］．北京：首都经济贸易大学，2010．

[104] 孙振峰．公司债务融资研究 ［D］．上海：复旦大学，2005．

[105] 孙峥嵘．所得税盈余管理研究综述及启示 ［J］．财会通讯（综合版），2007（11）．

[106] 孙铮，李增泉，王景斌．所有权性质、会计信息与债务契约 ［J］．管理世界，2006（10）．

[107] 孙铮，刘凤委，李增泉．市场化程度、政府干预与公司债务期限结构 ［J］．经济研究，2005（5）．

[108] 孙铮，刘凤委，汪辉．债务、公司治理与会计稳健性 ［J］．中国会计与财务研究，2005（2）．

［109］谭洪涛. 会计信息的质量与经济后果研究［D］. 成都：西南财经大学，2008.

［110］田静. 中国 A 股上市公司应计质量实证研究［D］. 厦门：厦门大学，2006.

［111］汪炜，蒋高峰. 信息披露、透明度与资本成本［J］. 经济研究，2004（7）.

［112］王东静. 中国上市公司债务期限结构研究——短期债务主导的成因、后果及优化对策［D］. 上海：上海交通大学，2007.

［113］王化成，刘亭立，卢闯. 公司治理与盈余质量：基于中国上市公司的实证研究［J］. 中国软科学，2007（11）.

［114］王化成，佟岩. 控股股东与盈余质量：基于盈余反应系数的考察［J］. 会计研究，2006（2）.

［115］王化成. 中国上市公司盈余质量研究［M］. 北京：中国人民大学出版社，2008.

［116］王家华，刘斌红. 论资本成本理论的拓展［J］. 华东经济管理，2009（3）.

［117］王宁. 我国上市公司资本成本的比较［J］. 中国工业经济，2000（11）.

［118］王铁林. 基于信息经济学视角的会计盈余信息质量理论研究［M］. 北京：中国金融出版社，2010.

［119］王汀汀，施秋圆，张漫春. 中小企业债务期限结构及其影响因素研究——基于生命周期的视角［J］. 中央财经大学学报，2015（5）.

［120］王啸，杨正洪. 论财务报告的重新表述［J］. 证券市场导报，2003（2）.

［121］王毅辉，魏志华. 财务重述研究述评［J］. 证券市场导报，2008（3）.

［122］王志亮，牛如海. "啄序理论"的资本成本视角［J］. 财会通讯，2006（3）.

［123］王志台. 上海股市盈余持续性的实证研究［J］. 财经研究，2000（5）.

［124］王志涛. 上市公司年报补充更正公告市场反应研究［D］. 广州：暨南大学，2007.

［125］魏明海，陈胜蓝，黎文靖. 投资者保护研究综述：财务会计信息的作用

[J]．中国会计评论，2007（1）．

[126] 魏明海，黎文靖，唐清泉．代理人行使信息权利过程的会计问题 [J]．当代经济管理，2006（12）．

[127] 魏明海．盈余管理基本理论及其研究述评 [J]．会计研究，2000（9）．

[128] 魏志华，李常青，王毅辉．中国上市公司年报重述分析 [J]．证券市场导报，2009（6）．

[129] 魏志华，王毅辉．基于公司治理视角的财务重述研究综述 [J]．外国经济与管理，2007（11）．

[130] 吴红军，刘啟仁，吴世农．公司环保信息披露与融资约束 [J]．世界经济，2017（5）．

[131] 吴峻．上市公司股权结构对盈余持续性的影响 [D]．成都：西南财经大学，2008.

[132] 吴联生，王亚平．盈余管理程度的估计模型与经验证据：一个综述 [J]．经济研究，2007（7）．

[133] 吴文锋，吴冲锋，芮萌．提高信息披露质量真的能降低股权资本成本吗？[J]．经济学（季刊），2007（4）．

[134] 夏立军．国外盈余管理计量方法评述 [J]．外国经济与管理，2002（10）．

[135] 夏立军．盈余管理计量模型在中国股票市场的应用研究 [J]．中国会计与财务研究，2003（2）．

[136] 冼建民．盈余持续性与股票价格的相关性研究 [D]．广州：暨南大学，2007.

[137] 肖洪广．国有商业银行信贷效率研究——一个金融生态学的观点 [D]．广州：华南师范大学，2006.

[138] 肖珉．中小投资者法律保护与股权资本成本 [D]．厦门：厦门大学，2007.

[139] 肖智，刘洋．信息披露质量提升对股权资本成本的影响研究——基于深市中小板上市公司的经验 [J]．财会研究，2009（10）．

[140] 肖作平，李孔．债务到期结构的影响因素：理论与证据 [J]．证券市场

导报，2004（4）.

［141］肖作平，廖理. 大股东、债权人保护和公司债务期限结构选择——来自中国上市公司的经验证据［J］. 管理世界，2007（10）.

［142］肖作平，廖理. 公司治理影响债务期限水平吗？——来自中国上市公司的经验证据［J］. 管理世界，2008（11）.

［143］肖作平. 债务到期结构和区域因素——来自中国上市公司的检验证据［J］. 证券市场导报，2007（11）.

［144］肖作平. 债务期限结构理论研究综述［J］. 证券市场导报，2008（6）.

［145］辛清泉. 会计盈余质量：理论分析与经验证据［D］. 福州：福州大学，2004.

［146］徐晨阳，王满. 客户集中度改变了公司债务期限结构选择吗——基于供应链风险溢出效应的研究［J］. 山西财经大学学报，2017（11）.

［147］徐春立，任伟莲. 我国资本成本理论研究的现状及其未来展望［J］. 当代财经，2009（3）.

［148］徐荣华. 股权激励视角下的上市公司盈余管理研究［D］. 武汉：武汉理工大学，2008.

［149］闫海洲，陈百助. 气候变化、环境规制与公司碳排放信息披露的价值［J］. 金融研究，2017（6）.

［150］闫屹. 公司债券市场发展的制度分析［D］. 河北：河北大学，2010.

［151］颜志元. 中国上市公司会计估计变更实证研究［D］. 厦门：厦门大学，2006.

［152］杨清香，姚静怡，张晋. 与客户共享审计师能降低公司的财务重述吗？——来自中国上市公司的经验证据［J］. 会计研究，2015（6）.

［153］杨薇. 转轨经济下我国上市公司债务期限结构的影响因素研究［D］. 杭州：浙江大学，2007.

［154］杨兴全，宋惠敏. 我国上市公司债务期限结构影响因素的实证研究［J］. 管理现代化，2006（1）.

［155］杨兴全. 我国上市公司融资结构的治理效应分析［J］. 会计研究，

2002（8）.

［156］杨秀艳. 上市公司盈余管理及其市场反应检验研究［D］. 咸阳：西北农林科技大学，2007.

［157］杨学锋. 中国商业银行经营绩效评价体系研究［D］. 武汉：华中科技大学，2006.

［158］杨忠莲，杨振慧. 独立董事与审计委员会执行效果研究：来自报表重述的证据［J］. 审计研究，2006（2）.

［159］叶志锋. 公司业绩操纵与银行债权保护研究［D］. 广州：暨南大学，2009.

［160］尤莘. 货币政策影响下的会计信息是否有用？——关于会计信息对信贷决策有用性的研究［J］. 金融论坛，2015（12）.

［161］于静霞. 盈余管理与银行债务融资成本的实证研究——来自 A 股市场的经验证据［J］. 财政研究，2011（11）.

［162］于鹏. 股权结构与财务重述：来自上市公司的证据［J］. 经济研究，2007（9）.

［163］余怒涛. 公司治理和盈余质量的关系研究［D］. 成都：西南交通大学，2009.

［164］张程睿，林锦梅. 公司年度报告信息的披露管理——基于对业绩预告、年报、财务重述的比较分析［J］. 证券市场导报，2016（4）.

［165］张敦力. 论资本成本的计量及运用［J］. 会计研究，2006（6）.

［166］张国华. 我国上市公司盈余管理与公司治理机制关系的实证研究［D］. 上海：同济大学，2006.

［167］张菊香. 基于动机视角的盈余管理文献综述［J］. 审计与经济研究，2007（6）.

［168］张亮亮，李强，黄国良. 高管政府背景、会计信息与银行债务契约结构——基于我国上市公司面板数据的实证检验［J］. 山西财经大学学报，2014（2）.

［169］张敏，张卓然，张雯. 企业产权、财务重述与审计师变更——来自我国上市公司的经验证据［J］. 财经研究，2012（5）.

［170］张先治. 财务信息在契约中的作用［J］. 会计研究，2000（9）.

［171］张祥建. 徐晋. 盈余管理的原因、动机及测度方法前沿研究综述［J］. 南开经济研究，2006（6）.

［172］张昕，任明. 关于上市公司盈余管理动机的比较研究［J］. 财经问题研究，2007（11）.

［173］张兴亮，夏成才. 非 CEO 高管患寡还是患不均［J］. 中国工业经济，2016（9）.

［174］张璇，周鹏，李春涛. 卖空与盈余质量——来自财务重述的证据［J］. 金融研究，2016（8）.

［175］张长海，蔡海中，吴顺祥. 区域金融发展、宏观货币政策与债务期限结构［J］. 海南大学学报（人文社会科学版），2016（1）.

［176］张正忠. 中国证券市场退市制度与公司盈余管理关系之实证研究［D］. 广州：暨南大学，2005.

［177］赵岩. 盈余持续性、应计项目和现金流量相关研究——来自中国上市公司的证据［D］. 长春：吉林大学，2007.

［178］赵宇龙，王志. 我国证券市场"功能锁定"的实证研究［J］. 经济研究，1999（9）.

［179］郑伟，朱晓梅，季雨. 整合审计下的内部控制审计水平与财务重述［J］. 审计研究，2015（6）.

［180］上海证券交易所研究中心. 中国公司治理报告（2008）透明度与信息披露［M］. 上海：复旦大学出版社，2008.

［181］周春梅. 上市公司盈余质量研究——对盈余功用理论的拓展［D］. 成都：西南财经大学，2009.

［182］周春生，马光. 中国上市公司的股权结构与财务报表重述［J］. 金融研究，2005（10）.

［183］周冬华，赵玉洁. 微博信息披露有利于降低股价同步性吗？［J］. 当代财经，2016（11）.

［184］周华，张姗姗，李勤裕，戴德明. 会计准则复杂性、CFO 财务专长与所

得税会计操作困境 ［J］. 财贸经济，2017（8）.

　　［185］周江涛. 我国商业银行法人客户信用风险管理全过程研究 ［D］. 西安：西北工业大学，2006.

　　［186］周洋，李若山. 上市公司年报"补丁"的特征和市场反应 ［J］. 审计研究，2007（4）.

　　［187］周洋. 市场反应、价值相关性及影响因素——上市公司年报"补丁"研究 ［D］. 上海：复旦大学，2007.

　　［188］朱乾宇. 中国国有商业银行不良贷款化解及信贷风险防范 ［D］. 武汉：华中科技大学，2005.

　　［189］邹薇，钱雪松. 融资成本、寻租行为和企业内部资本配置 ［J］. 经济研究，2005（5）.

　　［190］王霞. 财务重述与利益相关者的关系研究 ［M］. 北京：清华大学出版社，2016.

　　［191］高芳. 公司治理、双重代理与上市公司财务重述 ［M］. 武汉：武汉大学出版社，2017.

英文部分

　　［1］AGARWAL A，JAFFE J F，KARPOFF J M. Management turnover and governance changes following the revelation of fraud ［J］. Journal of law and economics，1999，17.

　　［2］AHMED K，GOODWIN J. An empirical investigation of earnings restatements by Australian firms ［J］. Accounting and finance，2006，46.

　　［3］AKHIGBE A，MADURA F. Industry signals relayed by corporate earings restatements ［J］. The financial review，2008，43.

　　［4］AKERLOF G A. The market for "lemons"：quality uncertainty and the market mechanism ［J］. Quarterly journal of economics，1970，84（33）.

　　［5］ALMER E D，GRAMLING A A，KAPLAN S E. Impact of post-restatement actions taken by a firm on non-professional investors credibility perceptions ［J］. Journal of business ethics，2008，80.

［6］ ARCHAMBEAULT D S, DEZOORT F T, HERMANSON D R. Audit committee incentive compensation and accounting restatements ［J］. Contemporary accounting research, 2008, 25.

［7］ ART DURNEV, CLAUDINE MANGE. Corporate investments: learning from restatements ［J］. Journal of accounting research, 2009, 47.

［8］ ARTHAUD-DAY M L, CERTO S T, DALTON C M, et al. A changing of the guard: executive and director turnover following corporate nancial restatements ［J］. Academy of management journal, 2006. 49 （6）.

［9］ BABER W R, GORE A K, RICH K T, et al. Accounting restatements, governance and municipal debt financing ［J］. Journal of accounting and economics, 2013, 56 （2）.

［10］ BALL R, BUSHMAN R M, VASVARI F P. The debt-contracting value of accounting information and loan syndicate structure ［J］. Journal of accounting research, 2008, 46 （2）.

［11］ BARCLAY M J, SMITH C W. The maturity structure of corporate debt ［J］. Journal of finance, 1995, 50 （2）.

［12］ BARRON O, KIM O, LIM S, et al. Using analysts, forecasts to measure properties of analysts, information environment ［J］. The accounting review, 1998, 10.

［13］ BEASLEY M S. An empirical analysis of the relation between board of director composition and financial statement fraud ［J］. The accounting review, 1996, 10.

［14］ BENEISH M D, PRESS E. Costs of technical violation of accounting-based debt covenants ［J］. The accounting review, 1993, 68 （2）.

［15］ BENEISH M D. Incentives and penalties related to earnings overstatements that violate GAAP ［J］. The accounting review, 1999, 74.

［16］ BHARATH S T, SUNDER J, SUNDER S V. Accounting quality and debt contracting ［J］. The accounting review, 2008, 3 （1）.

［17］ BHATTACHARYA U, DAOUK H. The world price of insider trading ［J］. Journal of finance, 2002, 57 （1）.

[18] BHATTACHARYA U, DAOUK H, WELKER M. The world price of earnings opacity [J]. The accounting review, 2003, 78 (3).

[19] BIDDLE G, HILARY G. Accounting quality and firm-level capital investment [J]. The accounting review, 2006, 8.

[20] BOTOSAN C A, PLUMLEE M A. A re-examination of disclosure level and the expected cost of equity capital [J]. Journal of accounting research, 2002, 40 (1).

[21] BOTOSAN C A, PLUMLEE M A. Assessing alternative proxies for the expected risk premium [J]. The accounting review, 2005, 80 (1).

[22] BOTOSAN C A. Disclosure level and the cost of equity capital [J]. The accounting review, 1997, 72 (1).

[23] BRICK I E, LI S A. Interest rate uncertainty and the optimal debt maturity structure [J]. Journal of financial and quantitative analysis, 1991, 26 (1).

[24] BRICK I E, RAVID S A. On the relevance of debt maturity structure [J]. Journal of finance, 1985, 40 (5).

[25] BUSHMAN R M, SMITH A J. Financial accounting information and corporate governance [J]. Journal of accounting and economics, 2001, 32.

[26] CALLEN J L, LINAT J, SEGAL D. Accounting restatements: are they always bad news? [J]. Journal of investing, 2006, 4.

[27] CHEN P C. Banks' acquisition of private information about financial misreporting [J]. The accounting review, 2015, 91 (3).

[28] CHUNG K H, GHICAS D, PASTENA V. Lender' use of accounting information in the oil and gas industry [J]. The accounting review, 1993, 68 (4).

[29] CLINCH G. Disclosure quality, diversification and the cost of capital [J]. Australian journal of management, 2013, 38 (3).

[30] COHEN D A, ZAROWIN P. Accrual-based and real earnings management activities around seasoned equity offerings [J]. Journal of accounting and economics, 2010, 50 (1).

[31] COLLINS D, MASLI A, REITENGA A, et al. Earnings restatements, the

sarbanes-oxley act and the disciplining of chief financial of cers ［J］. Journal of accounting auditing and finance, 2009, 24.

［32］ COLLINS J D, SHACKELFORD, WAHLEN J. Bank differences in the coordination of regulatory capital, earnings and taxes ［J］. Journal of accounting research, 1995, 33 (2) .

［33］ CORE J E, HAIL L, VERDI R S. Mandatory disclosure quality, inside ownership, and cost of capital ［J］. European accounting review, 2015, 24 (1) .

［34］ CORE J E. A review of the empirical disclosure literature: discussion ［J］. Journal of accounting and economics, 2001, 31.

［35］ C A GLEASON, N T JENKINS, W B JOHNSON. The contagion effects of accounting restatements ［J］. The accounting review, 2008, 83.

［36］ DECHOW P. Accounting earnings and cash flows as measures of firm performance: the role of accounting accruals ［J］. Journal of accounting and economics, 1994, 18 (1) .

［37］ DECHOW P M, DICHEV I D. The quality of accruals and earnings: the role of accrual estimation errors ［J］. The accounting review, 2002, 77.

［38］ DEFOND M L, JIAMBALVO J. Debt covenant violation and the manipulation of accruals ［J］. Journal of accounting and economics, 1994, 17.

［39］ DECHOW P M, SLOAN R G, SWEENEY A P. Detecting earnings management ［J］. Accounting review, 1995, 70 (2) .

［40］ DECHOW P, SKINNER D J. Earnings management: reconciling the views of accounting academics, practitioners, and regulators ［J］. Accounting horizons, 2000, 14 (2) .

［41］ DESAI H, KRISHNAMURTHY S, VENKATARAMAN K. Do short sellers target firms with poor earnings quality? Evidence from earnings restatements ［J］. Rev accounting study, 2006, 11.

［42］ DESAI H, HOGAN C E, WILKINSS M S. The reputational penalty for aggressive accounting: earnings restatements and management turnover ［J］. The accounting review, 2008, 81.

[43] DIAMOND D W, VERRECCHIA R E. Disclosure, liquidity, and the cost of capital [J]. Journal of finance, 1991, 57 (5).

[44] DIAMOND D W. Optimal release of information by firms [J]. Journal of finance, 1985, 46 (4).

[45] DIAMOND D W. Debt maturity structure and liquidity risk [J]. Quarterly journal of economics, 1991, 106 (43).

[46] DIAMOND D W. Presidential address, committing to commit: short-term debt when enforcement is costly [J]. Journal of finance, 2004, 59 (4).

[47] EASLEY D, HVIDKJAER S, O'HARA M. Is information risk a determinant of asset returns? [J]. Journal of finance, 2002, 57 (5).

[48] EASLEY D, O'HARA M. Information and the cost of capital [J]. Journal of finance, 2004, 59 (4).

[49] EFENDI J, SRIVASTAVA A, SWANSON E. Why do corporate managers misstate financial statements? The role of option compensation and other factors [J]. Journal of financial economics, 2007, 85.

[50] FAN J P H, WONG T J. Corporate ownership structure and the informativeness of accounting earnings in East Asia [J]. Journal of accounting and economic, 2002, 33.

[51] FIRTH M, LIN C, LIU P, et al. Inside the black box: bank credit allocation in China's private sector [J]. Journal of banking & finance, 2009, 33 (6).

[52] FLANNERY M J. Asymmetric information and risky debt maturity choice [J]. Journal of finance, 1986, 41 (1).

[53] FRANCI J, LAFOND R, OLSSON P, et al. The market pricing of accruals quality [J]. Journal of accounting and economics, 2005, 38.

[54] GEBHARDT W, LEE C, SWAMINATHAN B. Toward an implied cost of capital [J]. Journal of accounting research, 2001, 39.

[55] GILLIAN H H Y, PATRICIA M S T, HO K W, et al. Corperate ownership structure and the informativeness of earnings [J]. Journal of business finance & account-

ing, 2002, 29 (7/8) .

［56］GRAHAM J R, QIU S L. Corporate misreporting and bank loan contracting ［J］. Journal of financial economics, 2008, 34.

［57］HANDA P, LINN S. Arbitrage pricing with estimation risk ［J］. Journal of financial economics, 1993.

［58］HEALY P M, PALEPU K. Information asymmetry, corporate disclosure, and the capital markets: a review of the empirical disclosure literature ［J］. Journal of accounting and economics, 2001, 31.

［59］HEALY P M, WAHLEN J M. A review of the earnings management literature and its implications for standards setting ［J］. Accounting horizons, 1999, 13 (4) .

［60］HEALY P M. The effect of bonus schemes on accounting decisions ［J］. Journal of accounting and economics, 1985 (7) .

［61］HRIBAR P, NICHOLS D C. The use of unsigned earnings quality measures in tests of earnings management ［J］. Journal of accounting research, 2007, 45 (5) .

［62］HRIBAR P, JENKINS N T. The effect of accounting restatements on earnings revisions and the estimated cost of capital ［J］. Review of accounting studies, 2004, 9.

［63］JAYARAMAN S, MILBOURN T. CEO equity incentives and financial misreporting: the role of auditor expertise ［J］. The accounting review, 2014, 90 (1) .

［64］JENSEN M C, MECKLING W H. Theory of the firm: managerial behavior, agency costs, and ownership structure ［J］. Journal of financial economics, 1976 (3) .

［65］JIA Y, LENT L V A N, ZENG Y. Masculinity, testosterone, and financial misreporting ［J］. Journal of accounting research. 2014, 52 (5) .

［66］GRAHAM J R, LI S, QIU J P. Corporate misreporting and bank loan contracting ［J］. Journal of financial economics, 2008, 89.

［67］JONES J J. Earning management during import relief investigations ［J］. Journal of accounting research, 1991, 29 (2) .

［68］KASZNIK R. On the association between voluntary disclosure and earnings management ［J］. Journal of accounting research, 1999, 37 (1) .

［69］ KIM C S, MAUER D C, STOHS M H. Corporate debt maturity policy and investor tax-timing options theory and evidence ［J］. Financial management, 1995, 4.

［70］ KINNEY W R, MCDANIEL L S. Characteristics of firms correcting previously reported quarterly earnings ［J］. Journal of accounting & economics, 1989, 11.

［71］ KOTHORI S P, LI X, J E. The effect of disclosures by management, analysts, and financial press on cost of capital, return volatility, and analyst forecasts: a study using content analysis ［J］. The accounting reviews, 2008, 84 (5) .

［72］ LANG M H, LUNDHOLM R J. Voluntary disclosure and equity offerings: reducing information asymmetry or hyping the stock? ［J］. Contemporary accounting research, 2000, 17 (4) .

［73］ LEUZ C, NANDA D, WYSOCKI P D. Earning management and investor protection: an international comparison ［J］. Journal of financial economics, 2003, 69.

［74］ LEUZ C, VERRECCHIA R E. The economic consequences of increased disclosure ［J］. Journal of accounting research, 2000, 38 (supplement) .

［75］ LI V. Do false financial statements distort peer firms' decisions? ［J］. The accounting review, 2015, 91 (1) .

［76］ LIN X C, ZHANG Y. Bank ownership reform and bank performance in China ［J］. Journal of bank & finance, 2009, 33.

［77］ MARQUARDT C A, WIEDMAN C I. Voluntary disclosure, information asymmetry, and insider selling through secondary equity offerings ［J］. Contemporary accounting research, 1998, 15 (4) .

［78］ MCNICHOLS M F, STUBBEN S R. Does earnings management affect firms' investment decisions? ［J］. The accounting review, 2008, 83 (6) .

［79］ MCNICHOLS M F. Discussion of the quality of accruals and earnings: the role of accrual estimation errors ［J］. Accounting review, 2002, 77.

［80］ MORRIS J R. Model for corporate debt maturity decisions ［J］. Journal of financial and quantitative analysis, 1976, 11 (3) .

［81］ MORRIS J R. On corporate debt maturity strategies ［J］. Journal of finance,

1976, 31 (1).

[82] MYERS S C. Capital structure [J]. Journal of economics perspectives, 2001, 15 (2).

[83] OHLSON F A. Financial ratios and probabilistic prediction of bankruptcy [J]. Journal of accounting research, 1980, 18 (1).

[84] PALMROSE Z V, RICHARDSON V J, SCHOLZ S. Determinants of market reactions to restatement announcements [J]. Journal of accounting and economics, 2004, 37.

[85] P RIGNON C, SMITH D R. The level and quality of value-at-risk disclosure by commercial banks [J]. Journal of banking & finance, 2010, 34 (2).

[86] PERSONS O S. The effects of fraud and lawsuit revelation on U. S. executive turnover and compensation [J]. Journal of business ethics, 2006, 64 (4).

[87] RICHARDSON S A. Discussion of consequences of financial reporting failure for outside directors: evidence from accounting restatements and audit committee members [J]. Journal of accounting research, 2005, 43.

[88] SCHRAND C M, ZECHMAN S L C. Executive overconfidence and the slippery slope to financial misreporting [J]. Journal of accounting and economics, 2012, 53 (1).

[89] SLOAN R G. Financial accounting and corporate governance: a discussion [J]. Journal of accounting and economics, 2001, 32.

[90] SRINIVASAN S. Consequences of nancial reporting failure for outside directors: evidence from accounting restatements [J]. Journal of accounting research, 2005, 43 (5).

[91] STOHS M H, MAUER D C. The determinants of corporate debt maturity structure [J]. Journal of business, 1996, 69 (3).

[92] STUNDA R. Financial restatements by industry and their market impact [J]. International journal of the academic business world, 2017, 11 (1).

[93] XU T, NAJAND M, ZIEGENFUSS D. Intra-industry effects of earnings restatements due to accounting irregularities [J]. Journal of business finance & accounting, 2006, 33 (5/6).

[94] VERRECCHIA R E. Essays on disclosure [J]. Journal of accounting and economics, 2001, 31.

[95] WATTS R L, ZIMMERMAN J L. Positive accounting theory: a ten year perspective [J]. Accounting review, 1990, 65 (1).

[96] WILSON W M. An empirical analysis of the decline in the information content of earnings following restatements [J]. The accounting review, 2008, 83.

[97] WIEDMAN C. Discussion of "voluntary disclosure and equity offerings: reducing information asymmetry or hyping the stock?" [J]. Contemporary accounting research, 2000, 17 (4).

[98] WILDE J H. The deterrent effect of employee whistleblowing on firms' financial misreporting and tax aggressiveness [J]. The accounting review, 2017.

[99] WILSON W M. An empirical analysis of the decline in the information content of earnings following restatements [J]. The accounting review, 2008, 8.

后　记

　　后记总是在最后面却是最重要的，本书的出版是对我的博士生涯的一个纪念，既是我学术人生的一个小结，也是我重新扬帆启程的一个标志。从 2008 年博士入学至今已十年，其中的千滋百味唯有经历过方明白，但最多的是感激与感谢。

　　首先，我由衷地感谢我的导师胡玉明教授。在我读硕士和博士的时候，我对胡老师充满了敬畏，工作数年后对胡老师却是满满的尊敬与感激。因为胡老师的才华横溢，因为胡老师的严谨治学，因为胡老师的淡泊名利，因为胡老师的独特人格魅力……但是这些并不减少胡老师对学生的呵护与疼惜。在生活中，他教育我要知道自己想要什么，要踏实做人；在学术上，他指引我独立思考，不断成长进步。博士论文在胡老师的耐心指导下得以完成，从论文的选题、提纲的拟定、写作过程中的不断修改，直至最后的定稿，胡老师都给予我耐心的指导，每次在我十分纠结的时候，胡老师总以点睛之笔使我豁然开朗，本书也经过胡老师的认真审核。同时胡老师也给予我充分的信任，鼓励我不断思考创新，形成自己的想法。胡老师从不嫌弃我这个"不上进"的学生，不论找工作，还是工作后遇到种种困难，他总是热心地为我传道授业解惑，包括本书的出版也是在胡老师的鼓励督促下完成的。"一日为师，终身为父"概括我和胡老师的师生情谊最为恰当。我们的师母康淑敏女士也视我们如同己出，在生活和工作中经常帮助我们，给我们以方向指引，告诫我们人生的格局要大，不要局限于眼前。奈何我才疏学浅，学术上没有取得任何卓越的成就，只守住了三尺讲台，十分惭愧。希望能在今后的工作和生活中更加努力，才能不负胡老师和师母的期望与教诲。

　　感谢我现在的工作单位华南农业大学经济管理学院的各位领导和老师。感谢万俊毅院长、罗明忠副院长、曹先维书记、王长明书记、罗军副书记一直的宽容与爱护，特别感谢谭莹副院长一直像个大姐姐一样给我许多指点与照顾。感谢会计系王玉蓉老师将我领入这个大集体，在工作、生活中都给予我无私的关心与帮助；感谢李宗璋老师对我和孩子的关爱与照顾；感谢牟小容、刘秀琴、周小春、陈艳艳、何凯臻、朱静玉、范海峰、吕玉红、陈利昌、范文正、李晓明、李尚蒲等同事对我的关照。教务办公室的罗小珍老师、刘春桃老师、贺芳竹老师和董晓玲在安排工作时总是考虑我住校外和孩子小的情况，给予我很多方便。借此书一并感谢你们的厚爱。在今后的工作中我定当更加努力，为经管学院贡献自己的一份力。

感谢曾经的工作单位武汉科技大学管理学院的邱玉莲副院长，当年的潘开灵院长，还有同系的李绮老师、李琳老师等各位同事，为了让我安心完成博士学业，给我许多帮助与支持。感谢已故的左相国副院长，感谢教务办的许红星老师、李莉老师，还有童泽平老师、鞠磊老师等，离开单位后你们依然给予我亲人般的帮助与呵护，如果没有你们的帮助，我无法兼顾学习与工作，谢谢你们。

感谢暨南大学华文学院史学浩书记，感谢他的知遇之恩，感谢他在生活、学习与工作上给予我的无私帮助。

读硕士的时候我上了宋献中校长的财务理论课程，其理论知识的渊博，其学术见解的独特，其对待学生无微不至的关心与爱护，都让宋校长成为我心中德高望重导师的代名词。谢谢宋校长在开题时候对我论文思路的点拨，让我茅塞顿开。谢谢宋校长对我找工作及后面生活中的种种照顾。感谢石本仁教授，其严谨的治学态度让我佩服，曾因为生活上的事情寻求石老师的帮忙，石老师放下学者的清高为我找其他院校并不相熟的老师帮忙，心中的感激无以言表。感谢会计系的王华教授、沈洪涛教授、谭跃教授、熊剑教授、刘国常教授，他们既是我的老师，也是我学术与生活上的学习楷模。

感谢暨南大学会计系这个大家庭，读硕士的时候我对学术研究懵懵懂懂，是暨南大学会计系浓厚的学术氛围与开放的学术环境让我知道原来学术是如此让人兴奋；读博士的时候我对科研一知半解，是暨南大学会计系让我感受到学术的精彩。会计系对博士研究生培养的重视让我受益匪浅，毕业后我经常回母校参加各种学术活动，谢谢母校一直的培养。

还要感谢众多在我学习和论文写作过程中给予我无私帮助的同学与朋友们。

感谢厦门大学的魏志华教授，虽素未谋面，但是在我发邮件请教论文问题后，魏教授给了我许多启发与指导。后期在论文写作过程中也曾多次打扰他，他总是耐心解答我的疑问并予以启发。

感谢师兄纳超洪博士，在论文的修改过程中，从最基本的格式调整到整体内容的把握他都给予我意见与建议，让我不断完善自己的论文。感谢师姐刘翌熙博士，在我迷茫的时候开导安慰我，让我体会到做师妹被爱惜的感觉。感谢我的师兄师姐们——文芳博士、鲁海帆博士、叶志锋博士、范海峰博士、周军兴博士、江金锁博士、李诗田博士、刘晓华博士，他们都给予我无私的帮助。感谢胡珺师弟在繁重的学业之余帮我收集、更新数据。

感谢我的同班同学夏芳、欧阳励励、陈华妹、徐全华、曾建新、吴昊旻、陶宝山、王莹、李奇侠，他们的关怀让我倍感温暖。

感谢我的师妹周茜，两年的同室生活让我们情同姐妹，她乐观积极的态度感染着我，我们无所不谈、亲密无间。现在我们两人都已为人母，但依然像孩子一般嬉戏打闹，愿时光变换，你我仍如初见。

还要感谢张春燕和尚晓青，从认识以来，因你们年长我几岁，所以一直像大姐姐般关心与照顾我，我有什么困难也总是想起你们，能有这样的朋友真是我的幸运。

最后，深深感谢我的家人。感谢我的爱人蒙飞对我无微不至的关心与呵护，感谢他为我分担学习、工作、生活上的各种烦恼，感谢他给予我和孩子们无私的爱。今后我们依然要相亲相爱，共担风雨，同享悲喜。感谢我的宝贝恩铭与曼祯，你们天使般的笑容是我最简单的快乐，是你们让我更加独立与坚强，也是你们促使我不断成长、不断努力，希望你们也能以努力的妈妈为荣。感谢我的公公婆婆不辞辛苦，无私地帮我照顾孩子，解决我的后顾之忧。我还要深深地感谢我的父母和姐姐、姐夫，在我近20年的求学生涯中，他们始终是我最坚实的后盾，他们对我的包容与爱护是我苦闷时的宽心剂。十分惭愧的是已近不惑之年的我至今却未能回报他们，不管是经济上还是情感上。父母希望多见我和孩子们几次的微小愿望，也由于我忙于学习和工作而无法满足，希望今后能多点陪伴他们。

借用胡老师的一句话"学海无涯乐作舟！"激励自己在今后的日子不断前进。也祝福我至亲至爱的家人与朋友们永远健康快乐！

陈晓敏
2019 年于暨南花园